中国证券业发展报告(2017)

Development Report of
China's Securities Industry (2017)

中国证券业协会◎著

中国财经出版传媒集团
中国财政经济出版社

图书在版编目（CIP）数据

中国证券业发展报告．2017／中国证券业协会著．—北京：中国财政经济出版社，2017.7

ISBN 978－7－5095－7576－5

Ⅰ．①中…　Ⅱ．①中…　Ⅲ．①证券市场－经济发展－研究报告－中国－2017
Ⅳ．①F832.51

中国版本图书馆 CIP 数据核字（2017）第 162052 号

责任编辑：翁晓红　　　　责任校对：张　凡
封面设计：孙俪铭

中国财政经济出版社出版
URL：http：//www.cfeph.cn
E－mail：cfeph@cfeph.cn

社址：北京市海淀区阜成路甲 28 号　邮政编码：100142
营销中心电话：88190406　北京财经书店电话：64033436　84041336
北京财经印刷厂印刷　各地新华书店经销
787×1092 毫米　16 开　20.25 印张　437 000 字
2017 年 7 月第 1 版　2017 年 7 月北京第 1 次印刷
定价：70.00 元
ISBN 978－7－5095－7576－5
（图书出现印装问题，本社负责调换）
本社质量投诉电话：010－88190744
打击盗版举报热线：010－88190414　QQ：447268889

《中国证券业发展报告（2017）》

编 委 会

《中国证券业发展报告（2017）》

编写人员名单

（按照姓氏笔画排序）

马　敏	王　旭	王国强	王建业	王泉锐	王晓江
王凌苇	邓博文	叶维武	朱志雄	朱　蕾	乔光豪
刘世欣	刘　洋	许余洁	孙雯雯	孙　媛	李怀军
李明亮	李树华	李海涛	李　晗	李镇华	杨舰航
肖　丹	吴一萍	吴志国	何苗苗	何　玲	何笑冰
汪　丽	宋　娜	张凯慧	张　玲	张　彬	张晗竹
张　斌	陆媛媛	陈久红	陈显泉	罗再宏	周洪荣
单文海	赵智松	战雪萌	俞仕龙	姜婧一	姜　斓
贾　新	谈志琦	曹恒乾	龚　芳	常丽娟	崔冬冬
商　田	梁景美	董　妍	蒋健蓉	程　坤	曾旻睿
蔡梦怡	臧赢鹏				

前　言

中国证券业协会会长　陈共炎

2016年是资本市场强化依法、全面、从严监管的一年，是证券行业深刻反思股市异常波动的教训规范发展的一年。中国证券业协会在中国证监会的领导下，深入学习贯彻落实党的十八届六中全会精神，牢固树立“四个意识”；加强行业发展评估，推进行业合规风控管理体系建设，引导行业合规经营、严控风险，督促证券公司规范各类子公司及其相关业务；推动证券经纪、投行、互联网证券、场外衍生品、融资类等业务规范发展，支持区域性股权市场发展，完善机构间私募产品报价与服务系统功能，不断提升服务实体经济和中小微企业的能力；鼓励和支持行业履行脱贫攻坚社会责任，发起证券公司“一司一县”结对帮扶贫困县行动倡议，建立扶贫信息共享机制，服务国家脱贫攻坚战略。截至2016年年底，已有82家证券公司与125个国家级扶贫县建立了长效帮扶机制。

作为行业年度发展报告，《中国证券业发展报告（2017）》立足于从行业宏观视角和业务发展的维度，通过对行业数据的分析、国际经验的借鉴，全面、深入、客观地反映了2016年行业的发展全貌、行业特色和发展趋势，力求为中国证券业的发展留下真实可靠的历史资料，并为今后证券业的发展提供必要借鉴。《中国证券业发展报告（2017）》紧紧围绕行业和市场的变化，首次将2016年证券行业脱贫攻坚社会责任的发展情况介绍列为专题报告之一。

由于编写时间紧迫，《中国证券业发展报告（2017）》难免有疏漏、错误之处，敬请业内同仁、广大读者提出宝贵意见和建议。

2017年5月

目　录

总　报　告

2016 年中国证券业发展回顾与展望

分　报　告

分报告之一：2016 年中国证券经纪业务发展回顾与展望

分报告之二：2016 年中国投资银行业务发展回顾与展望

分报告之三：2016 年中国证券公司资产管理业务发展回顾与展望

分报告之四：2016 年中国证券公司融资类业务发展回顾与展望

分报告之五：2016 年中国证券公司投资业务发展回顾与展望

分报告之六：2016 年中国证券公司国际化业务发展回顾与展望

分报告之七：2016 年证券市场资信评级业务发展回顾与展望

专题报告

专题报告之一：2016 年证券行业履行脱贫攻坚社会责任综述

专题报告之二：2016 年柜台市场和区域性股权市场发展综述

专题报告之三：2016 年机构间私募产品报价与服务系统发展综述

专题报告之四：2016 年中国证券公司合规与风险管理发展综述

专题报告之五：2016年证券公司互联网证券发展综述

专题报告之六：2016年证券公司固定收益业务发展综述

专题报告之七：2016年证券公司投资者保护发展综述

专题报告之八：2016 年中国证券投资咨询公司发展综述

总报告

2016年中国证券业发展回顾与展望

作为资本市场的重要参与者，证券行业在提升直接融资占比和服务实体经济方面做出了重要贡献。在经历2015年股市异常波动后，2016年证券行业坚持依法从严全面监管，进一步加强制度建设和监管力度，行业合规意识和风险防控能力进一步增强，证券行业资本实力稳步提升。多层次资本市场稳步发展，投融资能力明显增强，资本市场双向开放有序推进，证券公司国际化探索取得新进展，证券行业形象进一步提升，为支持实体经济和助推“一带一路”战略提供了有力支持。

展望2017年，我国资本市场和证券行业还将继续深化依法从严监管，进一步提升监管执法效力，着力强化风险防控，确保资本市场和证券行业稳定有序发展。在制度建设方面，稳步推进《中华人民共和国证券法》（以下简称《证券法》）修订工作，持续加强投资者适当性管理，加大对违法违规交易行为的查处力度，充分保障投资者合法权益。在市场开放方面，积极把握国家“一带一路”战略带来的重大机遇，稳步扩大双向开放，加强境内外市场互联互通。与此同时，在坚持从严审核的基础上保持新股发行常态化，优化再融资品种结构，持续推进多层次资本市场建设，进一步提升资本市场和证券行业服务实体经济和社会发展的能力。

第一章
2016年中国证券业发展现状

一、证券行业总体情况

（一）证券公司发展情况

截至2016年底，全国共有证券公司129家，较2015年增加4家。2016年证券公司进一步加快了上市步伐，在沪、深证券交易所上市的证券公司达27家，较上年增加3家；在香港联交所上市的证券公司增加至12家，较上年增加3家；在全国股权转让系统挂牌的证券公司增至6家，较上年增加1家（见图总1－1）。

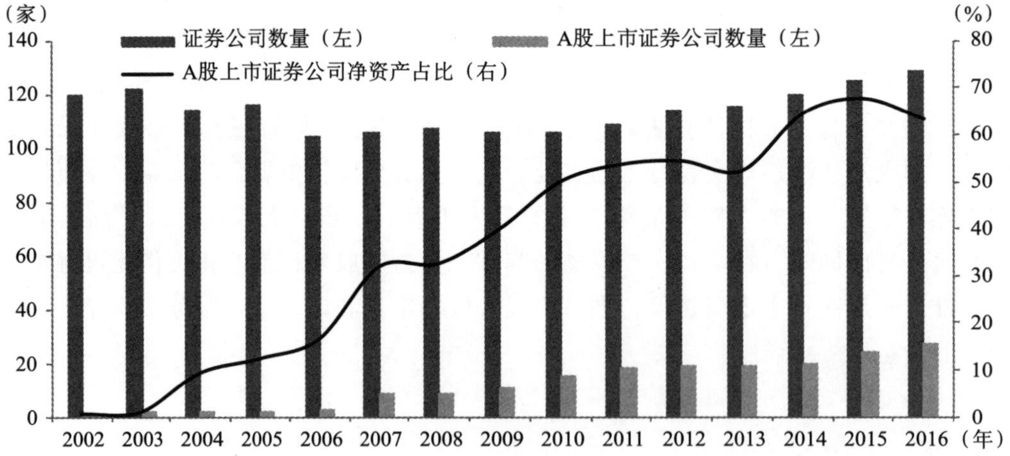

图总1－1　2002—2016年证券公司数量及上市证券公司净资产占比变化

资料来源：中国证券业协会网站，Wind。

1. 证券公司资产规模

截至2016年12月31日，证券公司总资产为5.79万亿元，净资产为1.64万亿元，净资本为1.47万亿元，客户交易结算资金余额（含信用交易代理买卖证券款）1.44万亿元，托管证券市值 33.77 万亿元，受托管理资金本金总额 17.82 万亿元（见图总 1-2）。

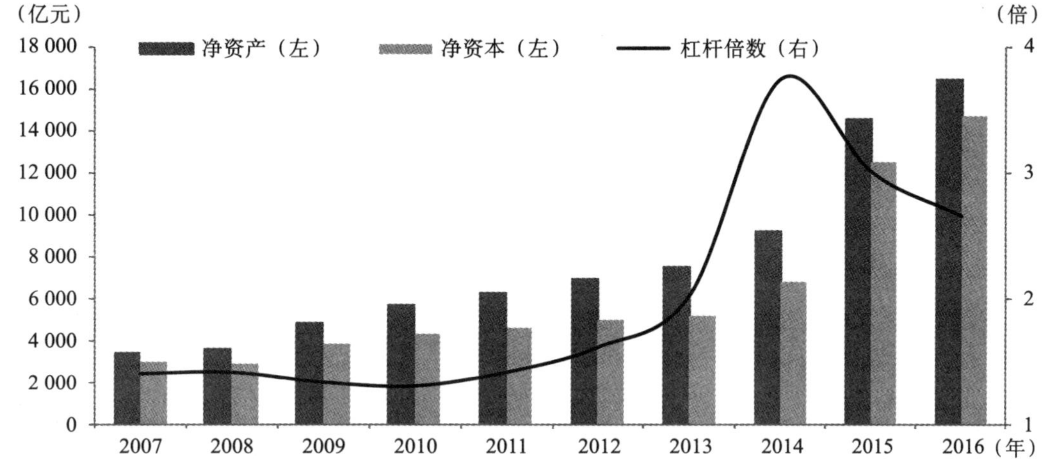

图总 1-2　2007—2016 年证券公司资本规模情况

注：杠杆倍数 =（总资产 - 客户交易结算资金）÷ 净资产

资料来源：中国证券业协会网站，Wind。

2016 年证券公司总资产减少 9.81%，净资产增长 13.10%，杠杆率明显降低，抗风险能力提升。自 2015 年股市大幅波动之后，在监管加强以及证券公司对自身的资产质量重视双重努力下，杠杆收缩明显，资产质量提升。2016 年末证券公司客户交易结算资金余额 1.44 万亿元，较上年减少 30.10%，市场行情影响显著；托管证券市值 33.77 万亿元，较上年增加 24.61%，反映出限售股解禁后的流通需求在逐年增加；受托管理资金本金总额 17.82 万亿元，较上年增加 50%，资产管理业务的扩张仍然保持高速；融资融券余额从年初的 11 615 亿元滑落至年末 9 392 亿元，最低达到 8 209 亿元，市场行情波动对该项业务影响较明显。

2016 年，反映证券公司基本竞争力的总资产、净资产和净资本集中度指标呈下降趋势，说明行业竞争格局再度趋热，排名靠前的证券公司也不足以保持强势格局。总资产和净资本集中度都从 2015 年高位滑落，而净资产集中度出现持续的逐年滑落态势。2016 年总资产、净资产、净资本前 5 家证券公司的集中率（CR5）分别为 39.53%、29.75% 和 22.38%（见图总 1-3）。

2. 证券公司业务利润变动和收入结构情况

2016 年证券公司全年实现营业收入 3 279.94 亿元，同比下降 42.97%；实现净利润 1 234.45 亿元，同比下降 49.57%；净利率为 37.64%，下降了 4.92 个百分点；行业净资产收益率（ROE）为 7.53%，下降了 9.33 个百分点。

2016 年证券公司的业务增长受市场影响明显，与上年相比有较大幅度回落，收入结构的变化也显示出各项业务的发展状态。与市场关系最密切的经纪业务和自营业务受影响较大，而随着首次公开发行（IPO）、增发、债券发行以及并购节奏的加快，投行业务收入大

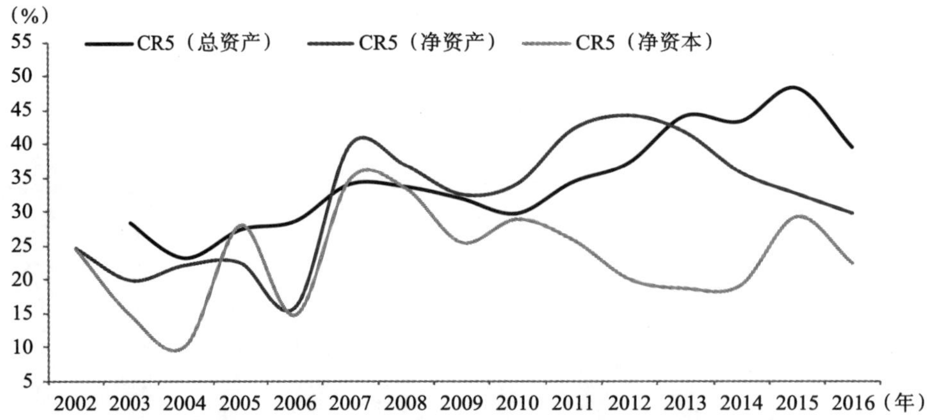

图总1-3　2002—2016年证券公司规模集中度变化情况

资料来源：中国证券业协会，Wind，各公司年报及2016年三季报。

增。这些传统业务受市场影响的波动得到了创新业务的平滑，融资融券业务保持稳定，虽然难以同传统业务相提并论，但对收入已有较稳定的贡献；其他业务占比有所增加，证券公司在开展直投、国际业务、场外市场、期货、新三板、衍生品以及资产证券化等方面迈出了更大的步伐（见表总1-1）。

表总1-1　2016年证券公司利润和收入情况

	2016年上半年	2016年全年	2015年
营业收入（亿元）	1 570.79	3 279.94	5 751.55
代办买卖证券业务净收入占比（%）	35.64	32.10	46.79
投资咨询业务净收入占比（%）	1.49	1.54	0.78
证券承销与保荐业务净收入占比（%）	15.35	15.85	6.84
财务顾问业务净收入占比（%）	4.55	5.00	2.40
受托客户资产管理业务净收入占比（%）	8.55	9.04	4.78
证券投资净收益占比（%）	15.59	17.33	24.58
融资融券业务利息净收入占比（%）	10.76	11.64	10.28
其他业务占比（%）	8.07	7.49	2.14
净利润（亿元）	624.72	1 234.45	2 447.63
净利率（%）	39.77	37.64	42.56

注：净利率=净利润÷营业收入×100%。

资料来源：中国证券业协会，数据自证券公司未经审计财务报表统计而得。

证券公司盈利状况波动的背后，可以通过净利润率、ROE等指标来考察盈利能力的变化情况。净利润率能够维持在相对高位水平，说明证券公司的经营能够控制好成本，在2016年收入减少的情况下成本也能大幅下降，证券行业已经步入“集约式”经营的时代。ROE指标比较综合地体现出证券公司盈利状况，这一指标回到低位反映出净资产的利用效率在下降，也显露出资本扩张后边际效用递减的特征，净资产的扩张、杠杆的下降、传统业务受影响等因素使得证券公司的经营效率有所降低（见图总 1 -4）。

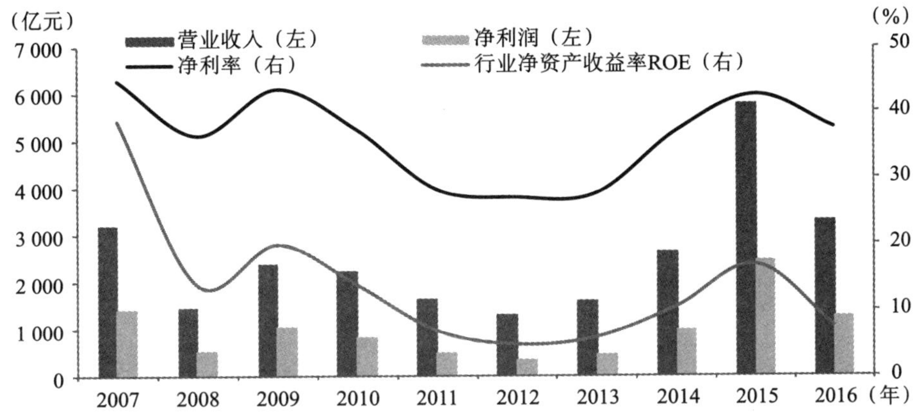

图总 1 -4　2007—2016 年证券公司盈利情况

资料来源：中国证券业协会网站，Wind。

3. 证券公司营业网络分布情况

2016 年底证券公司营业部共 9 385 家，较上年增加 14.87%，增加了 1 215 家，营业网点近年来一直保持这种加速扩张的趋势，虽然便利的网上交易取代了部分营业部的功能，但仍然有很多功能难以完全取代，证券公司的扩张意愿仍然强烈。区域分布显示，沿海地区仍然是证券公司营业部布局的“兵家必争”之地，而西部地区在奋起追赶。沿海地区的财富人群集中、财富管理需求的增加促使证券公司巩固“阵地”和提高经营效益的力度日益加强，同时沿海地区金融产品的丰富和多元化、证券公司与银行等业务交叉的便利度增强，也促进了证券公司沿海区域的密集布局。在 2016 年新增设的 1 215 家营业部中，广东、浙江、江苏省占 35%，特别是江苏和浙江，近年来营业部扩张速度一直较快；增速居前的是贵州、新疆、海南、宁夏、浙江，而西部地区增速快有基数低的原因。近年来，各地新增营业部绝大多数都是轻型营业部，2016 年依然延续了这种趋势（见表总 1 -2）。

表总 1 -2　近年来证券公司营业部辖区分布　（单位：家）

地区	2010 年	2011 年	2012 年	2013 年	2014 年	2015 年	2016 年
广东	613	673	703	769	934	1 063	1 252
浙江	333	370	381	436	581	676	799
江苏	300	334	363	445	603	681	790
上海	476	483	489	501	575	640	709
山东	222	253	280	315	403	453	517
北京	228	253	265	287	338	390	456
福建	188	218	237	256	316	350	412
四川	199	210	219	242	301	329	380
湖南	145	182	190	204	249	288	351

续表

地区	2010 年	2011 年	2012 年	2013 年	2014 年	2015 年	2016 年
辽宁	205	202	215	228	283	312	348
湖北	162	168	177	209	243	299	333
河南	108	114	117	124	235	260	316
江西	131	143	145	170	229	268	294
安徽	135	148	158	165	211	232	263
河北	148	158	165	175	199	216	234
陕西	92	105	119	140	168	196	224
重庆	96	111	111	119	163	176	195
广西	90	108	122	130	146	157	182
山西	113	117	121	122	140	154	173
黑龙江	95	101	103	108	128	148	168
天津	82	87	98	101	127	158	160
云南	64	69	74	101	121	136	152
吉林	84	91	96	104	120	129	140
内蒙古	51	60	61	66	85	91	105
贵州	32	44	48	54	66	79	98
甘肃	58	60	63	66	71	89	97
新疆	59	62	62	62	64	73	89
海南	33	37	40	40	44	52	62
宁夏	18	19	23	24	29	37	44
青海	10	13	13	16	17	23	25
西藏	3	4	5	6	10	15	17
合计	4 573	4 997	5 263	5 785	7 199	8 170	9 385

资料来源：上海证券交易所网站。

营业网络的扩张与市场行情相关，但又滞后于市场。2016 年市场活跃度的下降导致营业部平均交易量明显萎缩至 135 亿元/家的水平，较上年下降 57%，这对营业部的经营是考验，也从客观上促使证券公司对营业网络的布局进行优化和战略调整（见图总 1－5）。

4. 证券行业从业人员

2016 年证券行业已注册从业人员增至 32.86 万人，其中，一般从业人员 19.70 万人，证券经纪人 8.47 万人，证券投资咨询业务（投资顾问）3.75 万人，证券经纪业务营销人员 1 842 人，证券投资咨询业务（分析师）2 330 人，保荐代表人 3 222 人，投资主办人 1 766 人。

2016 年证券从业人员队伍继续扩张，而且延续了近年来的变化趋势：一是基础性从业人员规模扩张较快，处于较快增长阶段。一般证券业务、证券经纪人和证券投资咨询业务（投资顾问）保持增长，而且这三类从业人员占整个从业人员队伍的 97.11%，其他从业人员的数量变化较这三类甚微。二是证券公司仍然是从业人员队伍的主体。和证券公司相比，证券资产管理公司、证券投资咨询机构、证券市场资信评级机构的从业人员队伍小得多，证

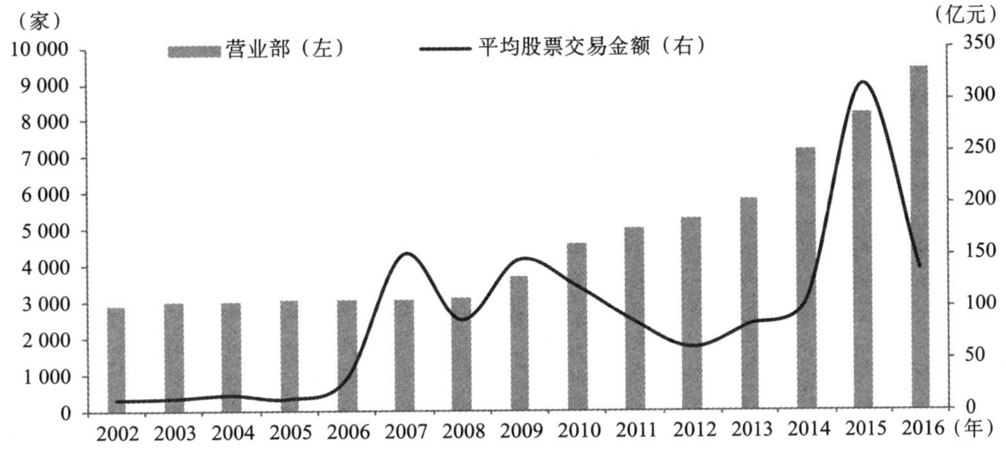

图总1－5　2002—2016年证券公司营业网络发展情况

资料来源：上海证券交易所网站，Wind。

券公司从业人员的扩张还是主流（见表总1－3）。

表总1－3　2016年证券行业从业人员规模及结构　（单位：人）

机构类型	已注册人员	一般证券业务	证券经纪业务营销	证券经纪人	证券投资咨询业务（分析师）	证券投资咨询业务（投资顾问）	证券投资咨询业务（其他）	保荐代表人	投资主办人
证券公司	323 648	194 301	1 842	84 665	2 206	35 926	0	3 222	1 486
证券资产管理公司	1 334	1 054	0	0	0	0	0	0	280
证券投资咨询机构	3 313	1 631	0	0	124	1 558	0	0	0
证券市场资信评级机构	332	0	0	0	0	0	332	0	0
合计	328 627	196 986	1 842	84 665	2 330	37 484	332	3 222	1 766

资料来源：中国证券业协会。

（二）证券投资咨询公司发展状况

截至2016年底，证券投资咨询公司共84家，证券咨询机构的格局多年来一直保持稳定。2016年证券投资咨询机构的注册证券从业人员3 313人，较上年增加1 419人，增幅较大，高达74.92%。其中，注册证券投资咨询业务（分析师）资格124人，较上年减少25人，呈持续减少的态势；注册证券投资咨询业务（投资顾问）资格为1 558人，较上年增加398人；一般证券业务资格1 631人，较上年增加1 046人。一般证券业务和投资顾问人员增长较快。

截至2016年底，参与中国证券业协会专项调查的82家证券投资咨询机构全年实现营业收入 60.38 亿元，较 2015 年全年增幅为 28%；2016 年行业净利润总计 11.21 亿元，同比增长 22%；2016 年末行业总资产总计 104.12 亿元，同比大幅增长 87%，注册（实缴）资本总计 42.30 亿元，同比也提升 8%。注册资本和总资产增长主要集中在少数机构身上，17 家机构注册资本达到 1 亿元以上，而大多数机构注册资本低于平均水平，大型机构和小型机构差距逐年增大。行业集中度在提升，行业排名前 5 位的咨询机构营业收入和利润分别占行业整体的 35% 和 55%。

从盈利结构看，现阶段咨询机构的重点业务仍然集中在证券投资咨询业务，占总体营业收入的 84.44%，而财务顾问以及其他业务因为对人员素质以及业务资源等方面存在一定要求，业务拓展有限。证券投资咨询机构未来业务的多元化发展方向将围绕私募基金管理、财务顾问、中证报价系统业务等方面展开。

（三）证券市场资信评级机构发展状况

截至 2016 年底，经中国证监会批准的从事证券市场资信评级业务的资信评级机构共 7 家。根据 2016 年中国证券业协会专项调查统计，7 家资信评级机构资产总额、营业收入、利润总额分别为 25.14 亿元、13.24 亿元、8.05 亿元，同比分别增加 38.96%、19.22%、125.95%。其中交易所公司债评级业务收入 7.37 亿元、较上年增长 43.94%，占整体收入比重为 55.67%，占比有所提升。

2016 年我国债券市场持续大规模发展，共发行各类债券 36.36 万亿元，同比大幅增长 63.05%，大大推动了资信评级业务的发展。2016 年资信评级机构协议承做评级项目 4 921 单，较上年小幅增长 5.17%。其中，公司债项目 1 740 单，增长 19.02%；可转债项目 20 单，较上年 9 单增长了 122.22%；可交换债项目 38 单，增长 31.03%；证券公司债项目 353 单，下降 9.02%；资产证券化产品 841 单，增长 84.84%；信托、资管等产品 521 单，增长 43.53%。2016 年由于信贷市场评级业务规模的下降，资信评级机构的主体评级业务由上年的 1 195 单下降至 864 单，降幅明显。可见，公司债依然是占比最大的产品，主体评级次之，资产证券化产品上升较快，信托/理财/资产管理产品居后，其他产品占比仍然较小。

截至 2016 年底，7 家证券资信评级机构的员工总数共计 1 516 人，较上年大幅增长 37.07%，其中具有证券从业资格的评级人员 931 人，较上年增长 36.71%，注册为证券投资咨询业务（其他）的人员有 332 人；具有硕士以上学历的人员占比为 70.18%。

二、证券公司各项业务开展情况

（一）经纪业务

1. 市场规模、交易及收入情况

截至 2016 年底，境内上市公司（A、B 股）数量首次突破 3 000 家，达到 3 052 家，相比于 2015 年增加 225 家；上市公司总市值和流通市值略有下降，分别同比降低 4.35% 和

5.89%，达到 50.82 万亿元和 39.33 万亿元，流通市值占比约为 77.49%。

2016 年股票和基金市场交易活跃度显著下降，全年共实现 138.91 万亿元股票和基金交易额，同比减少 48.72%。其中，全市场全年累计成交股票 127.77 万亿元，较 2015 年减少 50.01%；累计成交基金 11.14 万亿元，同比减少 27.05%。2016 年交易所债券市场发展较快，实现 233.26 万亿元的成交量，同比增长 84.06%，交易总量超过股票和基金成交额（见表总 1－4）。

表总 1－4　　2015—2016 年市场规模和交易情况

时间	上市公司数量（家）	退市公司数量（家）	股本（万亿股）		市值（万亿元）		股票成交额（万亿元）	基金成交额（万亿元）	交易所债券成交额（万亿元）
			总股本	流通股本	总市值	流通市值			
2016 年	3 052	2	4.88	4.11	50.82	39.33	127.77	11.14	233.26
2015 年	2 827	23	4.30	3.70	53.13	41.79	255.59	15.27	126.73

资料来源：上海证券交易所，深圳证券交易所，Wind。

2016 年，各证券公司在经纪业务领域的价格竞争依然激烈，行业平均佣金率继续下滑，全年平均为 0.403‰，相较 2015 年 0.497‰，同比下降 18.9%。

证券公司经纪业务与证券市场交易活跃状况和佣金率水平密切相关。2016 年随着股票和基金交易活跃度下降以及佣金率的持续下滑，证券公司经纪业务净收入为 1 052.95 亿元，同比降低 60.87%。

2. 投资者情况

截至 2016 年末，沪、深两市投资者数量（投资者数量指持有未注销、未休眠的 A 股、B 股、信用账户、衍生品合约账户的一码通账户数量）达到 11 811.04 万人，其中自然人为 11 778.42 万人，非自然人为 32.62 万人。自然人投资者中，约 99.43% 的投资者开立 A 股账户，2.03% 的投资者开立 B 股账户；非自然人投资者中，约 92.95% 的投资者开立 A 股账户，7.14% 的投资者开立 B 股账户。

从 A 股账户的构成来看，2016 年各类特殊机构及产品账户的数量同比均有明显增加。其中，证券投资基金、保险、基金公司专户理财产品、证券公司集合理财账户增速最为明显，增幅均超过 30%；信托、RQFII 和 QFII 账户数量也分别增加 14%、14% 和 11%（见表总 1－5）。

表总 1－5　　2016 年 A 股特殊机构及产品账户变化情况　　（单位：户）

	2016 年	2015 年
证券投资基金	43 481	19 033
证券公司自营	86 506	85 592
证券公司集合理财	7 731	5 857
基金公司专户理财产品	33 854	23 863

续表

	2016 年	2015 年
社保基金	316	310
企业年金	7 353	6 835
QFII	1 088	981
RQFII	1 078	942
保险	4 844	2 834
信托	29 056	25 442

资料来源：中国证券登记结算有限责任公司。

3. 市场集中度情况

2016 年证券经纪业务集中度有所下降，排名前 5 家（CR5）和前 10 家（CR10）的证券公司股票及基金交易量的市场份额分别为 27.01% 和 44.92%，比 2015 年分别降低 0.92 个和 2.76 个百分点。

（二）投资咨询业务

投资咨询业务包括证券投资顾问业务和发布研究报告业务这两种基本的服务形式。2016 年全年，投资咨询业务实现净收入 44.78 亿元，同比增加 100.72%。

1. 证券投资顾问业务

根据 2016 年中国证券业协会专项调查统计显示，截至 2016 年底，在参与调研的 94 家证券公司中，共有 89 家已开展投资顾问业务。其中，68 家设立了专门从事及管理投资顾问业务的独立部门，比 2015 年增加 5 家。比较突出的是，2016 年共有 23 家证券公司成立一级部门从事投资顾问业务，其余 45 家多在经纪业务总部、零售业务部和互联网金融部等一级部门下的二级部门开展此项业务。2016 年有 75 家公司的投资顾问业务创造收入，其中 5 家自 2016 年开始创收，业务收入主要源于差别佣金和投资顾问费用。

证券公司投资顾问业务的组织形式基本以总部和分支机构分工协作为主；总部主要负责投资顾问业务规章制度、投研体系、风控体系的构建，以及业务的组织、推广、培训、指导及系统支持等，分支机构具体负责投资顾问业务的开展。从人员规模来看，2016 年总部投资顾问的平均团队规模为 13 人，分支机构投资顾问的平均团队规模为 347 人。

调查统计显示，投资顾问业务的产品类型较为丰富。根据投资者的风险偏好，分为稳健型、平衡型、进取型产品；根据投资标的，分为权益类、固定收益类、杠杆类、组合类产品；根据服务对象，分为标准化产品和个性化产品；根据服务方式，分为基础服务产品、终端服务产品、投资顾问服务产品、短信服务产品及资讯服务产品；根据收费方式，分为基础服务产品、固定收费产品和提高佣金模式。2016 年投资顾问业务创新主要体现在：引入金融科技，提升投资顾问服务质量；加强与媒体、互联网提供商及第三方平台的合作，通过多种形式提高品牌效应；持续运用微信公众号、移动终端软件、网络服务平台等互联网技术加强客户服务，丰富资讯类产品线。

2. 发布研究报告业务

2016 年中国证券业协会专项调查统计显示，在参与调研的 95 家证券公司中，设有研究所（部、子公司）的证券公司有 89 家，研究范围主要包括宏观研究、策略研究、行业与公司研究、金融工程研究、综合研究、基金研究、债券及固定收益研究、买方研究、衍生品研究、特别覆盖研究、理财产品研究、大宗商品研究、汇率研究、数量与指数研究、财富研究、中小市值研究、（金融）创新研究等。

研究报告依然是证券研究的主要产品形式。2016 年共有 86 家证券公司的研究所（部、子公司）发布研究报告，全年共计发布研究报告 15.21 万篇，同比增加 24.89%，其中，深度报告 15 482 篇，约占研究报告总数的 10.18%。该项业务竞争更为剧烈。

证券研究服务对象包括本公司内外部服务。在开展证券研究的 89 家证券公司中，66 家开展了对机构客户的产品推广及服务工作，72 家开展了对公司分支机构的服务，83 家开展了对公司其他部门的服务，其中 35 家证券公司的研究服务以外部服务为主，与 2015 年持平。外部服务对象包括公募基金、保险公司、社保基金、私募基金、产业资本、资产管理公司、证券公司资产管理部门、证券公司自营部门、QFII、QDII、海外客户 、高净值客户等，服务形式以提供研究报告、路演、策略会、联合调研、培训、电话会议为主。对公司分支机构的服务形式主要包括研究报告、策略报告会、产品销售支持、研究培训等。对公司其他部门的服务形式主要包括提供定制化研究咨询、产品评估、定价报告、研究培训等。

2016 年，证券研究部门适应市场变化，加强研究业务创新，除延续近年来利用微信等新媒体推广研究成果、加强新三板等场外市场和中小市值研究外，2016 年出现以下新的创新方向：（1）研究管理上，加强研究与销售的协同服务，一些证券公司将分离的研究部门与销售部门合并，提高研究变现能力；（2）研究方法上，依托行业研究基础，增强产业链研究，通过跨行业研究提升行业与公司的研究深度；（3）强调合规管理和风险控制的重要性，一些证券公司研究所新增内部控制岗位或质量控制岗位，以提升研究质量，把控研究风险。

根据 2016 年中国证券业协会的不完全调查统计，从事发布研究报告业务的人员数量显著增加，89 家证券公司研究所（部、子公司）的全部员工总数为 4 230 人，同比增加 659 人；其中，具有 5 年及以上从业经验的员工人数为 1 528 人，约占 36.12%；具有博士及以上学历的员工人数为 418 人，比 2015 年增加 112 人。

（三）证券承销与发行业务

2016 年境内证券发行继续呈现高速增长现象，首次公开发行（IPO）家数和融资额创近 5 年来最高，股权再融资规模和交易所债券融资规模均创历史新高。证券公司在境内证券交易所市场证券承销总额为 4.5 万亿元，同比增长 39.89%。其中，IPO 和再融资合计 1.33 万亿元，同比增加 26.12%；全年共发行公司债券为 3.17 万亿元，同比增长 47%。

1. 股票发行与承销业务

2016 年证券公司共完成首次公开发行 248 家，共募集资金 1 633.56 亿元，首次公开发行（IPO）家数和融资额创近 5 年来最高。2016 年没有公开增发项目；定向增发项目募集资金 16 978.28 亿元；配股项目募集资金 298.5 亿元；优先股项目募集资金 1 537.5 亿元。

2. 债券发行与承销业务

2016 年交易所债券发行市场延续 2015 年增长趋势，证券公司在交易所市场承销债券总额达 31 712.75 亿元，同比增长 47%。其中，公司债券（不含可交换债、可转债等股债结合产品）募集资金 30 920.42 亿元，同比增长 44.38%；可转换公司债券全年发行 11 只，发行规模为 212.52 亿元，同比增长 116.86%；可交换公司债券全年发行 56 只，发行规模为 579.81 亿元，同比增长 436.86%，有较大发展。

交易所债券品种日益丰富，推出双创债、绿色债等创新品种。全年发行 6 单双创债，融资额 1.35 亿元；发行 17 只绿色债，融资额 223 亿元。

3. 证券公司参与全国中小企业股份转让系统业务

（1）挂牌公司情况。根据全国中小企业股份转让系统统计数据，2016 年全国中小企业股份市场挂牌公司数量持续快速增长，突破 10 000 家。截至 2016 年底，全国中小企业股份挂牌公司数量达到 10 163 家。其中，创新层 952 家，占挂牌公司数量的 9.37%；基础层 9 211家，占挂牌公司数量的 90.63%。2016 年全年市场成交金额 1 912.29 亿元，协议转让和做市交易各占半壁江山。

（2）定向增发融资情况。2016 年共进行 2 940 次定向增发，合计募集资金 1 390.89 亿元（见图总 1－6）。

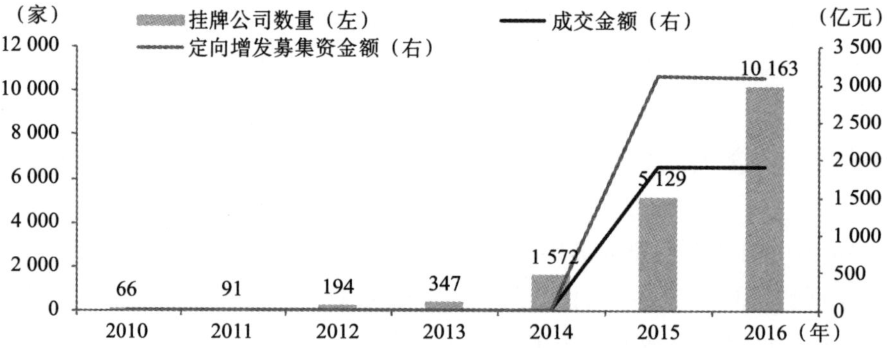

图总 1－6　2010—2016 年新三板市场发展情况

资料来源：全国中小企业股份转让系统。

4. 证券承销与发行业务收入情况

证券公司证券承销业务收入连续 3 年实现快速增长，2016 年承销业务行业总收入达 519.99 亿元，同比增长 32.14%（见图总 1－7）。

5. 市场集中度情况

从股票和债券承销项目募集资金的集中度来看，2016 年延续相对集中态势。股票承销金额和家数前 10 家的集中度分别为 54.91% 和 46.29%；债券承销金额和家数前 10 家的集

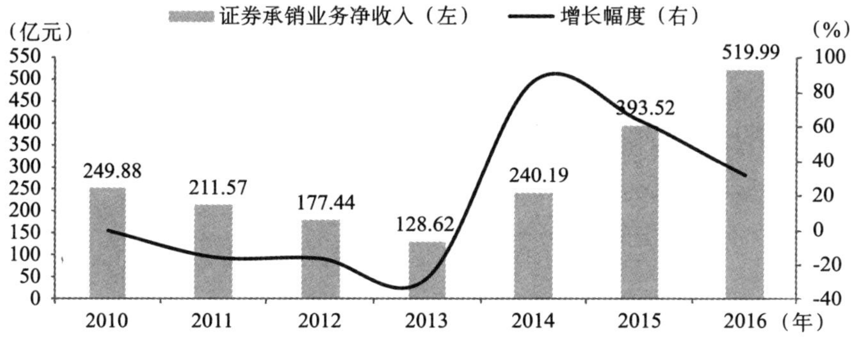

图总1-7　2010—2016年证券承销业务净收入及增幅

资料来源：中国证券业协会。

中度分别为49.02%和44.44%。

（四）财务顾问业务

2016年，上市公司首次披露重大资产重组交易数量达374起，较2015年减少22.89%，重大资产重组交易规模达1.39万亿元，较2015年上升1.85%。其中，中国证监会并购重组委审核通过重大资产重组261起。2016年，围绕主业，做长做强、做精做细产业链，成为并购重组的主基调。绝大多数的重组，是通过同行业产业升级以及同一产业的内部整合，实现向产业链高端、新兴环节的跃升，部分传统行业散小弱差的局面有所改观，体现了并购重组回归实体经济的良好态势。同时，国有控股上市公司国企改革与供给侧改革同向发力，并购重组主渠道作用发挥更加充分，相关并购重组交易占市场并购重组交易的半壁江山。

2016年，证券公司财务顾问业务累计实现164.16亿元，同比增长19.02%，财务顾问业务在行业总收入的比重创近5年新高，达到5%（见图总1-8）。

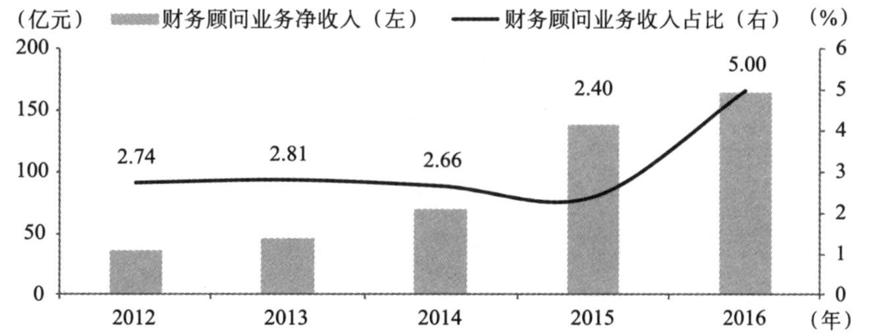

图总1-8　2012—2016年财务顾问业务净收入及其业务比重

资料来源：中国证券业协会。

（五）资产管理业务

1. 资产管理产品规模情况

截至2016年末，国内证券公司受托管理资金总计17.26万亿元，较2015年增长45.75%，增速与2015年基本一致。近两年来专项资产管理业务发展速度较快，2016年底行业专项资产管理产品存量为2 116只，期末受托管理金额4 409.79亿元，是2015年同期的2.36倍。另外，2016年底集合资产管理产品存量为3 856只，期末受托管理金额21 462.18亿元，同比增长43.79%；共发行定向资产管理产品3 990只，期末受托管理金额146 730.66亿元，约占2016年底受托管理资金总规模的85%（见表总1－6）。

表总1－6　　2015—2016年证券公司资产管理业务规模（存量）一览

	集合资产管理产品		专项资产管理产品		定向资产管理产品
	产品数量（只）	期末受托金额（亿元）	产品数量（只）	期末受托金额（亿元）	期末受托金额（亿元）
2016年	3 856	21 462.18	2 116	4 409.79	146 730.66
2015年	3 361	14 926.28	1 093	1 867.82	101 628.23

资料来源：中国证券业协会。

在集合资产管理产品中，按计划规模分，截至2016年底大集合资产管理产品和小集合资产管理产品分别达到535只和3 245只，受托管理规模比重为40.99%和59.01%；按计划类型分，固定收益产品、权益类产品、混合类产品、基金宝产品、QDII和其他产品分别达到1 221只、487只、1 597只、42只、19只和405只，受托管理规模比重分别为73.00%、4.22%、15.32%、0.33%、0.13%和7.01%。

在定向资产管理产品中，受托资金主要来源于机构客户（包括银行、信托公司、商业保险机构、社保基金、企业年金、私募投资公司和其他机构等），机构客户委托资金规模约占总规模的99.72%。其中，银行和信托公司委托资金规模最大，分别占总规模的80.35%和6.34%。

2016年证券公司资产管理业务进一步加快转型发展，大力推动主动管理业务发展，2016年行业主动管理产品规模为4.94万亿元，同比增加62.1%。但从管理方式来看，资产管理依旧以通道产品（被动管理）为主，主动管理规模占比不到三成。

2. 资产管理业务收入情况

在2015年证券公司资产管理业务收入大幅增长的基础上，2016年该项业务依然保持增长态势，全年净收入达296.46亿元，同比增长7.85%；资产管理业务在行业总收入中的比重也大幅提升，约为9.04%（见图总1－9）。

（六）证券自营业务

截至2016年底，证券公司进行金融产品投资的资金规模达1.70万亿元，同比减少1.37%。其中，基金资产的比重较2015年明显降低，由2015年的17.80%降至10.68%；债券资产的比重则有明显提升，由2015年的48.15%上升至52.46%；股票资产投资比重与2015年基本保持一致，约为13.91%（见表总1－7）。

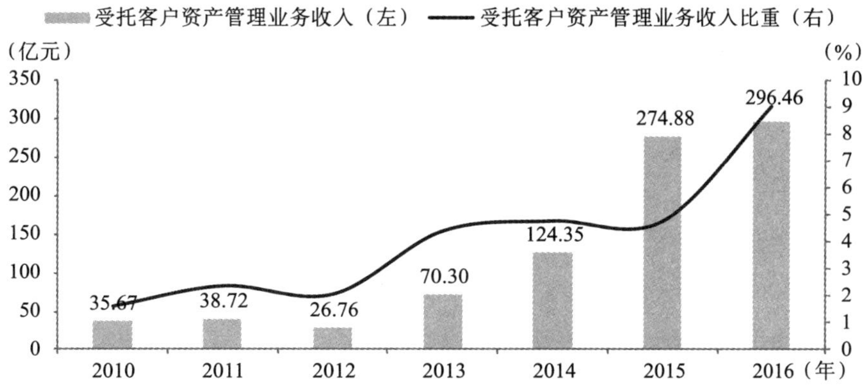

图总1-9　2010—2016年资产管理业务净收入及其业务比重

资料来源：中国证券业协会。

表总1-7　2015—2016年证券公司金融产品投资配置情况

	投资规模（亿元）	股票（%）	基金（%）	债券（%）	权证（%）	其他证券产品（%）
2016	17 008.11	13.91	10.68	52.46	0	22.96
2015	17 243.56	13.01	17.80	48.15	0	21.01

资料来源：中国证券业协会。

2016年，证券公司含公允价值变动的证券投资收益达568.47亿元，较2015年增加了41.30%。由于资产管理和投行业务收入增长较快，自营业务占收入的比重由2014年高点的27.3%，下降至2016年的17.3%。

（七）融资类业务

1. 融资融券业务

（1）融资融券交易情况。融资融券余额在2015年突破2万亿元后，受市场交易活跃度下降的影响，2016年全年融资融券余额基本稳定在8 000亿元—10 000亿元区间。截至2016年底，融资融券余额为9 392.49亿元。其中，融资余额9 357.70亿元，约占融资融券余额的99.63%；融券余额34.79亿元，约占0.37%。与2015年底相比，2016年底的融券余额占融资融券余额比重上升了0.12%。

从整个A股市场来看，融资融券交易是股票市场流动性的重要组成部分。截至2016年底，融资融券余额约占A股市场流通市值的2.40%，月度累计融资买入交易额约占A股月交易总额的8.74%，与2015年底的2.82%和10.27%相比均略有下降（见图总1-10和图总1-11）。

（2）转融通交易情况。2016年全年转融通余额规模呈现逐步扩大趋势，转融通余额在2016年12月初达到全年峰值，为879.48亿元。截至2016年底，共有92家证券公司开通了转融通业务，年末转融通余额为864.83亿元，是2015年末的4.5倍，转融通余额约占融资融券余额的9.21%，该比例同比是显著提升（见图总1-12）。

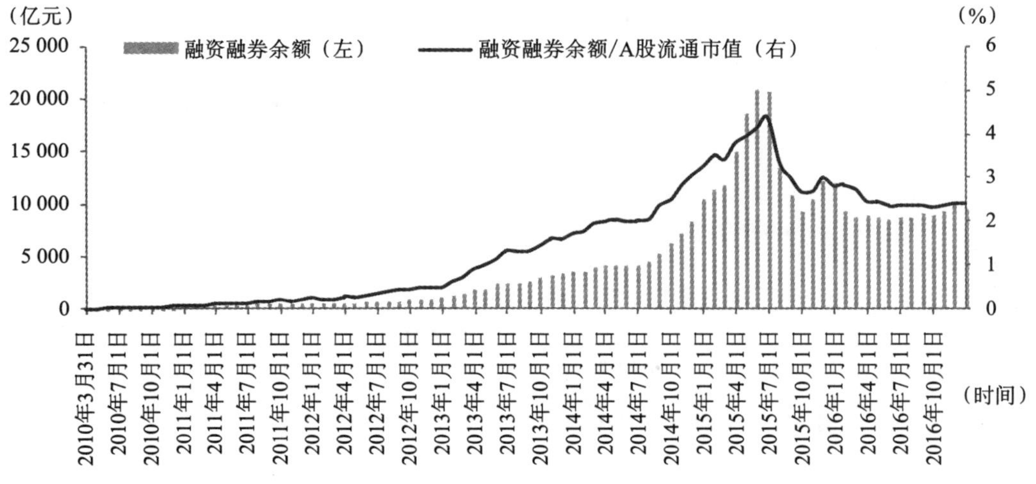

图总1-10　融资融券业务开展以来规模发展情况

资料来源:中国证券金融股份有限公司。

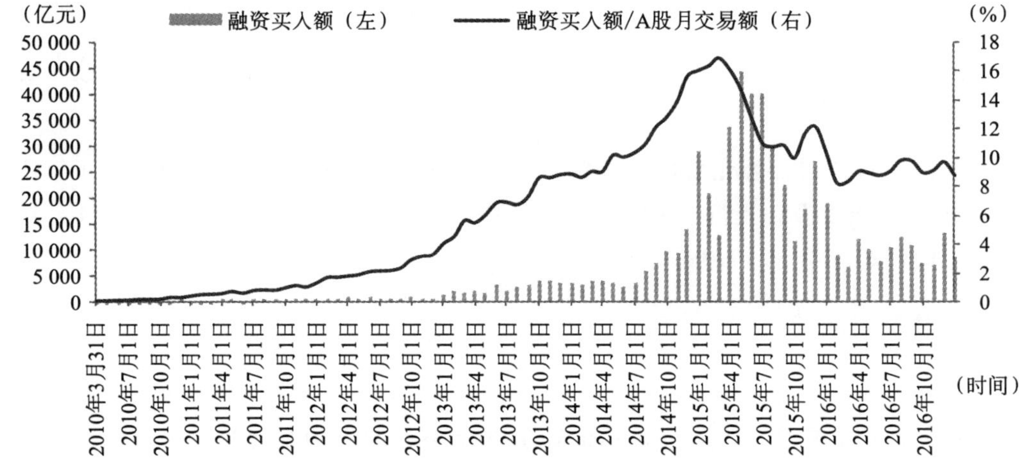

图总1-11　融资融券业务开展以来交易情况

资料来源:中国证券金融股份有限公司。

(3)融资融券投资者情况。2016年,参与融资融券业务的投资者数量继续保持增长趋势。截至2016年,融资融券信用账户开户数为844.60万户,比2015年底增加6.96%;2016年平均每月新增4.58万户信用账户,该增长水平为2015年的1/4(见图总1-13)。

(4)融资融券市场集中度情况。截至2016年底,国内证券市场共有93家证券公司开展融资融券业务,前5家证券公司融资融券余额的集中度变化不大,而前5家融券余额的集中度波动较大,呈现先下降再上升趋势。2016年,融资融券余额前5家占比保持在28%—30%之间,年末约为28.75%,融券余额前5家占比则由1月的63.06%上升至12月的66.28%。同时,融券余额的集中度明显高于融资融券余额(或融资余额)的集中度,2016年末前者比后者高约38个百分点(见图总1-14)。

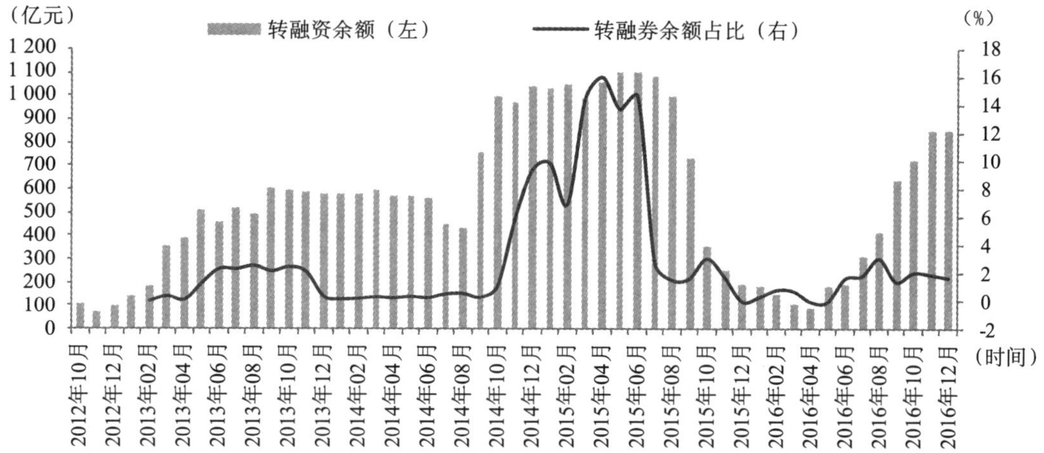

图总 1－12　转融通业务开展以来规模情况

资料来源：中国证券金融股份有限公司。

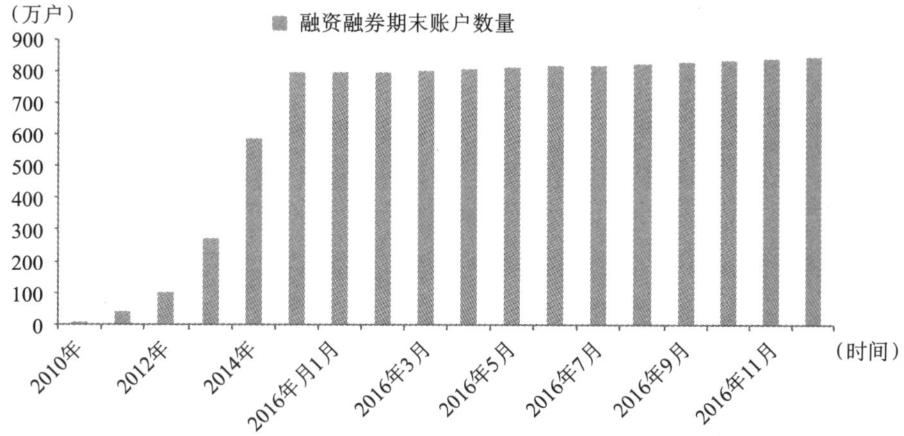

图总 1－13　证券信用账户期末账户数量

资料来源：中国证券金融股份有限公司。

2. 约定购回式证券交易业务

根据上海证券交易所和深圳证券交易所专项统计数据，2016 年约定购回业务规模延续之前 3 年的下降趋势，但存续规模逐渐企稳。截至 2016 年底，共 79 家证券公司开通了约定购回业务权限并发生交易，两市待购回初始交易金额 50.18 亿元，同比减少 10.39%。2016 年全年初始交易合计 3 643 笔，同比减少 72.13%；初始交易金额合计 68.95 亿元，同比减少 44.32%。2016 年全年购回交易合计 4 263 笔，同比减少 71.82%；购回交易金额合计 78.50 亿元，同比减少 54.95%。

3. 股票质押式回购交易业务

根据上海证券交易所和深圳证券交易所专项统计数据，2016 年股票质押式回购业务规模延续该业务推出以来的快速增长趋势，截至 2016 年底，共 95 家证券公司开通了股票质押

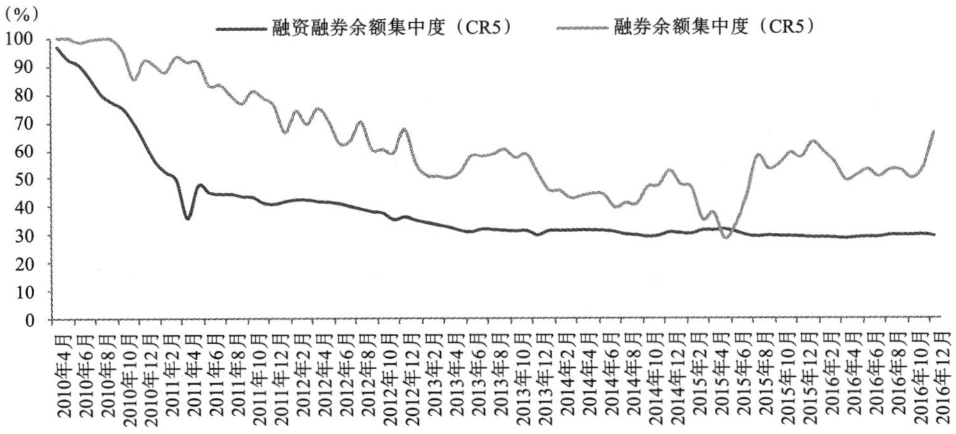

图总 1－14　证券公司开展融资融券业务的融资融券余额集中度情况

资料来源：Wind。

回购业务权限并发生交易，两市待购回初始交易金额 12 840.01 亿元，同比增长 81.18%。2016 年全年初始交易金额合计 13 658.02 亿元，同比增长 8.85%。2016 年全年购回交易金额 7 904.70 亿元，同比减少 10.53%。

标的证券股份性质方面，质押标的证券为流通股的待购回初始交易金额为 6 917.63 亿元，占比 53.88%；质押标的证券为限售股的待购回初始交易金额为 5 922.38 亿元，占比 46.12%。

资金融出方类别方面，证券公司自有资金出资的待购回初始交易金额为 5 950.30 亿元，占比 46.34%；证券公司资产管理计划出资的待购回初始交易金额为 6 889.71 亿元，占比 53.66%。

（八）直投业务

截止到 2016 年底，证券公司 75 家直投子公司注册资本合计 613.95 亿元，净资产合计 990.53 亿元，实现净利润共计 35.38 亿元。直投子公司全年共发起设立各类直接投资基金 465 只，较 2015 年末增加 290 只，增长 165.71%，募集资金（认缴）总额 3 799.72 亿元，实缴总额 2 445.81 亿元（见表总 1－8）。

表总 1－8　　　　2016 年证券公司直投子公司设立直投基金情况

基金类型	数量（只）	认缴金额（亿元）	实缴金额（亿元）
股权投资基金	351	2 777.33	1 855.08
夹层基金	20	94.21	77.62
创业投资基金	34	89.66	73.52
并购基金	37	650.22	335.14
债权投资基金	23	188.3	104.45
合计	465	3 799.72	2 445.81

资料来源：中国证券投资基金业协会。数据采集时间：2017 年 1 月 10 日。

2016 年新增对外投资 1 202 笔，投资金额共计 1 463.84 亿元。其中，直投子公司对外投资 408 笔，金额达 474.25 亿元；直投基金对外投资 794 笔，金额达 989.59 亿元。2016 年直投子公司实现退出 105 笔，涉及金额共计 114.9 亿元；直投基金实现退出 55 笔，金额共计 51.7 亿元。

（九）国际化业务

随着中国资本市场开放程度不断加深，国内资本市场与国际市场日渐接轨，国内证券公司的国际化业务迎来重要契机；同时中国企业在全球资源配置、市场服务方面逐步掌握产业链的主导权，其在海外市场产业并购的速度也在逐步加快，为证券公司拓展海外业务带来新的机遇。

2016 年中国证券行业国际化发展呈现出一些新的特征。一是证券公司国际化业务贡献日益显著。以中信、海通为代表的涉及境外业务较早的国内大型证券公司，从 2016 年报来看，海外业务收入占比较大，分别为 21% 和 14%；海外收入贡献规模略小的光大证券、国泰君安和广发证券也积极开拓海外市场，2016 年报显示海外收入占比分别为 8%、6% 和 3%。二是证券公司通过新设或增资香港子公司、H 股上市，加快在中国香港市场的发展。根据 Wind 数据统计，26 家上市证券公司中，已有 20 家设立香港子公司；A + H 证券公司增至 8 家，有中信证券、海通证券、广发证券、华泰证券、招商证券、东方证券、光大证券和中原证券。三是证券公司通过新设或收购海外分支机构、签署国际合作协议等方式加速拓展中国香港以外地区的海外业务。各证券公司新设或收购海外分支机构，如招商证券设立韩国子公司，华泰证券收购美国 AssetMark，光大证券收购光证（国际），海通国际收购海通印度等；证券公司与国际机构合作日益密切，如方正证券与韩国投资证券（KIS）签署协议等。

在投资银行业务方面，2016 年国内证券公司在香港市场新股发行业务发展迅速，债券承销和并购业务未来发展潜力巨大。股票承销与发行业务方面，2016 年在港交所 IPO 市场上，承销额排名前 50 名中有 17 家为国内证券公司，总市场份额占比 29.42%，较 2015 年上升 3.64 个百分点，且海通证券位列第一，在香港市场国内证券公司 IPO 业务发展迅速。债券承销业务方面，2016 年海通证券、国泰君安两家证券公司入围承销额前 40 位，比 2015 年增加 1 家，市场份额分别为 0.40% 和 0.03%；离岸人民币债券市场中，5 家国内证券公司入围承销额前 50 名，共占据 1.54% 的市场份额，同比下降 0.67 个百分点。在兼并与收购业务方面，香港并购市场排名前 50 位的投行中有 5 家国内证券公司，合计市场份额 8.19%，比 2015 年下降了 1.35 个百分点；平均交易数目 2 家，也低于 2015 年 2.9 家的水平。

在资产管理业务方面，国内证券公司通过中国香港平台开展资产管理及境外投资业务稳中有进。第一，合格境内机构投资者（QDII）规模与 2015 年持平。截至 2016 年底，共 15 家证券公司获得 QDII 资格，总计获得 QDII 投资额度 87.5 亿美元，数量与 2015 年持平。第二，中资证券公司合格境外机构投资者（QFII）额度提升。截至 2016 年底，共有 7 家证券公司获得 QFII 业务资格，较 2015 年同期减少 2 家。2016 年，QFII 累计额度为 873.09 亿美元，同比增长 7.66%；其中证券公司累计额度为 28.2 亿美元，同比增长 35.51%。第三，券商系人民币合格境外机构投资者（RQFII）规模与 2015 年持平。截至 2016 年 12 月 28 日，RQFII 投资总额度达到 5 284.75 亿元人民币，同比增加 18.94%；其中，券商系 RQFII 总额度为 623.5 亿元人民币，同比持平，占 RQFII 总额度的 11.82%。

在经纪业务方面，国内证券公司的国际化业务目前仍主要集中在中国香港市场。香港联交所将市场参与者按照 A、B、C 三类进行区分。其中 A 类参与者市场占有率为前 14 名，B 类为 15—65 名，C 类为 65 名以后。中资证券公司中，中银国际位列 A 类证券公司，其余属 B 类中型证券公司。近几年，随着沪港通、深港通的推出，境内外市场的联动性不断增强，双向开放程度不断深化，为证券公司的经纪业务提供了发展新动力。

（十）其他业务

1. 交易所衍生品业务

2016 年，国内期货和衍生品市场稳步发展。上证 50ETF 期权自 2015 年 2 月 9 日于上海证券交易所正式上市后平稳运行。上海证券交易所数据显示，2016 年上证 50ETF 期权总成交 7 906.9 万张，日均成交 32.4 万张；年末持仓 131.5 万张，日均持仓 94.9 万张；累计成交面值 17 651.3 亿元，日均成交面值 72.3 亿元；累计权利金成交 431.9 亿元，日均权利金成交 1.8 亿元；投资者开户数超过 20 万户。

中国期货业协会数据显示，2016 年全年上证 50 股指期货累计成交 162.4 万手，成交金额达 10 472.6 亿元；沪深 300 股指期货累计成交 422.6 万手，成交金额 40 142.6 亿元；中证 500 股指期货累计成交 355.2 万手，成交金额 42 562.2 亿元；10 年期国债期货累计成交 617.7 万手，成交金额 61 271.4 亿元；5 年期国债期货累计成交 275.7 万手，成交金额 27 742.3 亿元。

2. 场外衍生品业务

证券公司场外衍生品交易业务主要在中证机构间报价系统与证券公司柜台开展，目前以柜台市场为主。中证机构间报价系统数据显示，证券公司场外衍生品交易 2016 年全年累计新增初始名义本金规模 5 472.19 亿元。其中，证券公司柜台全年累计新增初始名义本金规模 5 316.70 亿元，中证机构间报价系统全年累计新增初始名义本金规模 155.49 亿元。按照业务类别统计，收益互换业务全年累计新增初始名义本金规模 1 997.71 亿元，场外期权业务全年累计新增初始名义本金规模 3 474.48 亿元。截至 2016 年底，未了结场外衍生品交易初始名义本金规模 4 290.20 亿元。其中，证券公司柜台未了结场外衍生品交易初始名义本金规模 4 180.59 亿元，中证机构间报价系统未了结场外衍生品交易初始名义本金规模 109.61 亿元。按照业务类别统计，收益互换业务未了结初始名义本金规模 1 356.88 亿元，场外期权业务未了结初始名义本金规模 2 933.32 亿元。

三、证券行业制度建设情况

2016 年证券市场的制度建设主要涉及上市公司并购重组政策的规范与调整，证券公司风险控制管理指标的调整，投资者保护制度、上市公司股权激励制度的完善，发行承销业务、私募资产管理业务的规范，内地与香港股市的互联互通机制建设，以及《证券法》、《期货交易管理条例》的修订等。

（一）修订上市公司并购重组政策，加强对并购重组的监管

基于“依法监管、从严监管、全面监管”理念，为进一步规范并购重组上市行为，2016 年 9 月 9 日中国证监会修订发布了《上市公司重大资产重组管理办法》，即日施行。主要修改内容包括：一是完善重组上市认定标准。二是完善配套监管措施，抑制投机“炒壳”。取消重组上市的配套融资，提高对重组方的实力要求，延长相关股东的股份锁定期，遏制短期投机和概念炒作。三是按照全面监管的原则，强化上市公司和中介机构责任，加大问责力度。为配合《上市公司重大资产重组管理办法》顺利实施，《〈上市公司重大资产重组管理办法〉第十四条、第四十四条的适用意见——证券期货法律适用意见第 12 号》同时修订公布。

为解决重组事项导致的长期停牌问题，2016 年 9 月中国证监会对《关于加强与上市公司重大资产重组相关股票异常交易监管的暂行规定》（证监会公告〔2012〕33 号)、《关于规范上市公司重大资产重组若干问题的规定》（证监会公告〔2008〕14 号）进行了相应修订，如缩短了终止重大资产重组进程的“冷淡期”，由 3 个月缩短至 1 个月；明确了交易标的相关报批事项披露标准等。此次对上市公司并购重组规则的修订，有助于加强并购重组监管，严厉查处信息披露不真实重组等违法违规行为，切实保护投资者合法权益。

根据中国证监会关于并购重组的规范文件，2016 年 9 月 30 日，深圳证券交易所发布《中小企业板信息披露业务备忘录第 8 号：重大资产重组相关事项》和《创业板信息披露业务备忘录第 13 号：重大资产重组相关事项》，对重大资产重组相关信息披露进行详细规范。

（二）修订《期货交易管理条例》，提升期货投资者保障基金运行效率

根据 2016 年 2 月 6 日国务院令第 666 号《关于修改部分行政法规的决定》，2016 年 9 月中国证监会对《期货交易管理条例》进行第三次修订；2016 年 11 月中国证监会、财政部联合修订发布《期货投资者保障基金管理办法》，这对提高保障基金运转效率、降低市场交易成本有着积极作用。

（三）修订证券公司风险控制指标，促进证券公司提升风险控制管理能力

2016 年 6 月 16 日中国证监会修订发布《证券公司风险控制指标管理办法》及配套规

则，并于10月1日正式实施。此次修订是在维持总体框架不变基础上，对不适应行业发展需要的具体规则进行调整，并结合行业发展的新形势，通过改进净资本、风险资本准备计算公式，完善杠杆率、流动性监管等指标，明确逆周期调节机制等，提升风险控制指标的完备性和有效性。修订后的《证券公司风险控制指标管理办法》及配套规则，使得证券公司的内控指标体系更加有效，有助于促进证券行业长期健康发展。

为配合实施《证券公司风险控制指标管理办法》及配套规则，进一步推动证券公司强化风险管理意识，建立健全风险管理体系，提高自身风险管理能力和水平，中国证券业协会修订发布了《证券公司全面风险管理规范》、《证券公司流动性风险管理指引》、《证券公司压力测试指引》及《证券公司风险控制指标动态监控系统指引》四项自律规则。修订发布的规则充分考虑实施的可行性，不同条款给予不同类型上市公司一定的过渡期，所有证券公司须在2017年12月31日前落实全面风险管理要求。

（四）正式发布《上市公司股权激励管理办法》，完善上市公司股权激励制度

中国证监会于2016年7月13日正式发布《上市公司股权激励管理办法》，并自2016年8月13日起施行。《上市公司股权激励管理办法》旨在完善上市公司股权激励制度，促进形成资本所有者和劳动者的利益共同体，推动企业建立完善创新创业机制，提高核心竞争能力，优化投资者回报。原有的于2005年发布的试行办法同时废止。《上市公司股权激励管理办法》的总体原则是以信息披露为中心，根据宽进严管的监管理念，放松管制，加强监管，逐步形成公司自主决定的、市场约束有效的上市公司股权激励制度。

（五）修订投资者保护相关管理办法，完成首批投资者教育基地建设，关注投资者保护

保护投资者的合法利益一直是中国证监会和中国证券业协会的工作重点之一。2016年4月19日，经国务院批准，中国证监会、财政部和中国人民银行联合修订发布了《证券投资者保护基金管理办法》，并于2016年6月1日起施行，这有助于进一步完善我国证券投资者保护基金的各项制度，维护投资者信心，促进资本市场健康良性发展。2016年12月，为了规范证券期货投资者适当性管理，维护投资者合法权益，根据《证券法》、《证券投资基金法》、《证券公司监督管理条例》和《期货交易管理条例》及其他相关法律、行政法规，中国证监会发布了《证券期货投资者适当性管理办法》，该办法自2017年7月1日起施行。2016年5月6日，中国证监会根据《关于加强证券期货投资者教育基地建设的指导意见》及《首批投资者教育基地申报工作指引》要求，完成了首批13家国家级证券期货投资者教育基地正式授牌，为投资者提供一站式、公益性服务。

中国证券业协会根据《证券法》、国务院办公厅《关于进一步加强资本市场中小投资者合法权益保护的若干意见》、中央综治委等16部门联合印发的《关于深入推进矛盾纠纷大调解工作的指导意见》、《中国证券业协会章程》的规定，参照《中华人民共和国人民调解

法》，结合近4年的证券纠纷行业调解工作实践，于2016年1月22日修订发布了《中国证券业协会证券纠纷调解工作管理办法》和《中国证券业协会证券纠纷调解规则》。这有助于妥善解决证券业务纠纷，保护投资者合法权益，维护证券行业整体利益，促进证券市场规范和谐发展。2016年8月11日，中国证券业协会发布了《证券经营机构参与打击非法证券活动工作指引》，其目的也是通过有效引导证券经营机构参与打击非法证券活动，切实保护投资者和证券经营机构合法权益。

（六）规范股票承销商的发行承销业务，同时加强对保荐机构的监管

根据2015年底中国证监会对证券发行承销制度的系列修订并修改，自2016年1月1日起，新股发行按照新制度开始执行。为规范证券公司承销首次公开发行股票行为，保护投资者的合法权益，根据新的《证券发行与承销管理办法》，2016年1月中旬，中国证券业协会相继修订发布了《首次公开发行股票承销业务规范》、《首次公开发行股票配售细则》和《首次公开发行股票网下投资者管理细则》三项自律规则。《首次公开发行股票承销业务规范》中对股票承销商在首次公开发行股票时的路演推介、询价、定价、配售、撰写并发布投资价值研究报告、信息披露等业务活动和网下投资者报价行为进行了规范要求。《首次公开发行股票配售细则》规范了主承销商在境内首次公开发行股票时的配售行为。《首次公开发行股票网下投资者管理细则》主要是对网下投资者的自律管理，具体适用于网下投资者参与首发股票询价和网下申购业务、具有证券承销业务资格的证券公司开展网下投资者推荐工作以及担任首发股票项目的主承销商开展网下投资者选定和管理工作。2016年12月9日，中国证监会对《发行监管问答——关于首次公开发行股票中止审查的情形》和《发行监管问答——在审首发企业中介机构被行政处罚、更换等的处理》进行了修订。《发行监管问答——关于首次公开发行股票中止审查的情形》规定，保荐机构因涉嫌违法违规被行政机关调查，或者被司法机关侦查，尚未结案的，中止审查；《发行监管问答——在审首发企业中介机构被行政处罚、更换等的处理》规定，在审首发企业，包括已过发审会的企业，更换保荐机构的，一律需要重新履行申报程序。这两项规定，都属于审慎性措施，前者意在避免保荐机构执业质量问题波及其他推荐项目，后者意在避免发行人随意更换保荐机构，弱化保荐机构把关作用。此两项规定的执行，对于传导监管压力、提高审核质量发挥了重要作用。

根据新的《证券发行与承销管理办法》，上海证券交易所、中国证券登记结算有限责任公司共同制订了《上海市场首次公开发行股票网下发行实施细则》、《上海市场首次公开发行股票网上发行实施细则》。深圳证券交易所、中国证券登记结算有限责任公司共同制订了《深圳市场首次公开发行股票网上发行实施细则》、《深圳市场首次公开发行股票网下发行实施细则（2016年1月修订）》。从2016年1月1日起，投资者申购新股时无须再预先缴款，小盘股可直接定价发行，发行审核更加注重信息披露要求，在保护投资者合法权益上，发行企业和保荐机构需要承担更多的义务和责任。

（七）规范私募资产管理业务规则，提高私募行业风险防控水平

近年来，在我国证券金融服务多层次化趋势的良好背景下，居民财富管理需求日渐增强，证券期货经营机构私募资产管理业务发展迅速。为了进一步防范私募资产管理业务中的问题与风险，2016 年 7 月中旬，中国证监会发布了《证券期货经营机构私募资产管理业务运作管理暂行规定》，重点对私募产品运营过程中不当行为进行规范，如对违规的宣传推介和销售行为、结构化资产管理产品、违法从事证券期货业务活动、委托第三方机构提供投资建议、开展或参与“资金池”业务、实施过度激励等问题的规范。《证券期货经营机构私募资产管理业务运作管理暂行规定》不仅适用于证券期货经营机构通过资产管理计划形式开展的私募资产管理业务，私募证券投资基金管理人也须参照执行。鉴于此规定是在 2015 年 3 月中国证券投资基金业协会发布的《证券期货经营机构落实资产管理业务“八条底线”禁止行为细则》基础上推出的，为做好新旧规则衔接，《证券期货经营机构私募资产管理业务运作管理暂行规定》还明确了对结构化产品等依照“新老划断”原则进行过渡安排。在私募资产管理业务快速发展的情况下，加强监管有利于完善证券期货经营机构私募资产管理业务规则，进一步引导行业提高风险防控水平，保护投资者合法权益。

配合《证券期货经营机构私募资产管理业务运作管理暂行规定》的发布，2016 年 12 月 30 日，中国证券业协会发布《证券公司私募投资基金子公司管理规范》和《证券公司另类投资子公司管理规范》，对证券公司设立私募基金子公司和设立另类投资子公司的设立条件、业务规则、风险控制、自律管理等内容进行了详细规范。

（八）刷新内地与香港股票市场交易互联互通机制，深港通顺利开通

2016 年 9 月 30 日，中国证监会正式发布《内地与香港股票市场交易互联互通机制若干规定》，并于发布之日起正式施行。这是在 2014 年 6 月发布的《沪港股票市场交易互联互通机制试点若干规定》的基础上重新制订的，在基本的法律法规适用原则、各市场主体的权利义务和职责等大部分内容不变的情况下，又增加了全新的内容：一是适用范围由沪港通扩展至沪港通和深港通；二是明确了沪港通和深港通投资者的适当性管理遵循属地管理原则，如投资者委托香港经纪商买卖深股通股票，须遵守香港而不是内地的投资者适当性监管规定及业务规则；三是为未来货币兑换机制的完善预留了制度空间。《内地与香港股票市场交易互联互通机制若干规定》是规范内地与香港股票市场交易互联互通机制的重要规章。2016 年 12 月 5 日，深港通顺利开通。

根据中国证监会关于内地与香港股票市场交易互联互通机制的各项规定、香港交易制度的有关规范与调整，上海证券交易所、深圳证券交易所也作出了相应的制度规定和调整。2016 年 7 月 8 日，根据香港联合交易所有限公司实施收市竞价交易等交易机制调整的相关安排，上海证券交易所对沪港通试点办法进行修改，修订发布《上海证券交易所沪港通试点办法》。深圳证券交易所于 2016 年 9 月 30 日发布深港通交易规范、投资者管理、风险揭

示等一系列规范性法规，包括《深圳证券交易所港股通投资者适当性管理指引》、《深圳证券交易所深港通业务实施办法》、《香港中央结算有限公司参与深股通上市公司网络投票实施指引》、《关于深港通业务中上市公司信息披露及相关事项的通知》、《深圳证券交易所港股通委托协议必备条款》、《深圳证券交易所港股通交易风险揭示书必备条款》。

（九）加强信息披露，规范信息披露格式

2016年，监管部门持续加强信息披露管理，提高上市公司信息披露质量。2016年1月17日中国证监会发布《公开发行证券的公司信息披露内容与格式准则第38号——公司债券年度报告的内容与格式》和《关于公开发行公司债券的上市公司年度报告披露的补充规定》。2016年12月9日中国证监会修订发布《公开发行证券的公司信息披露内容与格式准则第2号——年度报告的内容与格式（2016年修订）》、《公开发行证券的公司信息披露内容与格式准则第3号——半年度报告的内容与格式（2016年修订）》、《公开发行证券的公司信息披露编报规则第13号——季度报告的内容与格式（2016年修订）》。

在分行业监管的基础上，为提高信息披露有效性，引导上市公司披露行业经营性信息，上海证券交易所于2016年12月发布对第14号至第20号上市公司行业信息披露指引，涉及酒制造、广播电视传输服务、环保服务、水的生产与供应、化工、航空运输以及航空运输行业；深圳证券交易所于2016年11月发布了对上市公司从事种业种植业、工程机械业、装修装饰业行业信息披露指引。此外，深圳证券交易所对一系列信息披露格式作了具体规范，包括上市公司“高送转”利润分配和公积金转增股本方案的公告格式、上市公司高比例送转方案的公告格式（2016年11月修订）；对上市公司的重要业务信息披露进行详细规范，涉及停复牌业务，股权激励计划，重大资产重组相关事项（2016年9月修订），业绩预告、业绩快报及其修正，定期报告披露相关事项（2016年修订），上市公司与专业投资机构合作投资（2016年修订）等。

（十）加强公司债券上市管理，规范债券信息披露

为加强公司债券上市管理，保护投资者合法权益，促进债券市场持续稳定发展，2016年上海证券交易所和深圳证券交易所持续对债券交易的各项规则进行完善。

为了践行“十三五”规划绿色发展理念，引导债券市场支持绿色产业，推动经济发展方式转变和经济结构转型升级，根据《证券法》、《公司债券发行与交易管理办法》等法律法规、部门规章、规范性文件以及相关业务规则的规定，上海证券交易所于2016年3月16日发布《关于开展绿色公司债券试点的通知》；深圳证券交易所于2016年4月22日发布《深圳证券交易所关于开展绿色公司债券业务试点的通知》。

为促进债券市场健康发展，规范公司债券簿记建档发行业务，2016年9月30日，上海证券交易所和深圳证券交易所分别发布《上海证券交易所公司债券簿记建档发行业务指引》和《深圳证券交易所公司债券簿记建档发行业务指引》。

为进一步规范公司债券信息披露，保护投资者合法权益，根据《证券法》、《公司债券发行与交易管理办法》等相关规定，上海证券交易所和深圳证券交易所于2016年12月16日分别发布《公司债券临时报告信息披露格式指引》。

此外，深圳证券交易所还对债券业务的相关办法推出业务办理的指引性文件，同时对债券交易细则进行修改。2016年2月4日发布《债券业务办理指南第1号——公开发行公司债券上市预审核、发行及上市业务办理》，《债券业务办理指南第2号——非公开发行公司债券转让条件确认、发行、转让及投资者适当性管理业务办理》。根据中国证监会《公司债券发行与交易管理办法》有关规定，2016年4月28日，深圳证券交易所修订发布《深圳证券交易所债券交易实施细则（2016年修订）》。

（十一）《证券法》修订准备工作有序推进

2015年4月21日，十二届全国人大常委会第十四次会议在京举行，首次审议《证券法》修订草案。2016年，对《证券法》的修订工作持续推进。

第二章
2016 年中国证券业发展特点

2016 年，在全面加强监管和制度建设的背景下，多层次资本市场稳步发展，证券行业治理水平明显提升，为增强金融服务实体经济能力和推进供给侧结构性改革做出了重要贡献。与 2015 年相比，2016 年证券行业发展呈现如下特点。

一、监管从严，制度建设和执法力度进一步加强

2016 年，本着服务实体经济的根本宗旨，证券行业深刻汲取股市异常波动的教训，不断完善各项基本制度，提升风险防控能力，增强监管执法力度，切实维护了资本市场稳定健康发展。

在市场制度建设方面，新股发售规则持续优化，承销保荐机构监管更加严格，上市公司股权激励制度逐步完善，大股东减持行为更加规范，并购重组报批事项披露标准进一步细化，投资者适当性管理制度不断健全，投资者保护规则体系更加完备。与此同时，年内双创债、绿色债和营改增试点工作稳步推进；全国中小企业股份转让系统正式实施市场分层，启动私募机构做市试点和优先股试点；机构间市场私募证券产品发行、转让规则逐步完善。在强化行业合规管理制度方面，证券期货业务许可制度完成优化整合，证券公司风险控制管理体系逐步强化，私募资产管理业务规则持续完善，行业合规管理和风险防控能力明显增强。在推动行业国际化进程方面，深港通平稳启动，沪港通机制进一步完善，沪伦通研究工作有序推进，启动熊猫债试点，外资私募基金登记政策进一步放宽，自贸区资本市场建设举措有新进展。

2016 年，中国证监会依法从严全面监管，严厉打击资本市场存在的欺诈发行、内幕交易、市场操纵、虚假信息披露等违法违规行为，严厉惩治“忽悠式”重组、大股东违规减持、编造传播虚假信息等乱象，抑制跨界监管套利行为，着力强化监管执行效力。2016 年中国证监会行政处罚数量、罚没款金额均创历史新高，全年共对 183 起案件作出处罚，作出行政处罚决定书 218 份，较 2015 年增长 21%，涉及罚没款共计 42.83 亿元，同比增长 288%，对 38 人实施市场禁入，同比增长 81%。

二、坚持依法稳健经营，行业合规风险控制意识明显加强

2016 年是证券行业全面加强风险和合规管理机制建设的一年。顺应全面强化合规风险控制管理的趋势，2016 年证券行业进一步完善合规和风险控制管理制度体系建设，切实落实《证券公司风险控制指标管理办法》和《证券期货经营机构私募资产管理业务运作管理暂行规定》等规则，优化升级风险指标和风险管理信息系统，完善内控和风险管理组织架构，主动寻求向全面风险控制管理迈进。2016 年中国证监会完善了证券基金经营机构常态化风险压力测试机制工作方案，明确要求证券基金经营机构按不少于每季度一次的频率开展压力测试，同时按照每半年一次的频率组织统一情景压力测试；年末中国证券业协会已组织证券公司及其子公司开展统一情景压力测试，在加强行业系统风险评估的同时有效促进了证券公司风险管理能力的提升。

2016 年证券行业合规管理工作进一步加强，全员主动合规意识进一步强化，合规管理工作整体有效，有助于行业稳健运营。根据中国证券业协会专项调研数据，超过七成的证券公司设立了专职合规部门，超过一半的证券公司扩大了合规管理人员规模，大多数证券公司已将法律部门和合规部门合并。在人员配备方面，2016 年证券公司专职与兼职合规管理人员在员工总数的平均占比为 4.65%，其中单家证券公司专职合规人员平均占比为 1.57%，平均每家证券公司配备专职合规管理人员 25 人。与此同时，为了能够确保合规工作与公司业务紧密结合，87.61% 的证券公司还采取在分支机构及业务线上配备兼职合规管理人员的分散化管理方式，平均每家证券兼职合规管理人员达 69 人。

2016 年，按照依法稳健经营的基本原则，证券公司在保持创新发展的同时也兼顾与合规和风险控制管理的动态均衡。在落实全面风险管理规范方面，各家证券公司均强调建立健全系统的风险管理制度体系和授权管理制度，深化落实全面风险管理各项工作，切实增强全面风险管理的前瞻性和专业化能力，以风险控制指标为核心，以全面覆盖为目标，对证券公司经营中的市场风险、信用风险、操作风险和流动性风险进行准确识别、审慎评估、动态监控、及时应对和全程管理，对证券公司各项业务在收入结构层次多元、业务产品形式复杂、系统风险持续加剧背景下的平稳开展提供了有力的支持和保障。中国证券业协会专项调研数据显示，截至 2016 年底，已有 94% 的证券公司任命了首席风险官，年内超过六成的证券公司进一步加强了风险管理人员配备，证券公司风险管理部门总人数超过 1 300 人。在风险管理部门框架优化方面，2016 年有 2/3 的证券公司按照风险类型来划分风险管理职能，专业化内部分工协作推动证券业风险精细化管理迈上新台阶。在增强与业务部门衔接方面，2016 年分别有 18% 和 13% 的证券公司直接向业务条线和子公司派驻风险管理人员，其他证券公司则主要采取指定专人或任命风险控制专员的方式来履行一线风险管理职责。

三、多层次资本市场稳步发展，切实服务实体经济，助推供给侧改革战略

深化多层次资本市场改革是提升资源配置效率和增强证券行业服务实体经济能力的关键。2016年，为了贯彻落实国家产业政策和中央“三去一降一补”的决策部署，中国证监会严格限制钢铁、煤炭企业IPO和再融资，防止不符合国家宏观调控政策的企业利用资本市场扩大产能，积极推动经济发展转方式、调结构。与此同时，为有效化解相关行业过剩产能，年中国务院发布《关于推动中央企业结构调整与重组的指导意见》，鼓励煤炭、电力、冶金等产业链上下游中央企业依托资本市场进行重组，资本市场成为供给侧结构性改革和国企改革的重要推进平台。全年沪、深证券交易所市场首次公开发行（IPO）和再融资1.33万亿元，同比增长59%。为了促进债券市场健康稳定发展，年内沪、深证券交易所持续加强对公司债券簿记建档发行业务及信息披露的规范，并相继启动绿色债券和双创公司债试点工作。全年交易所市场共计完成公司债券发行3.17万亿元，同比增长47%。

2016年全国中小企业股份转让系统保持快速发展，投融资功能更加强化，交易质量稳步改善，市场结构明显优化，为提升直接融资占比和实施创新驱动发展战略提供了有力支持。全国中小企业股份系统审慎推进市场创新，启动私募机构做市业务试点。同时，全国中小企业股份转让系统还实现市场分层管理，为处于不同发展阶段和不同市场需求的挂牌公司提供相适应的资本市场平台，有助于增强市场价格发现能力并提高监管和风险控制规范的针对性。全国中小企业股份转让系统披露的数据显示，截至2016年底，全国中小企业股份转让系统共有挂牌公司10 163家，总市值近4.06万亿元，分别较2015年增长98.15%和64.97%。

2016年区域性股权市场整体保持平稳发展，包括信息披露、投资者适当性管理以及挂牌、交易、托管和登记结算等各项基础制度进一步完善，业务流程更加规范，合规风险控制管理明显强化，培育孵化功能和融资功能进一步增强，为服务“大众创业、万众创新”战略，提升直接融资占比和增强金融服务普惠性做出了重要贡献。截至2016年底，全国已设立40家区域性股权市场，挂牌企业和展示企业分别达1.74万家和5.94万家，累计融资6 896亿元。作为区域性股权市场的重要参与者，2016年共有48家证券公司参与了28家区域性股权市场，累计完成1 457笔股权和债券挂牌。

2016年，证券公司柜台市场业务稳中求进，合规和风险控制管理进一步强化，各项基础制度进一步完善，产品种类进一步丰富，市场规模进一步扩大，为深化多层次资本市场改革和增强证券公司服务实体经济能力做出了重要贡献。中证机构间报价系统提供的数据显示，截至2016年底，42家已运营柜台市场业务的证券公司共开立个人账户1 269.17万户和机构账户1.18万户，同比增幅分别为104.73%和54.64%。在柜台市场产品发行和销售方面，2016年柜台市场发行和代销各类金融产品分别为16 277只和9 484只，分别较2015年增长108.49%和509.9%，对应的发行和代销产品金额分别为1.19万亿元和1.28万亿元，

分别较 2015 年增长 51.82% 和 247.73%。

2016 年机构间私募产品报价服务系统切实加强适当性管理和产品、业务注册管理，严格规范参与人与业务准入，各项基本功能日臻完善，市场规模稳步增长，支持国家创新驱动战略和服务实体经济能力进一步增强。《机构间私募产品报价与服务系统发行与转让规则》、《机构间私募产品报价与服务系统私募股权融资业务指引（试行）》相继发布，报价系统各项基础制度进一步优化，投融资功能更加顺畅。中证机构间报价系统股份有限公司披露的数据显示，2016 年报价系统新增参与人 688 家，同比增长 46.4%，在延续 2015 年快速成长态势的同时，各类机构参与人的类型结构更趋合理，银行、信托、保险和基金等非证券公司参与人占比有所提升，进一步促进了跨行业、跨领域合作。在产品发行方面，截至 2016 年底，报价系统累计发行产品 6 817 只，累计募集资金 6 304.54 亿元，其中参与人直接通过报价系统认购的金额占比达 77.2%。与此同时，报价系统着力为小微企业提供多元化融资服务，服务实体经济能力稳步提升，2016 年新增发行债券 77 只，新增发行规模同比增长 266%，发行资产证券化产品 35 单，涉及规模 651.47 亿元。

四、经纪与证券投资业务营收下滑，投行业务和资产管理规模增长

2016 年是证券行业平稳发展的一年，行业整体运行更加规范，资本实力进一步增强，但受二级市场运行影响，行业营收和净利润较上年有所减少，其中经纪业务和证券投资业务收入降幅超过五成，但投行业务和资产管理规模增长明显，行业营收结构趋于均衡。

2016 年，国内二级市场在修复中成长，境内上市公司（A、B 股）数量首次突破 3 000 家，达到 3 052 家，同比增长 7.96%，但年内市场交易活跃度明显回落，全年共完成股票、基金交易额 138.91 万亿元，较 2015 年下降 48.61%，同时受价格竞争影响，行业平均佣金率持续下滑至万分之四。受此影响，国内证券公司经纪业务净收入同比下降 60.87%，为 1 052.95 亿元，在行业总收入中占比 32.11%，与 2015 年相比降低了 14.68 个百分点。同样受到二级市场影响的还有融资融券业务和证券投资业务，截至 2016 年底，融资融券余额为 9 392.49 亿元，与 2015 年底相比下降 20.01%；年内日均“两融”余额及买卖交易额为 8 950.58 亿元和 473.65 亿元，分别较 2015 年同期减少 35.29% 和 66.63%，“两融”业务规模降中趋稳；受此影响，行业利息净收入同比减少 35.43%。与此同时，在行业加强全面风险控制管理和二级市场表现相对平淡的环境下，2016 年证券公司持有各类证券投资产品合计 1.7 万亿元，同比下降 1.37%，在资产配置方面基金产品投资占比明显降低，债券配置比例有所提升，全年共实现证券投资收益（含公允价值变动）568.47 亿元，与 2015 年相比降幅近六成。

在投资银行业务方面，2016 年监管部门在充分考虑市场承受能力的基础上把握时机，坚持推动新股发行常态化，积极增加市场供给，扩大直接融资规模，规范上市公司再融资行为，全年股权融资 1.33 万亿元，IPO 数量和融资额均创近 5 年来新高，再融资规模创历史新

高，证券行业和资本市场服务实体经济能力显著增强。证券承销与保荐业务净收入519.99亿元，比2015年增长32.14%，成为2016年营收增幅最高的子业务，其行业营收占比亦升至15.86%，是2015年的2.32倍。受经济下行压力和监管政策收紧等因素影响，上市公司重大资产重组交易数量较2015年有所下降，但2016年大额交易增多，整体来看交易规模较2015年有所上升。行业财务顾问业务净收入164.16亿元，较2015年增长19.02%，全年营收增幅仅次于证券承销和保荐业务，成为助推投行业务增长和优化行业营收结构的重要力量。

尽管受二级市场波动和“资产荒”的影响，但2016年证券公司加强主动管理能力，使资产管理业务依然保持较快的发展，成为优化行业盈利模式和助推财富管理转型的重要力量。中国证券业协会数据显示，截至2016年底，全行业受托管理资本金合计17.82万亿元，较2015年增长50%，共实现资产管理业务净收入296.46亿元，同比增长7.85%，增幅仅次于投行业务。其中，专项资产管理业务规模增速最快，年底受托管理金额4 387.66亿元，同比增长134.91%；集合资产管理期末产品数量3 780只，对应资产管理规模近2.15万亿元，分别同比增长13.99%和43.94%；定向资产管理产品规模则增长44.38%至14.67万亿元。从管理方式看，2016年证券公司资管存续的主动管理资产规模达4.94万亿元，占比28.6%；存续的通道产品资产规模达12.38万亿元，占比71.4%，通道产品占比过高仍是限制资产管理业务盈利提升和诱发潜在套利风险的主要原因。鉴于此，2016年《证券公司风险控制指标管理办法》和《证券期货经营机构私募资产管理业务运作管理暂行规定》相继发布实施，加强监管政策联动性和规避监管套利成为资产管理行业强化全面风险管理的主要导向，稳步合理降杠杆和去通道化促使证券公司主动提升管理能力和创新能力。

2016年，证券公司其他融资类业务总体上平稳发展，风险防控能力逐步增强。上海证券交易所和深圳证券交易所专项统计数据显示，截至2016年底，两市股票质押式回购初始交易金额2.44万亿元，同比增长21.97%，其中待回购初始交易金额1.09万亿元，涉及股票市值3.07万亿元。在约定购回式证券交易方面，2016年两市约定购回式交易初始交易金额435.85亿元，较2015年同期下降15.28%，期末待购回余额34.67亿元，期末标的股票市值113.16亿元。与此同时，2016年资产证券化业务规则进一步细化，信息披露机制更加完善，基础资产进一步丰富，市场规模快速扩大，为“去产能、去库存、去杠杆、降成本、补短板”做出了重要贡献。全年共发行392单企业资产支持证券，发行额4 955.61亿元，同比增长135.89%，为供给侧结构性改革和服务实体经济发展提供了有力支撑。

五、互联网证券业务规范发展，探索金融科技服务新模式

2016年证券行业持续推进移动互联网深化，积极整合升级线上线下资源，通过账户体系优化和组织构架调整来加速传统证券业务网络化改造，进一步加大信息科技投入和完善移动证券服务生态链，在强化合规和风险防控强化的前提下探索金融科技服务新模式。

近年来互联网金融迅速发展，在发挥积极作用的同时也集聚了风险隐患，2016 年国务院发布了《互联网金融风险专项整治工作实施方案》，就互联网金融规范发展进行了整体部署，旨在防范化解风险和维护金融稳定。在此背景下，2016 年监管部门统筹安排，稳步推进互联网证券尤其是互联网股权融资以及跨界资产管理活动的治理改进工作，通过加强多部门监管互动协作来提升监管穿透力，确保互联网证券业务创新回归金融服务实体经济发展的本质。

中国证券业协会专项调查报告显示，2016 年证券公司移动互联网证券业务总体上稳健合规，投资者利益保护更加有效，互联网平台的业务贡献稳步提升，绝大多数证券公司网络开户占比超过九成，部分证券公司互联网平台佣金占比超过一半，尤其是拓展互联网证券业务较早的大型证券公司，在 App 市场占有率和客户活跃度方面具有明显的优势。与此同时，为了弥补信息技术储备不足的缺陷，部分证券公司着力引进优秀互联网技术人才，旨在提升公司移动证券业务自主研发能力，同时积极布局量化交易、区块链以及生物识别技术等新领域。移动互联网正在从组织架构、跨界合作、合规风控和技术研发等多方面重塑传统证券行业。

六、深港通开通，国际化改革进程有序推进，助力国家“一带一路”大战略

2016 年，资本市场双向开放进程有序推进，加速国际化成为证券行业和多层次资本市场服务“一带一路”大战略的重要途径。2016 年 12 月 5 号深港通正式开通，成为继沪港通后内地资本市场国际化接轨的又一通道，促进企业居民跨境投资。同时，沪港通业务规则完成修订并进一步取消了总额度管理，截至 2016 年底，全年共完成沪股通和深股通交易 7 710 亿元人民币，完成港股通交易 8 362 亿港元。此外，2016 年有两家参照《内地与香港关于建立更紧密经贸关系的安排》（CEPA 协议）的合资证券公司获批设立。2016 年中国证监会加强区域金融监管合作，已与“一带一路”区域内 26 个国家的证券监管机构签署《双边监管合作备忘录》，为国内证券公司拓展境外业务提供了制度保障。

随着人民币正式加入特别提款权（SDR）货币篮子，人民币合格境外投资者（RQFII）试点范围进一步扩至美国、爱尔兰等 18 个国家和地区，可投资总额度超过 1.5 万亿元，2016 年累计获批投资额度增至 5 284.75 亿元，同比增长 18.94%，其中中资证券公司的总额度达 623.5 亿元，占比 11.80%。自贸区金融改革持续深化并取得新进展，2016 年自贸区债券市场完成了首单债券发行，有助于推动人民币国际化进程。

伴随资本市场双向开放和人民币国际化进程稳步推进，2016 年国内证券公司纷纷加速发展海外业务，着力完善国际化布局，重点服务境内企业“走出去”和国内居民资产海外配置，为推行“一带一路”战略做出了重要贡献。在中国香港市场，2016 年有 16 家内地证券公司入围 IPO 业务 50 强，市场份额占比 29.42%，同比增长 15.45%。证券公司积极把握机遇稳步推进国际化战略，通过 H 股上市、增资或新设境外分支机构以及收购或签署国际

合作协议等方式加速拓展海外业务，沿着“立足香港——布局亚太——辐射全球”的路径，结合实际、把握机遇，推进国际化战略。此外，2016 年沪、深证券交易所与中国金融期货交易所联合收购巴基斯坦交易所 30% 的股权，有利于落实“一带一路”战略，助力中巴经济走廊建设。

七、助力脱贫攻坚，切实履行社会责任，进一步提升证券行业形象

2016 年，中国证监会落实国家脱贫攻坚战略，聚焦精准扶贫、精准脱贫，建立健全资本市场支持扶贫开发工作长效机制。2016 年中国证监会发布《中国证监会关于发挥资本市场作用服务国家脱贫攻坚战略的意见》，积极支持和培育贫苦地区企业上市或与新三板市场对接，对于符合条件的部分贫困地区企业 IPO、再融资或重组实行“即报即审、审过即发”的绿色政策，同时鼓励证券期货经营机构与贫困地区结对帮扶，切实履行社会责任。受益于“绿色通道”，2016 年西部地区和贫困地区申报企业优先审核，来自西藏和新疆的 9 家企业完成 IPO，实现融资 34.47 亿元，7 家来自贫困地区的首发企业获得优先审核，在确保条件标准不降低、程序环节不减少和企业质量不下降的前提下优先首发上市。与此同时，中国证券业协会在证券机构中率先发起“一司一县”结对帮扶贫困县新的倡议，凝聚行业力量，发挥行业优势，助力脱贫攻坚，履行社会责任，积极支持贫困地区经济建设和社会发展，增强贫困地区产业造血功能并助推产业升级转型。截至 2016 年底，已有 82 家证券公司确定对口帮扶 125 个国家级贫困县，占全部证券公司总量的比重达 63.57%。

2016 年是中国绿色债券市场发展元年，绿色债券能够将募集资金专项用于具有环境效益的项目，为解决绿色企业融资难、融资贵问题和切实践行生态文明建设提供了有力支撑。《绿色债券发行指引》和《关于构建绿色金融体系的指导意见》等文件相继发布，绿色金融市场基础设施建设进一步完善，各项相关业务规范进一步细化，产品种类进一步丰富，证券公司服务绿色经济发展能力显著增强，行业形象稳步提升。截至 2016 年底，共发行绿色公司债 17 只，融资规模 223 亿元。

第三章
2017 年中国证券业发展展望

2017 年，我国资本市场运行内外环境将更趋复杂，中国资本市场的发展将深入贯彻落实 2017 年中央经济工作会议精神，牢牢把握稳中求进工作总基调，坚持依法全面从严监管，切实加强风险防控能力，增强资本市场和证券行业服务实体经济的能力，为推进“供给侧结构性改革”和服务“一带一路”大战略提供有力支持。

一、深化依法全面从严监管，继续提升监管效力

2017 年，中国证监会将始终保持依法全面从严监管，着力提高监管水平，切实加强稽查执法力度，维护公开、公平、公正的市场秩序。进一步完善上市公司非公开发行股票规则，持续优化再融资制度；加强债券发行准入和信息披露管理，建立健全跨市场多部门协调监管机制；强化对重大重组上市的信息披露监管；进一步加强对证券公司资产管理业务尤其是通道业务的穿透式监管，防范跨行业、跨市场风险；全面提升证监稽查执法效能，进一步加大对各类证券期货违法犯罪活动的打击力度，严惩操纵市场、内幕交易等违法违规行为；强化交易所一线监管功能，维护资本市场稳定有序发展。

二、着力风险防控，确保资本市场和证券行业稳定有序发展

随着监管转型和全面风险管理持续推进，在国内经济金融环境日渐复杂的局势下，2017 年证券行业要把防风险摆在更加突出的位置，进一步强化风险意识，着力防范化解风险隐患，严防风险外溢和风险交叉感染，守住风险底线。强化对证券公司定向资产管理通道业务潜在的风险防控；强化对融资类业务中股票质押物二级市场价格波动引致的流动性风险管理；强化对债券市场信用风险和回购交易中的杠杆、嵌套风险防控；强化合规风险管理全覆盖，落实即将出台的《证券基金经营机构合规管理办法》及其配套实施细则；坚持依法谨慎创新，加强创新业务风险防范；强化市场风险和操作风险管理，稳步提升行业风险控制水平。

三、大力支持国家战略，增强服务实体经济的能力

作为现代经济体系的核心组成部分，资本市场是优化资源配置和引导要素有序流动的重要渠道，对服务实体经济发展和推进供给侧结构性改革具有重要作用。2017年，证券行业将持续落实“三去一降一补”五大重点任务，促进大众创业和万众创新，支持更多符合国家产业政策的优质企业、创新型企业发行上市，提升直接融资占比，引导社会资金“脱虚入实”，构建资本市场服务实体经济的长效机制，进一步增强服务实体经济的能力。

四、稳步推进《证券法》修订工作，加强制度建设

在经历2015年股票市场异常波动后，2016年证券市场稳步修复，各项基础制度逐步完善，《证券法》修订工作也将在认真总结此次股市异常波动经验教训基础上形成新的修订草案。除了进一步完善证券交易制度和多层次资本市场建设外，《证券法》修订工作应该还会在强化上市公司监管、加大执法权限和处罚力度，进一步规范上市公司分红制度，进一步规范上市公司收购行为，加强信息披露管理，强化投资者保护，强化交易所一线监管职能等方面取得新的进展。

五、继续加强投资者教育和适当性管理，充分保障投资者合法权益

保护投资者合法权益是资本市场健康发展的内在要求。2017年证券行业将进一步落实《证券期货投资者适当性管理办法》要求，积极应用互联网工具提升投资者教育的完整度和专业性，切实保护投资者合法权益。监管部门将加快完善国家级证券期货投资者教育基地建设，进一步扩大投资者教育基地的覆盖面，更好地服务投资者；推动建立多层次投资者赔偿救济体制机制，统筹建立高层次权威调解机构，完善投资者多元化纠纷解决机制，更好地保护投资者合法权益。

六、进一步扩大资本市场双向开放，服务“一带一路”大战略

2017年，在资本市场双向开放有序推进的背景下，证券行业积极把握国家“一带一路”战略带来的重大机遇，重点促进“一带一路”建设投融资便利化，进一步提升中国资本市场和证券行业的国际影响力。一方面，在持续完善沪港通和深港通机制的基础上，加快推进内地与香港的债券通建设，推动优化两地债券市场基础设施的互联互通和跨境合作，进一步深化交易所债券市场对外开放，同时积极筹备沪伦通；另一方面，“一带一路”为证券公司拓展境外业务打开了新的空间，证券公司将重点通过证券承销、财务顾问等投行业务，统筹

境内、境外两个市场服务好国内企业参与“一带一路”大战略建设。

七、投行业务尤其是股票承销业务将保持较快增长

2017 年，新股发行将继续保持常态化，可转债这类股债结合类产品也将稳步发展，不仅能帮助优质企业和新兴成长型企业获得资金支持，还能进一步提升直接融资占比和增强资本市场服务实体经济的能力。与此同时，新股发行审核趋严，更加关注企业持续盈利能力、核心竞争力以及对实体经济的积极作用，加快落实服务西部大开发和精准扶贫战略。此外，2017 年并购重组市场运行将更加规范，证券公司财务顾问业务将持续增长，为推进国企改革进程和进一步优化资源配置提供有力支持。

八、资产管理将更加倚重主动管理业务和产品创新

在贯彻落实《证券公司风险控制指标管理办法》和《证券期货经营机构私募资产管理业务运作管理暂行规定》等文件的背景下，“去通道化”和“降杠杆”仍将是 2017 年证券公司资产管理业务发展的重要趋势，加强主动管理类业务和推动产品多元化、差异化发展将成为行业共识。具体而言，2017 年证券公司资产管理业务有望在加快推进 PPP 项目和资产证券化对接产品，发展 REITs 产品，推进境外资产管理业务、提供资产跨境配置服务等方面取得新进展。

分报告

分报告之一：
2016 年中国证券经纪业务发展回顾与展望

第一章
2016 年中国证券经纪业务的总体情况和竞争格局

第一节 2016 年中国证券经纪业务的总体情况

一、市场总体情况和经纪业务规模

（一）两市指数下行震荡，股票、基金交易量大幅下降，债券交易量持续增长

2016 年开盘，股票二级市场大幅下跌，第一季度达到全年最低点，以后指数震荡上行。2016 年，上证综合指数从 2015 年收盘的 3539.18 点，最高到 3538.69 点，最低达 2638.30 点，收盘 3103.64 点，全年指数下降 12.31%；深证综合指数从上年收盘的 2308.91 点，最高到 2304.49 点，最低达 1618.12 点，收盘 1969.11 点，全年指数下降 14.72%。

2016 年，中小板指数从上年收盘的 8393.83 点，最高到 8385.00 点，最低达 5928.19 点，收盘 6472.23 点，全年指数下降 22.89%。创业板指数从上年收盘的 2714.05 点，最高到 2710.30 点，最低达 1841.22 点，收盘 1962.06 点，全年指数下降 27.71%（见表分 1－1）。

表分 1-1　　2015—2016 年板块指数变化情况

	上证指数（000001）	深证综指（399106）	中小板指数（399005）	创业板指数（399006）
2015 年收盘点位	3539.18	2308.91	8393.83	2714.05
2016 年收盘点位	3103.64	1969.11	6472.23	1962.06
变化幅度（%）	-12.31	-14.72	-22.89	-27.71

资料来源：沪、深证券交易所。

股票、基金交易量大幅度下降。根据沪、深两市交易所的统计数据，2016 年两市股票、基金总成交 138.91 万亿元，较 2015 年的 270.86 万亿元减少 131.95 万亿元，降幅 48.72%。其中，上海证券交易所股票、基金交易金额 59.11 万亿元，深圳证券交易所股票、基金交易金额 79.81 万亿元，分别较 2015 年下降 58.78% 和 37.35%。日均成交量方面，2016 年成交天数为 244 日，与 2015 年 244 个交易日相同，2016 年两市日均股基交易量为 5 693.14 亿元，较 2015 年降幅与股基交易量相同，下降 48.72%。

股票、基金交易量下降，债券①交易量大幅增长。2016 年，沪、深两市股票合计成交 127.77 万亿元，较 2015 年的 255.59 万亿元减少 50.01%，股票日均交易额从 2015 年的 10 475.17 亿元下降到 2016 年的 5 236.40 亿元，降幅为 50.01%；基金成交方面，2016 年两市基金成交金额 11.14 万亿元，较 2015 年的 15.27 万亿元下降 27.05%；债券成交方面，近 3 年持续增长，2016 年债券合计成交 233.26 万亿元，较 2015 年 126.73 万亿元增长 84.06%（见图分 1-1）。

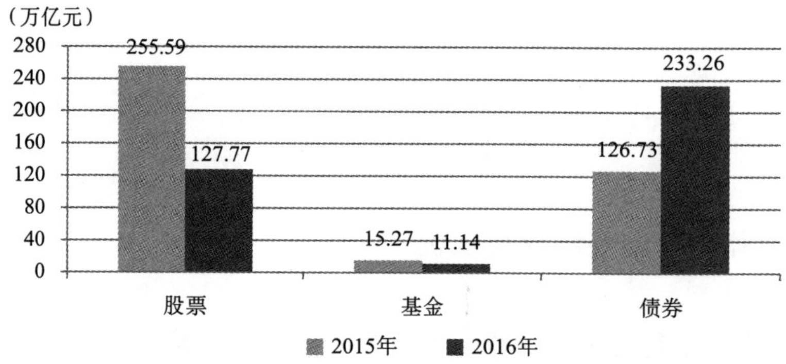

图分 1-1　2015 年和 2016 年各品种交易量变化对比图

资料来源：沪、深证券交易所。

（二）市场继续扩容，市值和市盈率有所下降

2016 年市场持续发行新股。截至 2016 年底，境内上市公司数（A、B 股）合计 3 052

① 本文的债券交易特指深圳证券交易所和上海证券交易所的债券交易。

家，较2015年底2 827家增加了225家，增幅为7.96%。

尽管市场新股扩容，但是指数整体下降，沪、深两市总市值有所减少。2016年底，沪、深两市股票市价总值为50.82万亿元，较2015年的53.13万亿元下降4.34%；其中，流通市值从2015年的41.79万亿元减少到2016年底的39.33万亿元，降幅达5.90%。

市场平均静态市盈率降低。截至2016年底，沪市平均静态市盈率为18.03倍，较2015年底的18.94倍下降4.80%；而深市的平均静态市盈率为52.20倍，较2015年底的62.36倍下降了16.30%（见表分1-2）。

表分1-2　　2016年证券市场概况统计表

	2015年底	2016年底	变化幅度（%）
境内上市公司数（A、B股）（家）	2 827	3 052	7.96
境内上市外资股（B股）（家）	101	100	-0.99
股票市价总值（A、B股，亿元）	531 304.20	508 245.11	-4.34
其中：股票流通市值（亿元）	417 925.40	393 266.27	-5.90
股票成交金额（亿元）	2 555 942.11	1 277 680.32	-50.01
日均股票成交金额（亿元）	10 475.17	5 236.39	-50.01
上证综合指数（收盘）	3539.18	3103.64	-12.31
深证综合指数（收盘）	2308.91	1969.11	-14.72
平均市盈率（静态）			
其中：上海	18.94	18.03	-4.80
深圳	62.36	52.20	-16.30
证券投资基金只数（只）	2 723	—	—

资料来源：中国证监会、上海证券交易所、深圳证券交易所、中国证券登记结算公司。

（三）行业收入下降，代理买卖证券业务净收入占比下降

2016年，证券行业整体盈利情况有所下滑，市场股票、基金交易量大幅下降，代理买卖证券业务净收入占比下降。

根据中国证券业协会统计，2016年全行业129家证券公司（较上年增加了4家）实现营业收入3 279.94亿元，较2015年的5 751.55亿元下降42.97%；净利润为1 234.45亿元，较上年的2 447.63亿元下降了49.57%。具体到经纪业务收入方面，行业代理买卖证券业务净收入为1 052.95亿元，较2015年的2 690.96亿元下降了60.87%。收入结构与2015年相比，代理买卖证券业务净收入占营业收入的比重从46.79%下降到32.10%，证券承销与保荐业务净收入占营业收入的比重从6.84%上升到15.85%（见表分1-3、表分1-4）。

（四）融资融券交易有所萎缩，融资业务快于融券

2016年，融资融券交易呈现下降态势，“两融”业务余额由2015年末的11 742.67亿元

表分 1－3　　2015—2016 年证券行业主要经营数据对比

	2015 年	占比（%）	2016 年	占比（%）
营业收入（亿元）	5 751.55		3 279.94	
代理买卖证券业务净收入（亿元）	2 690.96	46.79	1 052.95	32.10
证券承销与保荐业务净收入（亿元）	393.52	6.84	519.99	15.85
财务顾问业务净收入（亿元）	137.93	2.40	164.16	5.00
投资咨询业务净收入（亿元）	44.78	0.78	50.54	1.54
资产管理业务净收入（亿元）	274.88	4.78	296.46	9.04
证券投资收益（含公允价值变动）（亿元）	1 413.54	24.58	568.47	17.33
融资融券业务利息收入（亿元）	1 175.03	20.43	991.99	30.24
净利润（亿元）	2 447.63		1 234.45	
证券公司盈利家数（家）	124	99.20	124	96.12

资料来源：中国证券业协会。

表分 1－4　　2015—2016 年证券行业主要财务指标对比

	2015 年	2016 年	增减值	增减幅度（%）
证券公司数量（家）	125.00	129.00	4.00	3.20
总资产（万亿元）	6.42	5.79	-0.63	-9.81
净资产（亿元）	14 515.42	16 400	1 884.58	12.98
净资本（亿元）	12 523.03	14 700	2 176.97	17.38
客户交易结算资金余额（万亿元）	2.06	1.44	-0.62	-30.10
受托管理资金本金总额（万亿元）	11.88	17.82	5.94	50.00

资料来源：中国证券业协会。

下降到 9 392.49 亿元，降幅为 20%。融资交易规模下降。截至 2016 年底，融资余额 9 357.70 亿元，期间买入额 114 738.01 亿元，偿还额 117 093.38 亿元，而 2015 年同期对应的三项指标分别为 11 713.07 亿元、318 296.01 亿元及 316 756.67 亿元，降幅分别达到 20%、64%及 63%。融券方面，2016 年期间卖出额 833.41 亿元，较上年降幅为 97%（见表分 1－5 和图分 1－2）。

表分 1－5　　2012—2016 年融资融券业务发展数据

	融资			融券		
	截止日余额（亿元）	期间买入额（亿元）	期间偿还额（亿元）	截止日余额（亿元）	期间卖出量（亿股）	融资融券余额（亿元）
2012 年	856.94	7 265.98	6 784.51	38.21	358.47	895.16
2013 年	3 434.70	32 891.94	30 314.18	30.57	1 108.71	3 465.27
2014 年	10 173.73	95 065.59	88 326.56	82.83	2 026.73	10 256.56
2015 年	11 713.07	318 296.01	316 756.67	29.60	2 552.32	11 742.67
2016 年	9 357.70	114 738.01	117 093.38	34.79	125.46	9 392.49
2016 年相比 2015 年的变化幅度（%）	-20	-64	-63	18	-95	-20

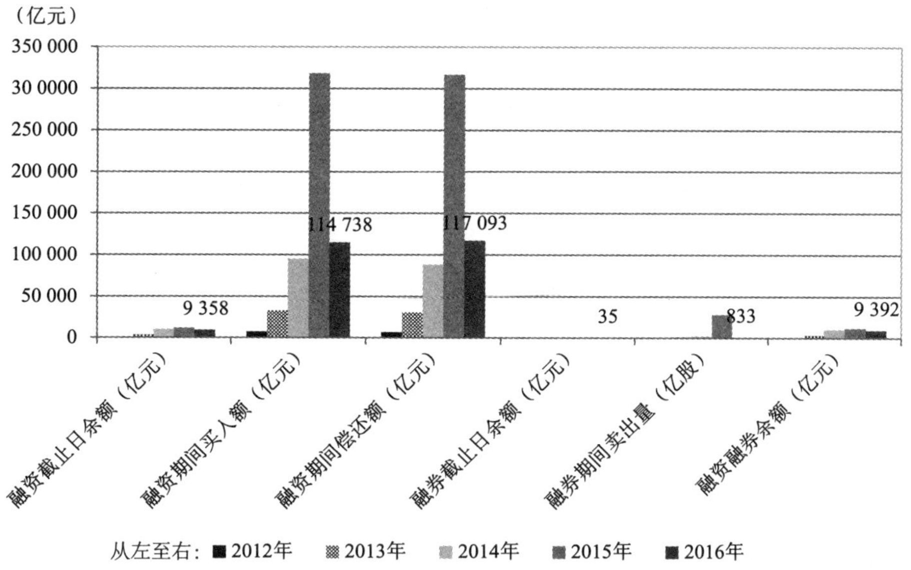

图分 1－2　2012—2016 年融资融券业务发展数据

资料来源：Wind 资讯。

（五）股票质押交易持续快速增长

2016 年，沪、深两市股票质押交易次数从 2015 年的 4 089 次增加到 2016 年的 6 481 次，总质押股份数从 2015 年的 920.78 亿股增加到 2016 年的 1 751.91 亿股，增幅为 90.26%；未解押交易的股数从 2015 年的 770.25 亿股增加到 2016 年的 1 355.07 亿股，增幅为 75.93%；已解押交易的股数从 2015 年的 150.53 亿股增加到 2016 年的 396.8 亿股，增幅为 163.60%（见表分 1－6）。

表分 1－6　　2015—2016 年股票质押交易概况

年份	全部交易			未解押交易			已解押交易		
	交易次数（次）	总质押股数（亿股）	参考市值（亿元）	交易次数（次）	总质押股数（亿股）	参考市值（亿元）	交易次数（次）	总质押股数（亿股）	参考市值（亿元）
2015 年	4 089	920.78	18 435.38	3 383	770.25	15 208.06	706	150.53	3 227.32
2016 年	6 481	1 751.91	24 440.03	4 665	1 355.07	18 046.92	1 816	396.8	6 393.11
变化幅度（%）	58.50	90.26	32.57	37.90	75.93	18.67	157.22	163.60	98.09

资料来源：Wind 资讯。

二、市场参与主体

（一）投资者数总体情况

2016 年末，沪、深两市共有投资者数 11 811.04 万个。其中 4 944.33 万个投资者近一年内参与了二级市场交易，占期末投资者数的41.86%。参与交易的投资者中，22%的投资者期末空仓（未持有任何证券，下同）。未参与交易的投资者数6 866.71万个，占期末投资者数的58.14%。未参与交易的投资者中，83%的投资者期末空仓。

2016年末持仓的投资者数为5 043.66万个，持仓投资者数占全部投资者数的比重为42.70%；空仓投资者数占57.30%。

1. 投资者数量增加

2016年，入市人群增加，投资者数量增长，较2015年度增长19.18%（见表分1－7）。

表分1－7　　2015—2016年沪、深两市投资者数量

	2015年	2016年
沪、深两市投资者数量（万户）	9 910.53	11 811.04
较上年增长（%）		19.18

资料来源：中国证券登记结算有限责任公司。

2. 具有创业板功能投资者数持续增加

截至2016年末，具有创业板块功能投资者数为4 005.02万户，占全部投资者数的33.91%（见表分1－8）。

表分1－8　　2015—2016年具有创业板功能账户数　　（单位：万户）

项　目	2015年	2016年
期末具有创业板功能投资者数	3 559.71	4 005.02

资料来源：中国证券登记结算有限责任公司。

3. 信用账户投资者数保持增长

截至2016年末，开立信用证券账户的投资者数为424.89万个，其中，个人投资者4 238 700个，机构投资者10 243个（见表分1－9）。

表分1－9　　2015—2016年信用证券投资者数　　（单位：个）

项　目	2015年	2016年
期末信用证券账户	3 976 932	4 248 943
其中：个人	3 969 249	4 238 700
机构	7 683	10 243

资料来源：中国证券登记结算有限责任公司。

（二）自然人与机构投资者账户市值分布差异较大

根据中国证券登记结算公司2016年底的专项统计数据，对于投资者A股账户的期末已上市A股流通市值，72.29%的自然人投资者低于10万元，93.61%的投资者低于50万元；33.07%的机构投资者低于50万元，40%的投资者超过500万元。从占比上，依然是大部分自然人的A股投资者市值在50万元以下，而机构投资者不同资产区间账户数量的分布比较平均（见表分1-10）。

表分1-10　　2016年自然人和机构投资者证券账户结构

期末已上市的A股流通市值	自然人投资者账户		机构投资者账户	
	投资者数（个）	比重（%）	投资者数（个）	比重（%）
1万元以下	12 017 997	24.37	4 536	6.30
1万—10万元	23 627 616	47.92	8 288	11.51
10万—50万元	10 513 794	21.32	10 978	15.25
50万—100万元	1 791 721	3.63	6 055	8.41
100万—500万元	1 195 312	2.42	13 360	18.56
500万—1 000万元	97 822	0.20	5 257	7.30
1 000万—1亿元	58 960	0.12	13 499	18.75
1亿元以上	4 680	0.01	10 009	13.90
合计	49 307 902	100	71 982	100

资料来源：中国证券登记结算有限责任公司。

（三）从特殊机构及产品A股账户看，证券公司自营账户占比最高

从特殊机构及产品A股账户构成上来看，同前几年一致，占比最高的依然是证券公司自营账户，比例比2015年上升。

从变化趋势来看，证券自营账户基本持平，没有增长，其他各类型的投资者账户数均较上年有所增加。其中证券投资基金账户大幅增加，表明市场对基金投资者的吸引力持续增强。

从增幅大小来说，近几年证券投资基金、基金公司专户理财产品账户投资者的增幅较大（见表分1-11）。

表分1-11　　2016年特殊机构及产品A股账户结构及变化

投资者	2016年末A股账户数（户）	占比（%）	2015年末A股账户数（户）	2016年较2015年变化（户）	变化幅度（%）
证券公司自营	86 506	40.18	85 592	914	1.07
证券公司集合理财	7 731	3.59	5 857	1 874	32.00
证券投资基金	43 481	20.19	19 033	24 448	128.45
基金公司专户理财产品	33 854	15.72	23 863	9 991	41.87
社保基金	316	0.15	310	6	1.94
企业年金	7 353	3.42	6 835	518	7.58
QFII	1 088	0.51	981	107	10.91

续表

投资者	2016年末A股账户数（户）	占比（%）	2015年末A股账户数（户）	2016年较2015年变化（户）	变化幅度（%）
RQFII	1 078	0.50	942	136	14.44
保险	4 844	2.25	2 834	2 010	70.92
信托	29 056	13.50	25 442	3 614	14.20

资料来源：中国证券登记结算有限责任公司。

第二节　2016年中国证券经纪业务的竞争格局

一、行业集中度有所下降

2016年，证券行业集中度较2015年有所下降。根据沪、深证券交易所的统计数据，股票基金交易量排名行业前20位的证券公司的市场份额总和为64.39%，比2015年的66.51%下降了2.12个百分点。

2016年，证券经纪业务股票基金市场份额前10名的证券公司分别是：华泰证券、中信证券、中国银河、国泰君安、广发证券、海通证券、招商证券、国信证券、申银万国证券及中信建投证券。其中，前5位交易排名中，国泰君安证券、广发证券超越海通证券分别列第4位、第5位；海通证券从2015年的第4位下滑到第6位；招商证券、国信证券、申银万国证券、中信建投证券依旧分别排名第7、第8、第9、第10位。

第11—20位的证券公司中，光大、中泰、安信、长江证券排名没有变化。方正证券与中国中投证券互换排名，分别位列第14位、第15位，平安证券上升1位，排名第17位，国金证券上升2位，排名第18位，兴业证券下滑2位到第19位，浙商证券上升1位，进入前20名，排名第20位。

相较于2015年，2016年排名前50位内上升幅度较大的证券公司有西藏东方财富证券、中国国际金融公司、恒泰证券、财富证券，下滑幅度较大的证券公司有国海证券、西部证券、中原证券和申万宏源西部证券（见表分1－12）。

表分1－12　　2016年股票基金份额排名前50位的证券公司统计

证券公司	市场份额（%）			排名（位）	
	2016年	2015年	变化幅度（%）	2016年	2015年
华泰证券	8.135	7.453	9.15	1	1
中信证券	4.907	5.697	－13.87	2	2

续表

证券公司	市场份额（%）			排名（位）	
	2016年	2015年	变化幅度（%）	2016年	2015年
中国银河	4.822	5.155	-6.46	3	3
国泰君安	4.615	4.799	-3.83	4	6
广发证券	4.528	4.838	-6.41	5	5
海通证券	4.461	5.002	-10.82	6	4
招商证券	3.877	4.185	-7.36	7	7
国信证券	3.425	3.961	-13.53	8	8
申银万国	3.186	3.399	-6.27	9	9
中信建投	2.967	3.216	-7.74	10	10
光大证券	2.495	2.670	-6.55	11	11
中泰证券	2.407	2.512	-4.18	12	12
安信证券	2.342	2.475	-5.37	13	13
方正证券	2.141	1.944	10.13	14	15
中国中投	2.012	2.081	-3.32	15	14
长江证券	1.937	1.759	10.12	16	16
平安证券	1.888	1.387	36.12	17	18
国金证券	1.470	1.265	16.21	18	20
兴业证券	1.399	1.456	-3.91	19	17
浙商证券	1.375	1.254	9.65	20	21
东吴证券	1.310	1.072	22.20	21	24
财通证券	1.278	1.184	7.94	22	23
东方证券	1.266	1.236	2.43	23	22
申万宏源西部	1.164	1.353	-13.97	24	19
东兴证券	1.059	0.994	6.54	25	25
国元证券	0.940	0.952	-1.26	26	26
华福证券	0.931	0.845	10.18	27	28
长城证券	0.917	0.837	9.56	28	30
华西证券	0.901	0.951	-5.26	29	27
东莞证券	0.856	0.783	9.32	30	32
西南证券	0.847	0.836	1.32	31	31
西藏东方财富	0.840	0.273	207.69	32	65
中银国际证券	0.820	0.840	-2.38	33	29
湘财证券	0.811	0.744	9.01	34	34
中信山东	0.796	0.719	10.71	35	35
东北证券	0.783	0.707	10.75	36	37

续表

证券公司	市场份额（%）			排名（位）	
	2016 年	2015 年	变化幅度（%）	2016 年	2015 年
信达证券	0.758	0.779	-2.70	37	33
上海证券	0.755	0.717	5.30	38	36
华安证券	0.725	0.688	5.38	39	38
中国国际金融公司	0.668	0.497	34.41	40	48
国联证券	0.663	0.589	12.56	41	43
南京证券	0.628	0.631	-0.48	42	40
恒泰证券	0.622	0.468	32.91	43	50
中原证券	0.594	0.644	-7.76	44	39
财达证券	0.580	0.599	-3.17	45	42
财富证券	0.574	0.430	33.49	46	53
国海证券	0.572	0.613	-6.69	47	41
东海证券	0.549	0.524	4.77	48	46
西部证券	0.513	0.549	-6.56	49	44
山西证券	0.476	0.523	-8.99	50	47

说明：股票、基金市场交易量未包含上交所 T+0 交易量。2015 年中信证券包含中信（浙江）。

资料来源：沪、深证券交易所。

二、证券营业网点数量增加明显

截至 2016 年底，证券公司营业部数量达 9 385 家，相比 2015 年的 8 170 家，增加了 1 215 家，增幅为 14.87%。整体来看，行业的网点数量一直呈现稳步增长的趋势。

从营业部数量排名靠前的证券公司比较来看，2016 年，银河证券增加了 6 家，营业部数量保持行业第 1 位；国泰君安证券增加了 62 家，营业部数量提升至行业第 2 位；安信证券营业部数量增加最多，为 78 家（见表分 1-13）。

表分 1-13　　网点数量排名靠前的证券公司 2015—2016 年营业部数量　　（单位：家）

会员名称	2015 年营业部数量	2016 年营业部数量	增加数量
中国银河	356	362	6
国泰君安	257	319	62
海通证券	291	291	0
安信证券	207	285	78
广发证券	264	269	5
华泰证券	269	266	-3

续表

会员名称	2015 年营业部数量	2016 年营业部数量	增加数量
中泰证券	248	261	13
方正证券	244	244	0
中信证券	204	237	33
中信建投证券	205	225	20

资料来源：上海证券交易所。

三、从业人员总量持续增加

根据中国证券业协会统计数据，2016 年证券公司登记的证券从业人员数继续呈现上升态势。截至 2016 年底，登记的证券从业人数为 323 648 人，人员总量相较 2015 年增加了 33 082 人，增幅为 11.39%。其中，一般从业人员 194 301 人，证券经纪业务营销人员数 1 842 人，证券经纪人人员数 84 665 人，证券投资咨询业务（投资顾问）35 926 人，证券投资咨询业务（分析师）2 206 人，保荐代表人 3 222 人，投资主办人 1 486 人。

从证券从业人员结构来看，一般从业人员占比 60.03%，相较 2015 年略有下滑；证券经纪业务营销人员、证券投资咨询业务（分析师）占比下降，人数较 2015 年减少；证券经纪人、保荐代表人占比上升，人数增加；证券投资咨询业务（投资顾问）、投资主办人占比有所下降，但人数持续上升（见表分 1－14 和图分 1－3）。

表分 1－14　　2015—2016 年证券从业人员结构

年 份	2015 年（人）	2015 年占比（%）	2016 年（人）	人数变化（人）	变化幅度（%）	2016 年占比（%）
一般证券业务	176 666	60. 63	194 301	18 122	10. 29	60. 03
证券经纪业务营销	2 415	0. 83	1 842	－573	－23. 73	0. 57
证券经纪人	73 214	25. 20	84 665	11 451	15. 64	26. 16
证券投资咨询业务（分析师）	2 350	0. 81	2 206	－144	－6. 13	0. 68
证券投资咨询业务（投资顾问）	33 368	11. 48	35 926	2 558	7. 67	11. 10
保荐代表人	2 870	0. 99	3 222	352	12. 26	1. 00
投资主办人	1 482	0. 51	1 486	4	0. 27	0. 46
已注册的从业人员总数	292 365	100. 00	323 648	33 082	11. 39	100. 00

资料来源：中国证券业协会。

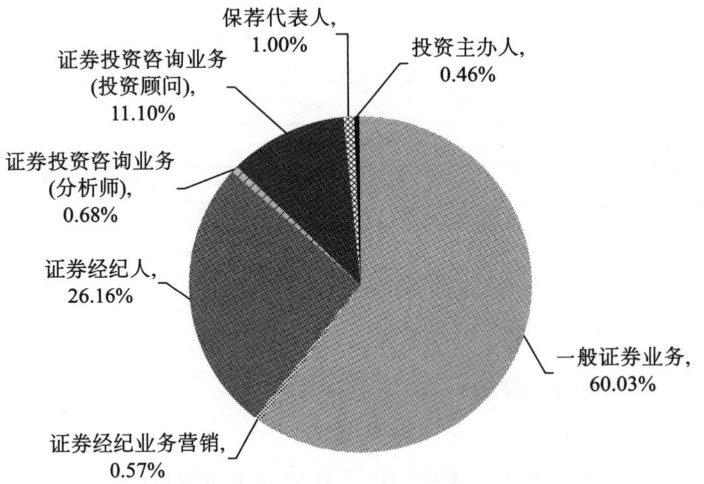

图分 1－3　2016 年证券从业人员结构

资料来源：中国证券业协会。

第二章
2016 年中国证券经纪业务面临的问题及 2017 年前景展望

第一节　2016 年中国证券经纪业务面临的问题

受市场变化等因素影响，2016 年行业代理买卖证券业务净收入（含席位租赁）为 1 052.95 亿元，相较 2015 年的 2 690.96 亿元，下滑 60.87%；收入贡献度为 32.10%，相较 2015 年的 46.79%，下降 14.69 个百分点。同期，传统经纪业务竞争激烈，行业平均佣金率降至 0.403‰。总体来看，经纪业务仍然依赖股票交易的佣金收入、受制市场行情的问题尚未根本扭转。

一、佣金率继续下滑，价格竞争依然激烈

2016 年，各证券公司在传统经纪业务领域的价格竞争依然激烈，行业平均佣金率继续下滑，全年平均为 0.403‰，相较 2015 年 0.497‰，下降 18.9 个百分点（见图分 1 –4）。

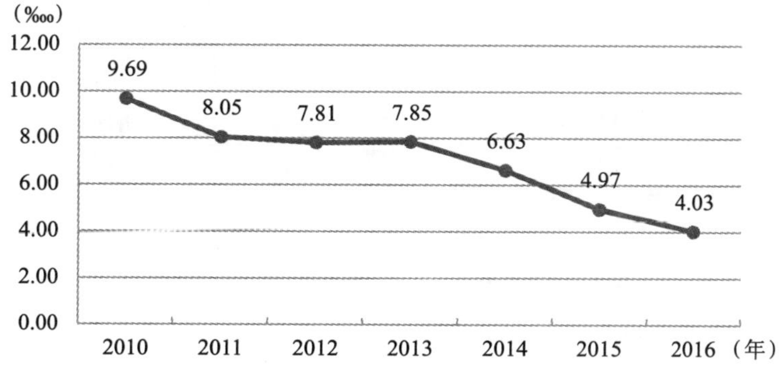

图分 1 –4　2010—2016 年行业平均佣金率走势

资料来源：沪、深证券交易所及国泰君安证券整理。

2016 年 10 月 14 日，中国证券登记结算有限责任公司对《证券账户业务指南》进行修订，规定“一个投资者只能申请开立一个一码通账户。一个投资者在同一市场最多可以申请开立 3 个 A 股账户、封闭式基金账户，只能申请开立 1 个信用账户、B 股账户。”这意味着，实施 18 个月的“一人多户”政策全面转向“一人三户”。

此前，自 2015 年 4 月 13 日起，中国证券登记结算有限责任公司取消自然人投资者开立 A 股账户的一人一户限制，允许自然人投资者根据实际需要开立多个沪、深 A 股账户及场内封闭式基金账户。“一人多户”政策实施后，众多证券公司为争夺客户资源，依托“网上开户”积极推行价格竞争。在此过程中，一批力推低佣金策略的互联网证券公司迅速崛起，市场份额不断扩大，带动行业平均佣金率在 2016 年进一步降低。

二、收入明显下滑，应对市场变化能力仍待提升

2016 年，证券市场发生变化，行业总体收入相较 2015 年出现大幅下滑。其中，代理买卖证券业务净收入（含席位租赁）为 1 052.95 亿元，相较 2015 年的 2 690.96 亿元，下滑 60.87%。尽管代理买卖证券业务收入贡献度由 2015 年的 46.79% 降至 32.10%，但是逐项比较来看，仍然遥遥领先于其他各主营业务，说明证券行业收入对经纪业务的依赖度依然最高。

去除佣金率持续走低的因素，股票交易额大幅下滑对 2016 年经纪业务收入冲击较大。2016 年，股票日均交易额为 5 236.39 亿元，相较 2015 年的 10 475.17 亿元，下滑 50.01%。这也说明，经纪业务受制于市场行情的问题尚未根本扭转，应对市场变化的能力仍待提升（见图分 1－5）。

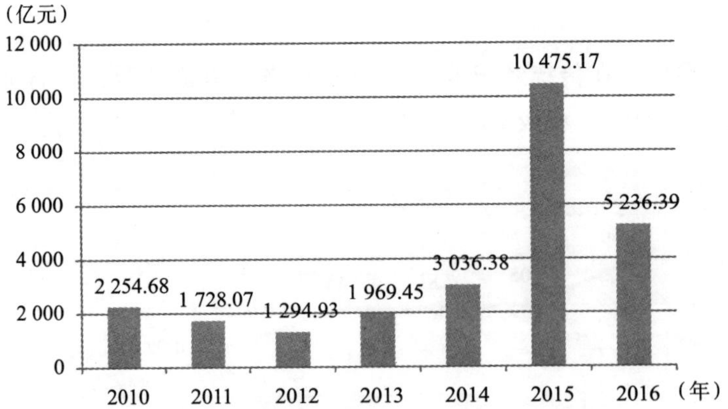

图分 1－5　2010—2016 年股票日均交易额

资料来源：沪、深证券交易所及国泰君安证券整理。

三、营业部总量增长迅速，盈利模式亟须转变

营业部是证券公司拓展经纪业务份额、推动传统经纪业务转型的重要抓手。自 2013 年证券公司新设网点限制放宽以来，证券行业营业部总数快速增长，2016 年末已经达到 9 385 家，相较 2015 年的 8 170 家，增加 1 215 家，增幅为 14.87%（见图分 1-6）。

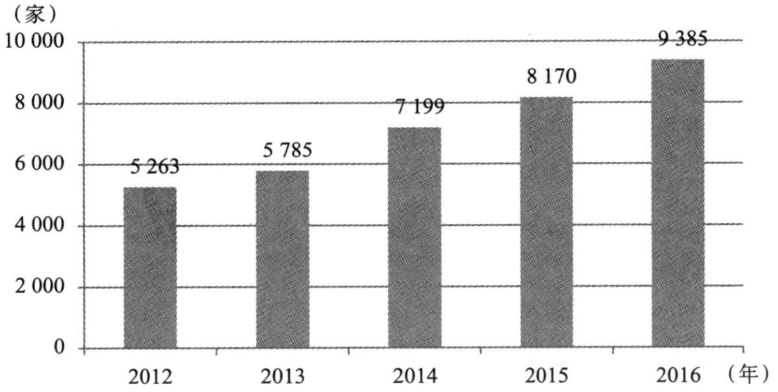

图分 1-6　2012—2016 年行业营业部数量

资料来源：上海证券交易所。

按照中国证券业协会 2012 年出台的《证券公司证券营业部信息技术指引》，证券营业部分为 A、B、C 三种类型。其中，C 型营业部无须部署与现场交易服务相关的信息系统且不提供现场交易服务，一般只需配备少量工作人员即可对外营业。2014—2016 年，证券公司营业部网点快速扩张的背后，是互联网金融的兴起与深化，经纪业务领域的标准化服务逐步向线上迁移，与之相应，证券公司新增营业部以 C 型为主，兼顾效率与成本。由于佣金率不断下滑，加上市场行情变化，证券公司新增营业部短期内面临较大创收压力，能否确立有效的盈利模式、应对佣金率下滑的不利影响，对证券公司而言至关重要。

四、账户结构逐步优化，经纪业务转型基础有待夯实

尽管 2016 年市场行情相较 2015 年发生较大变化，但是证券账户结构依然向好。据中国证券登记结算有限责任公司统计，自然人账户方面，50 万—100 万元、100 万—500 万元、500 万—1 000 万元和 1 000 万—1 亿元四个层级的账户数分别下滑 4.79%、9.14%、11.03% 和 2.07%，相比股票二级市场的变化，各层级账户数下滑幅度并不明显，特别是“1 亿元以上”层级的账户数逆势增长 5.95%，这从侧面反映出大众富裕类和高净值类客户对资本市场依然抱有较高热情。机构账户方面，各层级账户数分别增长 5.27%、12.61%、19.78%、15.27% 和 12.07%，除机构客户数量增长的客观因素，也说明资本市场对机构客户的吸引力不断加强（见表分 1-15）。

表分 1 - 15　　2015—2016 年期末市值 50 万元以上证券账户结构变化

期末已上市的A股流通市值	自然人账户（户）			机构账户（户）		
	2015 年	2016 年	变化幅度（%）	2015 年	2016 年	变化幅度（%）
50 万—100 万元	1 881 845	1 791 721	-4.79	5 752	6 055	5.27
100 万—500 万元	1 315 609	1 195 312	-9.14	11 864	13 360	12.61
500 万—1 000 万元	109 951	97 822	-11.03	4 389	5 257	19.78
1 000 万—1 亿元	60 207	58 960	-2.07	11 711	13 499	15.27
1 亿元以上	4 417	4 680	5.95	8 931	10 009	12.07

资料来源：中国证券登记结算有限责任公司。

账户结构的逐步优化为经纪业务转型提供了良好机遇。就证券公司自身而言，当务之急是加快夯实经纪业务转型基础，以客户为中心，积极响应大众富裕客户、高净值客户以及机构客户的差异化、多样化金融服务需求，完善经纪业务服务体系，加快培养、储备优秀人才，努力打造一支高水平、专业化的新型经纪人才队伍，以有效支持经纪业务的创新发展。

第二节　2017 年中国证券经纪业务发展前景展望

一、行业平均佣金率延续下滑趋势

2016 年，证券行业平均佣金率已降至 0.403‰，即便如此，预计 2017 年仍将延续近年来的下滑趋势。主要原因有两点：一是佣金率下滑具有惯性，一旦整体价格步入下行通道，少数证券公司提价或者维持佣金价格不变的压力较大；二是证券公司上市、挂牌步伐加快，各类证券公司通过多种渠道补充资本金，同时加大在互联网金融领域的投入力度，通过价格竞争提升经纪业务市场份额的动力和实力持续增强。

但是，2017 年行业平均佣金率下滑空间预计较为有限。一方面，“一人三户”政策的出台，在满足多数客户实际账户需求的同时，在一定程度上提高了存量客户的转移成本和增量客户的试错成本，无形中提升了证券公司的市场份额壁垒；另一方面，降低佣金率给客户带来的边际吸引力逐步减弱，继续降低佣金率产生的边际效用不断下滑，尤其是部分证券公司网上开户的价格已降至成本线附近，以价换量的压力将越来越大。

二、代理买卖证券业务净收入有望企稳

展望 2017 年，世界政治经济格局面临较大的不确定性，将对全球金融市场的稳定产生严峻挑战。但是，我国经济长期向好的基本面没有变，供给侧结构性改革、“一带一路”等

战略举措有条不紊地向前推进，同时，伴随资本市场改革和“依法、从严、全面”监管政策的不断深化，股票市场稳定性和投资者信心有望在2016年的基础上进一步提升，进而遏止代理买卖证券业务净收入下滑。

特别是，2017年的股票市场依然存在较多的积极因素：一是资金面向好，养老金有望入市，保险资金在合法合规前提下长期布局资本市场的需求未减，各类长期资金能够发挥市场稳定器作用，有利于增强投资者信心；二是楼市去杠杆、去泡沫，叠加大宗商品等大类资产配置难度提升，权益类资产配置的重要性凸显，股票市场对资金的吸引力相对提升；三是资本市场持续开放，沪港通、深港通逐步完善，2017年A股将迎来摩根士丹利资本国际公司（MSCI）的四度评审，纳入概率再次增大，有望带动资金入市；四是股市异常波动已经告一段落，市场风险得到有效释放，2017年有望恢复或推出利于提升市场活跃度的交易制度或产品，进而有助于市场的进一步修复。

三、线下业务加速向线上迁移

2014年以来，证券行业互联网金融发展态势良好，尤其是在经纪业务领域，证券公司纷纷发力PC和移动客户端，从最初的非现场开户到资讯推送、产品销售再到线上投资顾问服务，线下业务向线上迁移趋势明显。展望2017年，佣金率持续下滑的压力将促使证券公司加速经纪业务向线上迁移，以简化业务流程、降低服务成本并提升运营效率。

2016年，证券公司大量新设C型营业部，不断丰富和完善手机App功能，为线下业务加速向线上迁移做出大量努力与尝试。此外，已有少数证券公司依托手机App，率先推出智能化服务，利用大数据分析、金融模型与复杂算法等，根据投资者的风险偏好、投资风格、预期收益等个性化特征，提供针对性的投资方案建议。与国外相比，国内智能化服务模式尚处于探索阶段，但是这从另一个角度折射出经纪业务在经过简单、标准化服务向线上迁移的阶段之后，正在探索相对复杂、非标准化服务向线上迁移。预计在2017年，证券公司将以金融科技应用创新为突破口，进一步推动经纪业务全面线上化发展，在利用“互联网+”实现客户全覆盖的同时，为客户提供个性化、专属化的产品与服务，增强客户黏性，积极应对佣金率下滑趋势。

四、创收能力弱化促使传统经纪业务加快转型

预计在2017年，创收能力弱化产生的压力，将促使传统经纪业务加快转型，即由同质化的交易类通道业务转向以自然人客户为中心的财富管理和以机构客户为中心的主经纪商（PB）业务。

自然人客户方面，财富管理服务需求庞大且与日俱增。伴随我国经济发展取得的巨大成就，国民收入快速增长，造就了一大批中产阶级和高净值人群。据波士顿咨询公司（BCG）

调查显示，截至2015年末，我国个人可投资金融资产总额约为113万亿元人民币，可投资资产大于600万元人民币的高净值家庭数量达到207万户。长期以来，我国居民投资理财以存款和房产为主，随着理财观念转变和权益资产重要性提升，我国私人财富管理市场将为证券公司带来重大机遇。部分证券公司已开始探索构建适应中国投资者和监管环境的财富管理服务体系，预计2017年将有更多证券公司加快布局财富管理市场。

机构客户方面，私募基金发展较快。中国证券投资基金业协会数据显示，截至2016年末，已登记私募基金管理人为17 433家，已备案私募基金46 505只，认缴规模10.24万亿元，实缴规模7.89万亿元，百亿元级私募机构数量达到133家。以私募为代表的机构投资者数量迅速增长，为证券公司开展主经纪商（PB）业务提供了良好机遇。从国外经验来看，PB业务主要针对具有大额量化交易需求的对冲基金，其频繁的杠杆化操作为证券公司带来可观的利差与佣金收入。国内证券公司的PB业务脱胎于托管业务，能够向私募基金客户提供快速交易、种子基金孵化、托管外包、产品设计、融资融券、资金推介、跨境业务等一站式综合金融服务，与传统经纪、融资融券等业务的协同效应显著。预计2017年，经纪业务领域将加快引入PB业务，以争夺私募机构和量化交易客户资源，提升代理买卖证券业务的市场份额。

分报告之二：
2016 年中国投资银行业务发展回顾与展望

第一章
2016 年中国投资银行业务的总体情况

2016 年，中国投资银行业务总体发展形势较好，境内交易所市场证券承销总额为 4.50 万亿元，同比增长 39.89%，其中，股权融资业务继续增长，全年 IPO 和再融资合计 1.33 万亿元，同比增长 26.12%。债券市场延续了 2015 年增长态势，全年共发行公司债券 3.17 万亿元，同比增长 46.67%。

上市公司重大资产重组方面，2016 年上半年中概股[①]回归曾掀起短暂热潮，随着《上市公司重大资产重组管理办法》等文件的发布，监管政策收紧，"炒壳"以及短期套利行为得到抑制，回归产业并购支持实体经济逻辑，推进做实业绩。全国中小企业股份转让系统（以下简称"全国股转系统"）2016 年稳固发展，新增挂牌企业 5 034 家，截至 2016 年底，挂牌公司总量达到 10 163 家，与上年同比增长 98.15%，总市值由 2015 年的 2.46 亿元增长到 4.06 亿元。

① 外国或我国香港证券市场对"中国概念股"的简称。这些公司主要业务在中国，但在外国或香港上市。

第一节　股权融资业务情况

一、股权融资发行情况

2016 年，我国 A 股证券市场股权融资金额和主承销项目家数与 2015 年相比大幅上升。全年股权融资（包括 IPO、公开增发、融资性非公开发行、配股、优先股）募集资金共 13 276.17 亿元，较 2015 年的 10 526.22 亿元增长 26.12%（见图分 2－1）。

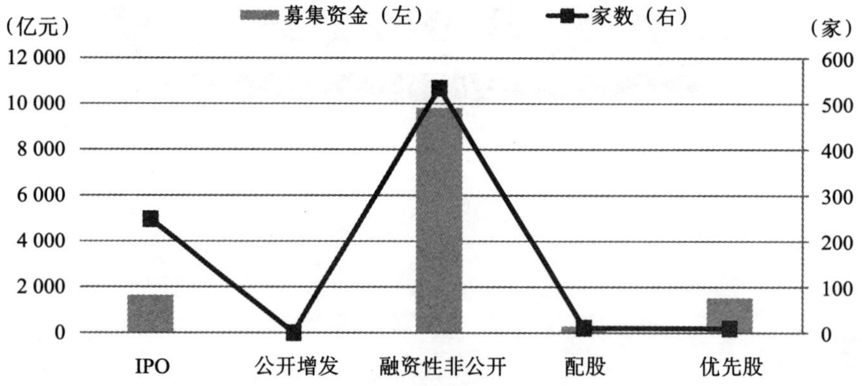

图分 2－1　2016 年 A 股股权融资情况

资料来源：中国证监会统计数据、Wind 资讯。

（一）IPO

2016 年共有 248 家企业完成首次公开发行，合计募集资金 1 633.56 亿元①，与 2015 年相比，发行家数增长 12.73%、募集资金规模增长 3.50%②。其中，6 家企业在 IPO 的同时实施了老股转让。

（二）公开增发

2016 年没有公开增发项目。

（三）定向增发

2016 年定向增发募集资金合计 16 978.28 亿元③，再创新高。其中，融资性非公开（不

① 资料来源：中国证监会网站统计数据。
② 资料来源：2015 年同比数据来自中国证监会网站统计数据。
③ 资料来源：中国证监会网站统计数据。

含重组配套融资）386 家，募资资金 7 866.65 亿元[①]；如包括重组配套融资，则融资性非公开发行项目 534 家，合计募集资金 9 806.6 亿元[②]，与 2015 年同期相比家数增长 2.69%，金额增长 46.16%。除融资性非公开股票外，还有 263 家由资产收购、置换重组、实际控制人资产注入等原因触发的上市公司发行股份购买资产项目，涉及金额超过 7 000 亿元。

（四）配股

按配股除权日计算，2016 年共有 11 家公司实施配股，合计募集资金规模 298.51 亿元[③]。与 2015 年相比，配股家数增加了 6 家，募集资金增加 258.46 亿元。

（五）优先股

2016 年共有 8 家公司完成 10 只优先股发行，发行规模 1 537.50 亿元[④]，与 2015 年相比下降 23.41%。

二、股权融资发行特点

（一）IPO 发行家数和融资额创新高，单笔融资减少，发行市盈率仍趋同

2016 年，IPO 发行保持常态化，发行节奏越来越快，发行家数创近 5 年来新高。2016 年 IPO 发行家数较 2015 年增加 12.73%，募集资金 1 633.56 亿元，较 2015 年增长 3.50%，平均单笔融资规模为 6.59 亿元，较 2015 年减少 0.59 亿元。

2016 年的新股发行市盈率均低于 23 倍，平均发行市盈率为 21.44 倍，较 2015 年降低 0.49 倍[⑤]。上市后股价表现较好，以 2016 年 12 月 31 日收盘价计算，均在发行价之上，且平均为发行价的 4.38 倍[⑥]。

（二）股权再融资规模再创历史记录，定向增发为主要品种

2016 年股权再融资规模（包括公开增发、融资性非公开发行、配股和优先股）继续大幅增长，继 2015 年 8 759.31 亿元后再创新高，2016 年股权再融资规模合计 11 624.82 亿元，同比增长 32.71%，再创历史新高。股权再融资金额占股权融资总额的比例为 87.68%。

融资性非公开发行仍是股权再融资的主要品种，项目金额占比为 84.36%。

① 资料来源：中国证监会。
② 资料来源：Wind 资讯数据经整理。
③ 资料来源：中国证监会。
④ 资料来源：中国证监会。
⑤ 资料来源：Wind 资讯。
⑥ 资料来源：Wind 资讯。

（三）行业分布变化

2016 年，股权融资（不含优先股）行业分布方面，融资规模最大的仍是计算机、通信和其他电子设备制造业，募集资金 1 109.80 亿元，占比为 8.65%；第二位是化学原料及化学制品制造业，募集资金 764.24 亿元，占比为 5.96%；第三位是电气机械及器材制造业，募集资金 716.70 亿元，占比为 5.59%。比较而言，2016 年股权融资金额的行业分布更加分散，资本市场服务和房地产业的融资规模占比下降。2016 年前三大行业合计占比为 20.20%，而 2015 年为 25.67%。2016 年资本市场服务和房地产业融资规模合计为 1 460.63 亿元，金额与 2015 年基本持平，但合计融资规模占比下降了 5.23%[①]。

2016 年优先股发行主体仍以银行为主，仅晨鸣纸业为制造业，其余均为银行。

第二节　公司债券业务情况

一、公司债券发行情况

在 2015 年公司债券新规则基本完善和发行量迅速增长的基础上，2016 年公司债券市场延续增长态势。2016 年公司债券（包括公开发行公司债券、非公开发行公司债券、可转换公司债券和可交换公司债券）共发行 31 712.75 亿元，同比增长 46.67%（见图分 2－2）。无论发行期数还是发行规模均已超过同期银行间市场中期票据与定向工具之和，创历史新高。

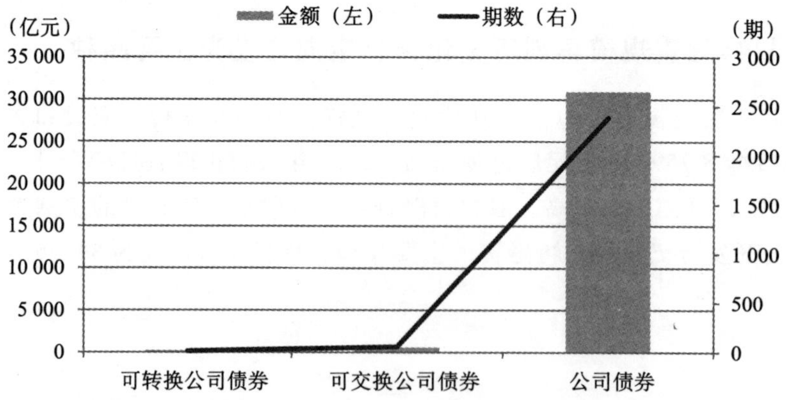

图分 2－2　2016 年公司债券发行情况

资料来源：中国证监会统计数据。

① 资料来源：Wind 资讯。

除了发行量大幅增长，2016年公司债券市场创新活动也很活跃，甚至部分以前年度不活跃的产品也蓬勃发展。2016年公司债券市场出现的创新品种包括可续期公司债、绿色公司债、"双创"公司债。同时，项目收益公司债也开始接受申报。可交换债品种出现时间较早，但一直发展缓慢，2016年可交换债增长快速，尤其是私募可交换债。

2016年，在交易所债券市场快速扩容和品种不断创新的同时，监管部门也加大了对于公司债券存续期管理的监督检查力度，通过发行人自查、证券公司核查和各地证监局现场检查等方式，增强债券发行相关方的尽责、合规和履约意识，提升信息披露的及时性、有效性和充分性。

2016年公司债券发行具体情况如下：

（一）可转换公司债券和可分离交易可转换公司债券

2016年发行可转换公司债券11只，发行规模为212.52亿元①，与2015年同期相比，发行规模增长116.86%。

自2011年起，可分离交易可转换公司债券一直处于停滞状态，2016年全年无发行。

（二）可交换公司债券

2016年发行可交换公司债券56只，发行规模为579.81亿元②，发行方式上多采用私募发行。与2015年同期相比，发行规模增长436.86%。

（三）公开发行公司债券和非公开发行公司债券

尽管2016年4月债券市场集中出现了债券违约、推迟发行和取消发行的现象，导致发行量出现萎缩，但全年来看，公司债券发行期数和规模仍然远超出2015年相应数据。2016年发行公司债券2 387只，发行规模30 920.42亿元③。

从发行方式上看，无论发行期数还是发行规模，私募公司债均超过公募公司债。

二、公司债券发行特点④

（一）品种创新活跃、可交换债受到追捧

2016年公司债券市场创新活动较为活跃，出现了可续期公司债券、绿色公司债券、创新创业公司债券等新品种，有针对性地对相关行业和企业提供融资支持。可交换公司债券相关法规发布较早，但一直发展缓慢。得益于有利的市场环境，可交换公司债券在2015年下

---

① 资料来源：中国证监会。
② 资料来源：中国证监会。
③ 资料来源：中国证监会。
④ 资料来源：Wind资讯。

半年开始发力，2016 年快速发展，尤其是私募可交换公司债券，受到投资者的追捧，出现了供不应求的局面。

（二）公司债券的地区集中度较高

从发行期数来看，浙江省公司债券发行期数最多，占比超过 25%；排名靠前的 4 个省份（浙江、江苏、北京、广东）合计占比超过 50%。从发行金额来看，作为央企集中地的北京仍然遥遥领先，占比约为 20%；排名靠前的 4 个省份（北京、广东、江苏、上海）合计占比超过 50%。无论发行期数还是发行金额，公司债券的地区集中度都非常高。

（三）公司债券的行业集中度开始下降

2016 年公司债券融资规模最大的前三大行业是房地产业（8 078.48 亿元）、建筑业（4 495.58 亿元）和综合（4 121.88 亿元），分别占全年公司债券融资总额的 25.47%、14.18% 和 13.00%。上述行业均属于资本密集型行业，对于外部资金的需求量非常大。相对于 2015 年，房地产业的融资占比出现了明显下降。

此外，制造业的 2016 年公司债券融资规模超过 3 500 亿元；公用事业、金融业、采矿业、交运仓储与邮政业等行业的 2016 年公司债券融资规模均超过 1 000 亿元。

（四）公司债券发行主体信用等级普遍较高

从发行规模角度来看，主体评级为 AA 级以上（含 AA 级）的企业为公司债券发行主体，占比约为 95.55%，其中 AA 级企业发行规模最大，占比达到 36.47%，其次分别为 AAA 级企业（31.49%）和 AA + 级企业（27.59%）。

从发行期数角度来看，主体评级为 AA 级以上（含 AA 级）的企业为公司债发行主体，占比约为 77.47%，其中 AA 级企业发行期数最多，占比达到 45.48%。无评级企业发行期数占比也较高，达到 18.90%。

无论是从发行规模还是发行期数角度看，有评级的企业中，主体评级 AA - 级以下（含 AA - 级）的企业发行量都非常有限。

（五）公司债券以信用发行为主

由于公司债券的发行主体信用等级普遍较高，因此发行人一般选择信用发行方式发行公司债券。2016 年信用发行的公司债券期数和规模占比分别为 81.12% 和 87.66%。

非信用发行的公司债券采用的担保方式以保证担保为主，期数和规模在所有非信用发行的公司债券中的占比分别为 93.88% 和 94.30%，其次为抵押担保和质押担保。

第三节　并购重组业务情况

一、并购重组市场概况

2010—2015 年，我国并购市场快速发展，上市公司重大资产重组交易数量及交易规模连续 6 年持续增长。2016 年，在中国证监会“依法、从严、全面”监管下，并购市场总体运行平稳。上市公司实施并购重组更加理性、务实，紧贴实体经济运行轨道，数量虽略有下降，质量、效率却有所提升。

2016 年首次披露重大资产重组交易数量达 374 起，较 2015 年的 485 起下降 22.89%，但 2016 年大额交易增多，重大资产重组交易规模达 13 865 亿元，较 2015 年 13 613 亿元上升 1.85%①。

2016 年，中国证监会并购重组委审核通过重大资产重组 261 起②，与 2015 年同期相比下降 18.44%。

二、并购重组市场特点

(一) 并购重组政策趋严，引导资金回归实体经济

2016 年上半年，“炒壳”、高估值、高业绩承诺的重组方案频现。6 月 17 日，中国证监会对《上市公司重大资产重组管理办法》公开征求意见并先后出台多个问答与通知，为“炒壳”降温，通过细化关于上市公司“控制权变更”的认定标准、取消重组上市的配套融资、延长新入股东股份锁定期、严管中介机构等，继续支持通过并购重组提升上市公司质量，引导更多资金投向实体经济。9 月 9 日，这一新规正式落地。在严格的监管政策面前，不少停牌公司纷纷放弃原重组方案。

在政策收紧的同时，并购重组的审核和监管也趋于严格，引导资金更多投向有利于产业整合升级的并购重组。并购重组审核通过率降低、有条件通过减少、“类借壳”案例接连被否。交易所展开“刨根问底”式的监管问询，不少标的资产不过硬、缺乏合理论证的方案也因此知难而退。

① 资料来源：Wind 资讯。
② 资料来源：中国证券业协会。

（二）转型升级和培育新动能成为支撑点

2016 年，围绕主业，做长做强、做精做细产业链，成为并购重组的主基调。从产业情况看，绝大多数的重组，是通过同行业产业升级以及同一产业的内部整合，实现了向产业链高端、新兴环节的跃升，部分传统行业散小弱差的局面有所改观，体现了并购重组回归实体经济的良好态势。从并购标的看，近 1/3 标的资产集中于计算机通信设备制造、信息传输、软件和信息技术服务等信息技术行业，近 1/2 集中于高端制造、节能环保、生物医疗、新能源等其他新兴行业，展现出并购重组接轨高端价值创造的新方向。

（三）举牌事件频发，控制权之争焦灼

2016 年，上市公司举牌事件频发：7 月 7 日，钜盛华举牌万科 A，合计持有股份比例达 25%；8 月 7 日，恒大举牌廊坊发展，合计持有股份比例达 15%；10 月 15 日，长金股权投资举牌武昌鱼，合计持有股份比例 17.39%；11 月 17 日，安邦资产举牌中国建筑，合计持有股份比例达 10%。上述重大举牌事件引发的控制权之争，一时成为资本市场各方关注的焦点，而“宝万之争”更是引发了全民关于公司治理结构、收购与反收购的大讨论。

（四）供给侧改革和国企改革成为新亮点

2016 年，国有控股上市公司国企改革与供给侧改革同向发力，并购重组主渠道作用发挥更加充分，相关并购重组交易占市场并购重组交易的半壁江山。其中，钢铁、煤炭、水泥、化工等行业的产能出清迈出实质性步伐，TMT、高端设备制造等新兴产业越来越多地进入上市公司，国有上市公司的治理结构、资产质量、体制机制得到同步优化。上市公司也由此成为供给侧改革重要的试水者和排头兵。例如，宝钢股份吸收合并武钢股份，避免重复建设，有效统筹平衡内部产能；金隅股份收购冀东水泥，提高了水泥行业集中度，过剩产能得以化解；国药集团实施内部业务整合，与国家深化医疗体制改革战略相契合。

（五）并购基金日趋活跃

2016 年，随着并购重组的兴盛，国内并购基金也呈现出高速增长的态势。在上市公司转型发展、寻找新兴产业的浪潮中，并购基金将继续快速发展。当前上市公司在并购方面的需求越来越多样化，产业链上下游拓展、跨境并购等都有并购基金积极参与的身影。2016 年并购基金参与重大资产重组的典型项目有旋极信息、梅泰洛、雅克科技等。并购基金的参与，联通了资金富足方和资产优势方，对相关并购重组交易的成功进行起到了极其重要的作用。

第四节　证券公司参与全国股转系统情况

2016年是全国股转系统稳固发展的一年，虽然仍存在流动性不足、融资困难等诸多问题，但市场总规模依然延续了2015年的快速增长态势。截至2016年底，挂牌公司总量达到10 163家[①]，同比增长98.15%，较2015年新增挂牌企业5 034家，总市值由2015年的2.46万亿元增长到4.06万亿元，成为全球首家也是唯一一家体量超过万家企业的交易场所。2016年，市场交易量较2015年基本持平，基于挂牌家数增加近1倍的情况，实际交易活跃度有所下降，市场融资功能受到一定影响。

2016年改革深化，全国股转系统对挂牌公司实施分层管理，启动私募机构做市试点，为非公开发行优先股提供转让服务，新三板市场进一步走向成熟。监管机构将"规范"作为"发展"的前提，中国证监会和地方证监局全面介入，新三板市场监管力度全面加强。

一、挂牌情况

2016年，全国股转系统新增挂牌公司5 034家，摘牌56家。截至2016年底，挂牌公司数量为10 163家[②]，与上年同比增长98.15%。其中，创新层952家，占挂牌企业数量的9.37%；基础层9 211家，占挂牌企业数量的90.63%。全国股转系统自成立以来挂牌公司一直以中小企业为主，2016年全国股转系统挂牌公司大型、中型企业数目明显增加，在已披露2016年中报的8 893家挂牌公司中，净资产在5 000万元以上的公司有4 499家，占比约50.59%，87家企业净资产超过10亿元；净利润在500万元以上的公司有2 587家，占比约29.09%，54家企业2015年中期净利润超过1亿元。

按行业分类统计，制造业类企业以5 135家位居榜首，占比50.53%；其次是信息传输、软件和信息技术服务业2 003家，占比19.71%；再次是租赁和商务服务业507家，占比4.99%。

二、估值情况

截至2016年底，全国股转系统总市值40 558.11亿元，挂牌公司总股本5 851.55亿股，流通股本2 386.81亿股，平均市盈率28.71倍，较2015年的47.23倍下降18.52倍[③]。

① 资料来源：中国证券业协会。
② 资料来源：全国股转系统。
③ 资料来源：全国股转系统。

三、交易情况

截至 2016 年底，全国股转系统成交数量达到 363.63 亿股，较 2015 年增长 30.38%，成交金额达到 1 912.29 亿元，与 2015 年基本持平。其中，协议转让和做市转让几乎各占半壁江山。交易方式为协议转让的挂牌公司数量为 8 509 家，成交量为 192.86 亿股，成交金额累计 962.22 亿元，占全年交易总额的 50.32%；交易方式为做市转让的挂牌公司数量为 1 654 家，成交量为 170.77 亿股，成交金额累计 950.07 亿元，占全年交易总额的 49.68%[①]。

2016 年，三板成指、三板做市指数分别下跌 16.23%、22.66%[②]，新三板市场交易较为低迷。

四、定向增发情况

2016 年，共 2 613 家挂牌公司进行了 2 940 次定向增发，合计发行股份 294.61 亿股，募集资金总额 1 390.89 亿元[③]，发行股份数量和募集资金总额分别较 2015 年增长 27.65%和 14.37%。

2016 年度，全国股转系统定向增发平均单次规模为 4 730.90 万元，中位数为 1 545.91 万元。单笔规模不超过 1 000 万元的有 905 单，占比 30.78%，募集资金合计 47.19 亿元，占比仅为 3.39%；单笔融资金额在 1 亿元以上的有 238 单，占比仅 8.10%，募集资金合计 809.14 亿元，占比高达 58.17%。

五、新三板相关政策变化

（一）挂牌公司分层

为进一步落实《国务院关于全国中小企业股份转让系统有关问题的决定》和《中国证监会关于进一步推进全国中小企业股份转让系统发展的若干意见》，加快完善市场功能，降低投资人信息收集成本，提高风险控制能力，全国股转系统于 2016 年 5 月 27 日发布了《全国中小企业股份转让系统挂牌公司分层管理办法（试行）》。

（二）私募做市

2016 年 5 月 27 日，中国证监会新闻发布会明确将开展私募机构参与新三板做市业务试

① 资料来源：全国股转转让系统。
② 资料来源：Wind 资讯。
③ 资料来源：中国证券业协会。

点，并由全国股转公司具体办理相关的备案管理工作。

（三）优先股试点

为更好地开展优先股试点工作，满足优先股投资者对优先股的转让需求，全国股转系统从 2016 年 8 月 8 日起，为非公开发行优先股提供转让服务。

（四）扶贫新政

根据中国证监会 2016 年 9 月 9 日发布的《中国证监会关于发挥资本市场作用服务国家脱贫攻坚战略的意见》，全国股转系统对注册地在贫困地区的申请挂牌企业实行“专人对接、专向审核”，适用“即报即审、审过即挂”政策，同时减免挂牌初费。

（五）加强证券公司执业质量、规范融资监管

2016 年，股转系统发布了《全国中小企业股份转让系统主办券商执业质量评价办法（试行）》，通过对主办券商执业质量进行分类评价，进一步规范主办券商持续督导工作，提高挂牌公司信息披露质量和公司治理水平，促进挂牌公司规范运作。发布了《主办券商内核工作指引》，要求进一步规范主办券商推荐业务，明确主办券商内核职责及工作要求，全面提高主办券商推荐业务及内核工作质量。

2016 年 5 月 27 日，发布《关于金融类企业挂牌融资有关事项的通知》，限制类金融类企业挂牌、融资。

2016 年 8 月 8 日，股转系统发布《挂牌公司股票发行常见问题解答（三）——募集资金管理、认购协议中特殊条款、特殊类型挂牌公司融资》，加强募集资金监管，建立募集资金专户制度，对募集资金用途予以限制，限制定增对赌条款，不允许设置相关特殊条款。

第五节　创新及其他业务情况

一、债转股业务情况

2016 年 9 月，国务院发布《关于积极稳妥降低企业杠杆率的意见》、《关于市场化银行债权转股权的指导意见》，明确了降杠杆的总体思路和基本原则，提出要充分发挥市场在资源配置中的决定性作用和更好地发挥政府作用，将市场化银行债权转股权（以下简称“债转股”）作为降杠杆的重要途径之一，并对市场化银行债转股的适用范围和实施规则进一步细化规定。从 2016 年 10 月起，建设银行、工商银行等积极响应落实国务院关于降杠杆工作的指导意见，陆续在云南、福建、广东、重庆、山东、山西、北京等地开展债转股工作，证

券公司作为财务顾问在方案设计、实施等过程中起到了积极作用。

二、其他创新业务情况

（一）可续期公司债券

2016 年 3 月 8 日，浙江省交通投资集团有限公司发行交易所市场首单可续期公司债券，融资规模 20 亿元，期限结构 5 + N（第 5 年末发行人可以行使延期选择权），发行利率 3.60%，比普通债券利率高约 40 个基点（bps）。

可续期公司债券相对于普通公司债券有诸多优点，比如一定条件下可以计入权益降低企业资产负债率，延期支付利息不构成违约，发行人可以选择行使延期选择权从而延长资金使用期限等。

目前可续期公司债券仍然处于试点阶段，主要适用于主体信用级别较高的公司。2016 年共发行 12 单 320 亿元可续期公司债券①，其中公募债券 10 单 300 亿元、私募债券 2 单 20 亿元，涉及发行主体 9 家，其中央企有 6 家。

（二）绿色公司债券

2016 年 3 月 16 日，上海证券交易所发布《关于开展绿色公司债券试点的通知》。2016 年 4 月 22 日，深圳证券交易所发布《关于开展绿色公司债券业务试点的通知》。两个文件的内容基本保持一致，均对绿色公司债券的定义、募集资金用途、绿色项目范围、账户管理、信息披露等进行了明确规定，并建立绿色通道，提高绿色债券审核效率。

2016 年共发行绿色公司债券 17 只，融资额 223 亿元②。

（三）创新创业公司债券

为了支持创新创业型企业通过发行公司债券融资，2016 年 6 月中国证监会成立了跨部门、跨单位的创新创业公司债券专项小组，统筹推动创新创业公司债券试点工作。目前，创新创业公司债券的融资对象主要针对国家级园区内的创新创业型公司和创投类企业。

2016 年共发行 6 单创新创业公司债券，合计融资规模 1.35 亿元，全部为私募发行。从融资期限来看，融资期限普遍较短，以 1 年期为主。从融资规模来看，融资规模偏小，最小的 1 单融资规模 500 万元，最大的 1 单融资规模 5 000 万元。从融资主体所处区域来看，发行人全部为江苏省企业③。

---

① 资料来源：中国证券业协会。
② 资料来源：中国证券业协会。
③ 资料来源：Wind 资讯。

（四）资产证券化产品发行情况

2016 年，全年共发行 384 单资产证券化产品，累计 4 695.25 亿元[①]，同比分别增长 81.99% 和 129.96%，超过 2004—2015 年相关数据合计值。2016 年，中国证监会系统资产支持证券发行规模首次超过信贷资产支持证券。

除了发行单数和发行金额爆发增长，2016 年资产支持证券化产品的创新活动也非常活跃，基础资产类型更加丰富。在 2015 年基础资产扩容的基础上，2016 年新增委托贷款、商业地产抵押贷款、票据收益权和保单质押贷款等类型基础资产。

从基础资产结构来看，2016 年租赁租金债权发行单数和发行金额仍然占据首位，占比分别为 30.21% 和 22.61%[②]。从发行单数来看，应收账款、小额贷款和信托受益权分别位居第 2 名、第 3 名和第 4 名，2015 年排名第 2 位的基础设施收费收益权下滑至 2016 年的第 5 名；从发行金额角度来看，应收账款、信托受益权和小额贷款分别位居第 2 名、第 3 名和第 4 名，2015 年排名第 2 位的基础设施收费收益权下滑至 2016 年的第 6 名。除了上述大类基础资产外，部分基础资产也实现了快速增长，包括保理融资债权、融资融券债权、门票收入等。

从风险角度来看，2016 年中国证监会系统资产支持证券市场出现了首单违约产品——大成西黄河大桥通行费收入收益权专项资产管理计划，同时也有两单产品——渤钢租赁资产支持专项计划和永利热电电力上网收费权债权和供用热合同债权资产支持专项计划其优先级产品出现评级下调现象。

第六节　投资银行业务组织架构基本情况

一、证券公司承销业务格局相对集中

2016 年，A 股主承销市场格局继续保持相对集中态势，前 10 家证券公司市场占有率为 50% 左右。根据 Wind 资讯资料统计，股权主承销方面，前 10 家证券公司主承销的金额占比为 54.91%，较 2015 年上升 8.31 个百分点，家数占比 46.29%，与 2015 年基本持平；债券主承销方面，前 10 家证券公司主承销的金额占比为 49.02%，较 2015 年下降 2.22 个百分点，家数占比 44.44%，较 2015 年上升 3.2 个百分点（见图分 2 - 3）。

---

① 资料来源：Wind 资讯。

② 根据 Wind 资讯数据整理。

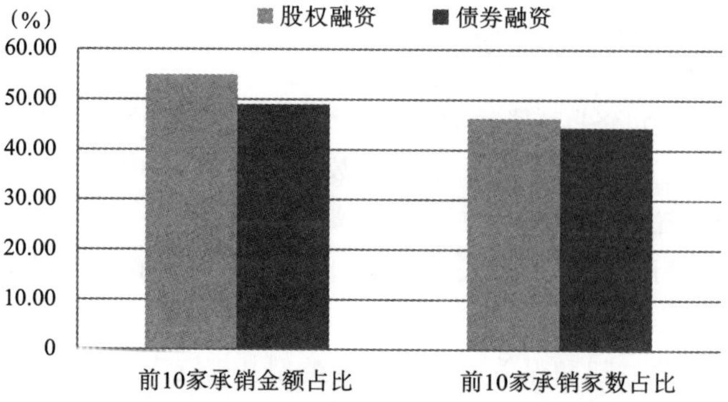

图分 2－3　2016 年前 10 家证券公司承销金额和家数的占比情况

资料来源：Wind 资讯。

二、证券公司开展投资银行业务的组织架构情况①

各家证券公司开展投资银行业务，组织架构方面既有相似性，也有差异性。从证券公司参与问卷调查的结果看，超过一半的证券公司分设股权承销和债券承销部门。但区分并不十分严格，有些股权承销的部门兼做股权和债券承销，债券承销部门则仅做债券。多数证券公司的资本市场工作隶属于承销业务部门，约 1/3 证券公司的资本市场部同时承担股权、债券资本市场工作，约 1/4 的证券公司单设了从事股权销售工作的股权资本市场部（EMC），单设债务资本市场部（DCM）的比例较小，多隶属于债券承销部门或固定收益部门，还有一些公司未设置资本市场部。质量控制部门设置方面，约一半的证券公司单独设置了质量控制部门，且与从事承销业务的一级部门平级；约 1/5 证券公司的质量控制部门隶属于从事承销业务的一级部门，但与从事股权、债券承销部门平级。其他还有质量控制部门隶属于股权或债券承销部门等情况。

从组织架构设置上可一窥各证券公司的业务布局情况：新三板业务方面，超过一半的证券公司单独设置了从事该类业务的部门。约 2/3 的证券公司成立了并购业务部门，有的隶属于股权承销部门，有的与股权承销部门平行。仅少数证券公司成立针对资产证券化等业务的结构化产品部。约 2/5 的证券公司对国际业务有所涉猎，一些证券公司还设立了国际业务部门或海外子公司。

三、从业人员数量变化情况②

根据中国证券业协会 2016 年专项调查，证券公司投资银行业务（含股权、债券承销和资本市场等部门）总人数约 1.64 万人，比 2015 年度增加约 16%。主要负责股权融资业务

①② 资料来源：中国证券业协会 2016 年专项调查。

的投资银行部门（不含资本市场部门、债券承销部门）2016 年底人数约 1.14 万人，较 2015 年底变化不大；其中，保荐代表人数量为 3 222 人，继续增长，较 2015 年底增长 11.76%。债券承销部门 2016 年底人数约 3 840 人，较 2015 年底增长约 92%，增幅较大。资本市场部（含股权资本市场、债券资本市场人数）总人数约 1 170 人，较 2015 年底变化不大（见图分 2 -4）。

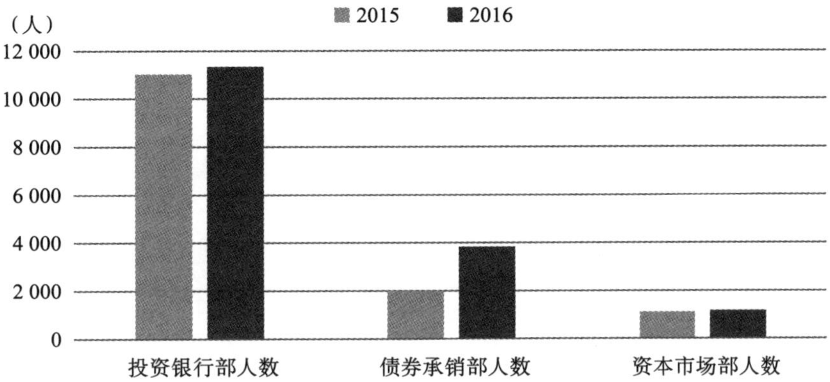

图分 2 -4　近两年投资银行从业人员数量情况

资料来源：中国证券业协会 2016 年专项调查。

第二章
2016 年中国投资银行业务面临的问题及 2017 年前景展望

第一节　中国投资银行业务当前存在的主要问题

一、收入结构仍然较为集中，受市场和政策影响较大

2016 年，投资银行业务结构变化不大，股票和债券承销与发行仍是投资银行收入贡献的主体，全国股权转让市场业务、财务顾问业务为补充。2016 年，证券保荐与承销业务收入保持增长态势。根据中国证券业协会公布的数据，2016 年证券承销与保荐业务净收入 519.99 亿元、财务顾问业务净收入 164.16 亿元，分别较 2015 年增加 32.14%、19.02%。

2016 年全年二级市场整体走势较为平稳。一级市场监管政策对投资银行业务收入的影响较大。2016 年 IPO 常态化发行，项目发行数量逐月递增；股权再融资审核方面，下半年开始要求募集资金投向“脱虚向实”，严格限制类金融业务、由传统行业向互联网或金融行业转型项目、涉嫌“借壳”等情形，收紧偿还银行贷款、补充流动资金范围，非公开发行品种逐渐降温；重大资产重组自中国证监会公布修订后的重大资产重组管理办法以来，“炒差”、“炒壳”现象受到抑制，跨界并购追逐市场热点现象也有所收敛。

二、风险控制与合规建设仍待提高，中介机构职责履行待加强

2016 年，投资银行业务出现了一些合规风险事件，如欣泰电气欺诈发行、博元投资信息披露违法。IPO 加速审核、常态化发行的同时，审核标准、监管口径并没有放松，“从严监管、依法监管、全面监管”和“保护投资者合法权益”贯穿了中国证监会近年来的工作思路。强化依法全面从严监管，全年处罚数量和罚没金额创历史新高，市场禁入人数达到历史峰值。

合规事件与处罚达新高反映出目前发行人、上市公司合规意识淡薄，保荐机构及各中介

机构履职不到位的现象，风险控制意识与手段、合规管理与建设仍待提高。在 2016 年欺诈发行及信息披露违法案件中，欣泰电气因欺诈发行及信息披露违法，保荐机构宣布成立 5.5 亿元专项基金，对欣泰电气投资者进行优先赔付。涉及巨额资金的先行赔付承诺将对证券公司产生重要影响，合规风险事件对公司品牌及后续业务开展的不良影响也十分严重。做好风险控制与合规建设，更好地履行保荐承销和各项职责，是证券公司及各中介机构适应严格监管环境的需要，也是未来发展的稳固基础和必要条件。

三、市场空间有限，投行业务竞争加剧

IPO 发行提速将加快证券公司投行业务业绩兑现；再融资规模增长也有市场自身和监管调控的限度。在投资银行业务收入构成中，传统保荐和承销业务占比较高，收入也相对丰厚。随着市场融资规模增速变慢，获得客户成本升高，市场竞争也将更加激烈，投资银行通道业务竞相压价和过度竞争，出现了低价承揽、大项目基本不赚钱等现象。

投资银行业务承销费率持续走低，如何通过创新模式带动投资银行业务整体转型，是亟待思考和解决的问题。行业中也出现了一些转型的方向，如在提供传统投行服务的同时，附加包括资源整合、资本运作在内的增值服务，通过直投和另类业务的方式，以募集基金和自有资金参与企业 PE 轮、Pre－IPO 轮的投资等。在合规稳健的基础上，提升创新和特色服务能力、提高服务附加值将成为投资银行竞争取胜的关键。

四、综合实力相对偏弱，跨境业务仍显不足

2016 年，证券公司总资产规模有所下滑，净资产、净资本实力持续加强。根据中国证券业协会公布的数据，截至 2016 年底，129 家证券公司总资产为 5.79 万亿元，净资产为 1.64 万亿元、净资本为 1.47 万亿元，与 2015 年底相比，分别下降 10%、增长 13%、增长 18%。与银行业相比，证券公司的资本实力仍偏弱，对国内金融体系的影响力相对不足。

在国际市场开拓方面，2016 年上半年，受益于“一带一路”利好政策、人民币汇率、跨境审批等因素，国内企业跨境并购数量和规模较 2015 年有大幅增长；但下半年随着市场、汇率和政策环境变化，跨国并购业务出现了一些不确定性。总体而言，国际化仍是投资银行未来的发展方向，大国经济需要相匹配的大国金融，而投资银行作为资本市场最重要的中介，处于金融体系的核心地位。现有国内投资银行还是在一个封闭的市场里运作，国际化服务资源、能力均还存在欠缺。随着我国资本输出规模不断扩大以及内地企业不断走出去并购，证券公司投资银行业务也应走出国门，为跨境企业提供财务顾问和并购服务，提供全程配套的金融服务。

第二节　2017 年中国投资银行业务前景展望

一、稳中求进，维护资本市场稳定健康发展

当前全球经济调整仍未到位，国际复杂因素影响不可低估。我国资本市场经过 20 多年的发展，取得了举世瞩目的成就，但市场仍不成熟，内在的脆弱性和复杂性不可低估。2017 年中央经济会议提出坚持稳中求进的工作总基调，把防范金融风险放到更加重要的位置上，下决心处置一批风险点，着力防范资产泡沫，提高和改进监管能力，确保不发生系统性金融风险。

监管政策方面，在坚持稳中求进工作总基调的前提下，仍以改革为引领，以稳定为底线，以发展为主旋律。证券公司开展投行业务也将更加重视风险控制和合规管理，避免风险事件；做好对企业和上市公司的辅导和督导工作，保护投资者合法权益；服务供给侧结构性改革，在复杂的形势下为市场的稳定健康发展贡献一分力量。

二、IPO 常态化发行，审核趋严，服务实体经济

2017 年，新股发行有望持续 2016 年的增长趋势，稳步推进，在充分考虑市场承受能力的基础上，顺势而为。同时，发行审核将更加严格，严厉打击欺诈发行、违规信息披露、操纵市场、内幕交易等证券市场违法违规行为。

新股发行回归正常状态，增加市场供给，不但有望解决“堰塞湖”现象，还可以让有核心竞争力和先进经营模式的企业脱颖而出，发挥资本市场服务实体经济的主要功能。尤其在落实西部大开发战略、推进精准扶贫方面，中国证监会已发布一系列帮助贫困地区拓展融资渠道的举措，对贫困地区企业适用“即报即审、审过即发”政策。

三、持续规范上市公司并购重组、再融资业务

2016 年融资性非公开发行项目家数和募集资金再创历史记录，然而也存在一些问题：个别上市公司存在过度融资倾向；有些公司脱离公司主业频繁融资；有些公司炒概念；有些公司募集资金大量闲置，频繁变更用途或者资金脱实向虚；非公开发行定价机制选择存在较大套利空间，广为市场诟病。今后应高度关注企业再融资募集资金的必要性、募集资金具体投向，防止定增套利，避免过度融资，严控配套募资用途和规模。

并购重组方面，中国证监会于 2016 年 9 月出台了修订后的《上市公司重大资产重组管

理办法》，严格规范并购重组，遏制“忽悠式”、“跟风式”和盲目跨界重组等现象。2017 年，并购重组市场将更加规范，更注重产业并购，服务实体经济发展。重组方案如涉及规避借壳上市、高估值高业绩承诺、确认大额商誉等问题，将会受到重点关注；将更加注重标的资产评估值增值的合理性、盈利能力的持续性、核心竞争力的稳定性等。在对外直接投资方面，国家外汇管理局将与有关部门配合，强化境外投资主体和项目的真实性、合规性审核，严格资金来源和去向的材料审核要求。

四、公司债券市场防风险、降杠杆，强化监管

2016 年公司债券无论发行期数还是发行规模均已超过同期银行间市场中期票据与定向工具之和，创历史新高。另一方面，2016 年以来债券市场违约事件明显增加，随着债券市场发行量稳步增长和债券集中到期，防范违约风险、降低企业杠杆率、强化监管将成为 2017 年债市的重要任务。

行业分类监管方面，煤炭及钢铁类的过剩企业、房地产企业发债延续“产业政策 + 综合指标评价”的分类监管标准限制。发行品种方面，可转换债、可交换债、资产证券化等品种有望在政策的支持和鼓励下进一步发展。

五、深化多层次市场体系改革，强化市场基础性功能

目前，我国已初步形成由主板、中小板、创业板、新三板、区域性股权市场、柜台市场等构成的多层次资本市场体系，在为不同量级和属性的经济主体对接资金供给、支持新兴产业发展、引导资源配置等方面发挥了重要作用。多层次资本市场不仅表现为交易场所、交易品种以及同一个市场内部的不同层次，还体现在投资者、中介机构的多层次，交易模式、定价方式的多样性等。2014 年沪港通开通，2016 年深港通推出，两地市场实现互联互通，有效拓展了投资渠道，加快国内资本市场运作管理与国际接轨，提升股市稳定性。

随着资本市场容量的不断扩大、交易品种的日益丰富、投资者队伍的日渐壮大，多层次资本市场的改革和深化也自然提上日程。尤其在经济转型升级和推进供给侧改革的关键时期，在强调不发生系统性风险的基础上，要加强多层次资本市场制度建设，完善市场基础性功能，拓展市场广度和深度，进一步发挥资本市场在供给侧结构性改革中的作用，助力“去产能、去库存、去杠杆、降成本、补短板”，提升服务实体经济的效能。

分报告之三：

2016 年中国证券公司资产管理业务发展回顾与展望

第一章

2016 年中国证券公司资产管理业务总体情况

第一节　2016 年中国证券公司资产管理业务发展环境

一、经济高增长为资产管理业务发展创造了良好的经济基础

2016 年中国经济缓中趋稳、稳中向好，国内生产总值（GDP）总量首次突破 70 万亿元，同比增长 6.7%。在保持中高速增长的同时，发展质量和效益也不断提高。一是经济结构不断优化，2016 年最终消费支出对经济增长的贡献率达 64.6%，服务业引领带动作用增强，第三产业增加值占 GDP 比重为 51.6%，比上年提高 1.4 个百分点；二是供给侧结构性改革有力推进，"三去一降一补" 重点工作取得积极成效；三是坚定落实简政放权，深化发行制度改革，市场主体活力进一步激发。经济高增长为资产管理业务发展创造了良好的经济基础。

二、居民财富的快速积累催生巨大的资产管理需求

近年来，我国居民家庭人均可支配收入持续增长，宏观经济的稳定增长带来居民财富的快速积累，为资产管理行业积累了巨大的资产管理需求，促进资产管理业务资金规模的扩张。根据国家统计局数据，2016年中国城镇居民家庭人均可支配收入33 616元，同比增长7.8%；农村居民家庭人均可支配收入12 363万元，同比增长8.2%。同时，居民消费结构不断改善，城镇居民恩格尔系数逐渐下降，表明居民在维持基础生活需求之外的支出占比不断上升，居民对资产管理的需求日益提高，为资产管理业务规模的发展提供了动力。

三、证券公司资产管理业务加快规范发展

2016年资本市场加速去杠杆、去通道，推进资金“脱虚向实”。2016年7月14日，中国证监会发布《证券期货经营机构私募资产管理业务运作管理暂行规定》（证监会公告[2016] 13号），针对证券公司、基金管理公司等开展私募资产管理业务中暴露出的问题进行了明确规范，主要内容包括：扩大适用主体的范围，将私募证券投资基金管理人一并纳入监管体系；明确规定结构化产品负债端的杠杆倍数；限制结构化和非结构化集合资产管理计划的融资杠杆上限；禁止预期收益率宣传，禁止对优先级提供保本保收益安排；禁止嵌套和资金池操作以及加强对第三方投资顾问的监管。证券公司资产管理业务监管的核心是依法监管、从严监管和全面监管，目的是为了推进资产管理业务的去杠杆、去通道，推进资产管理业务更加规范发展，并向主动管理回归。

第二节　2016年中国证券公司资产管理业务发展情况

一、2016年证券公司资产管理业务的发展特征

截至2016年末，证券公司受托管理资金17.26万亿元，同比增长45.75%。全年实现资产管理业务净收入296.46亿元，较上一年度增加21.58亿元，同比增长7.85%。与此同时，2016年资产管理业务贡献了9.0%的营业收入，较上一年提升4.2%个百分点，收入贡献度显著提升（见图分3-1）。

（一）集合资产管理产品受托规模平稳增长

2016年末，共有93家证券公司设立集合资产管理产品，合计管理集合资产管理产品数

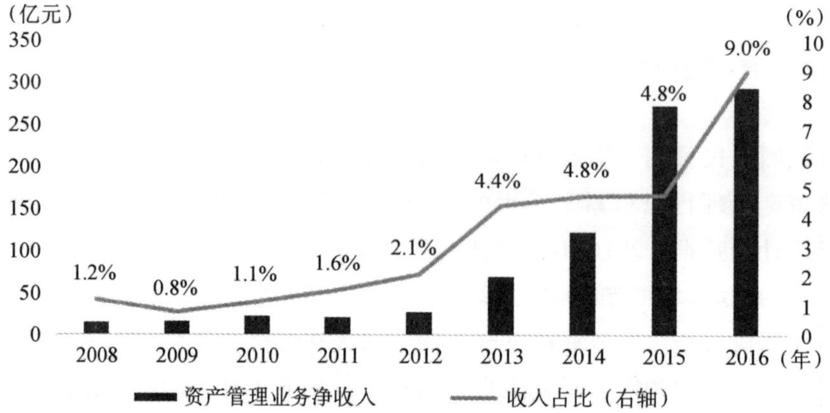

图分 3－1　2008—2016 年证券资产管理业务净收入及收入占比

资料来源：中国证券业协会，申万宏源研究。

量 3 856 只，较上年末增加 495 只，同比增长 14.7%；期末受托管理资金规模 2.15 万亿元，较上年末增加 0.65 万亿元，同比增长 43.8%。

（二）专项资产管理产品受托规模大幅增加

2016 年末，共有 59 家证券公司设立专项资产管理产品，较上年增加 13 家；合计管理专项资产管理产品数量 2 116 只，较上年末增加 1 023 只，同比增长 93.6%；期末受托管理资金规模 0.44 万亿元，同比增长 136.1%。

（三）定向资产管理产品依旧占主导地位

2016 年末，共有 95 家证券公司设立专项资产管理产品，与上年持平。证券公司定向资产管理业务期末客户数达 15 994 户，同比增长 34.7%，期末受托资金总额 14.67 万亿元，同比增长 44.4%。其中，机构客户数量 14 757 家，占比 92.3%，机构客户受托资金 14.63 万亿元，占比 99.7%；个人客户数量 1 237 名，占比 7.7%，个人客户受托资金 415.65 亿元，占比 0.3%。整体而言，虽然定向资产管理产品受托资金占比由 2015 年末的 85.8% 下降至 2016 年末的 85.0%，但依旧占据主导地位。

二、2016 年证券公司资产管理产品投资收益概况

（一）近五成产品都实现盈利

与 2015 年相比，2016 年证券公司资产管理产品的投资业绩出现一定程度的下滑。据 Wind 资讯，2016 年当年业绩可查的集合产品共有 4 512 只，同比下降 10.70%。其中 2 158 只产品获得正收益，占比由 55.65% 下降至 47.83%；989 只产品收益为负，占比由 9.96% 上升至 21.92%；其余产品收益为零，占比 30.25%（见图分 3－2）。

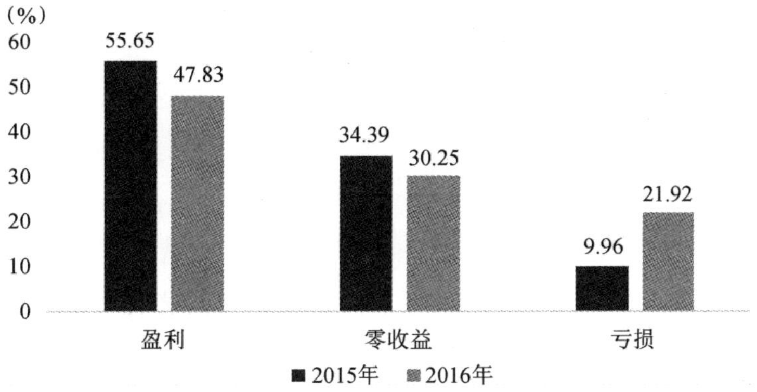

图分 3－2　2015 年和 2016 年证券公司资产管理集合理财产品收益分布情况

资料来源：Wind，申万宏源研究。

（二）债券型产品实现盈利的占比较高

2016 年实现正收益的集合资产管理产品类型呈现一些显著变化：一是债券型产品盈利占比显著增加，高达 52.59%，较 2015 年增长近 13 个百分点，这主要源于 2016 年前期的债市大牛市；二是混合型、股票类产品的盈利占比有所下滑，其中混合型产品盈利占比为 23.54%，较上年同期下滑近 9 个百分点，混合型和股票型产品收益占比下滑主要与股票市场指数下行直接相关（见图分 3－3）。

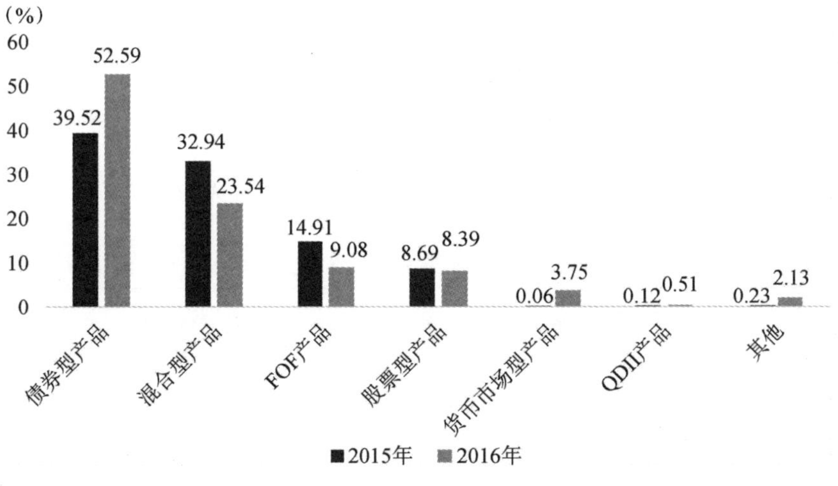

图分 3－3　2015 年和 2016 年实现正收益产品的类型构成比较

资料来源：Wind，申万宏源研究。

三、2016 年证券公司资产管理业务创新进程

（一）资产证券化业务深化创新发展

2016 年资产证券化业务深化创新发展。全年新发行企业 ABS 达 392 单，发行总规模达 4 955.61 亿元，同比增长 135.89%。2016 年，中国证监会系统资产支持证券发行规模首次超过信贷资产支持证券。

2016 年资产证券化产品创新不断推进，交易所市场 ABS 实现了以保单质押贷、景区门票、贸易应收账款、互联网消费金融、PPP 等为基础资产的多个“首单”，租赁租金、应收账款、信托受益权等均成为基础资产的重要来源（见表分 3－1）。

表分 3－1　　2016 年 ABS 创新产品举例

具体情况	项目名称	发行总额（亿元）
首单票据资产 ABS	华泰资管——江苏银行融元 1 号资产支持专项计划	6.44
首单光伏发电 ABS	中银证券——深能南京电力上网收益权资产支持专项计划	10.00
首单保单质押贷款 ABS	太平人寿保单质押贷款 2016 年第一期资产支持专项计划	5.00
首单自然风景区入园凭证 ABS	云南文化巴拉格宗入园凭证资产支持专项计划	8.40
首单演出票款收益权 ABS	曼听公园资产支持专项计划	7.70
国内首单医疗行业应收账款 ABS	国药器材应收账款一期资产支持专项计划	13.68
全国首单银行保贴类票据收益权 ABS	中信证券——民生银行票据收益权 1—10 号资产支持专项计划	4.70
上交所市场首单绿色 ABS	农银穗盈·金风科技风电收费收益权绿色资产支持专项计划	12.75
全国首单以银票收益权为基础资产	华泰资管——江苏银行融银 1 号资产支持专项计划	4.96
国内商业地产“PERE＋REITs”模式首单	首誉光控——光控安石大融城资产支持专项计划	25.00
国内首单将污水处理与供水收费同时打包为基础资产	云南水务水费收费权资产支持专项计划	10.00
全国城商行首单贸易应收账款资产证券化产品	广发资管——郑州银行中意 1 号资产支持专项计划	7.00
全国基础设施收费类单笔最大规模 50 亿元资产证券化项目	招商资管二号——云南公投曲胜高速公路车辆通行费收益权资产支持专项计划	50.00
上海保险交易所首单 ABS	长江养老——太平洋寿险保单贷款资产支持计划第一期	10.00
首单在上交所成功发行的互联网消费金融资产支持证券	嘉实资本——分期乐 1 号资产支持专项计划	2.00

资料来源：根据公开资料整理，申万宏源研究。

（二）期货资产管理飞速发展

期货资产管理虽然起步较晚、起点较低，但是发展迅速。2016 年期货公司共发行资产管理计划 2 628 个，募集规模 1 725. 15 亿元，年末期货资产管理规模达 2 792 亿元，较 2015 年增长 1 747 亿元，同比增长 167. 18%，增速位居公募基金、基金管理公司及其子公司、证券公司、私募基金之首。期货公司对风险控制的理解能力有着先天优势，期货资产管理可以采用对冲模式，投资商品期货和金融期货、证券市场、债券市场、境外衍生品市场甚至现货市场，期货资产管理在 CTA 产品、对冲基金、FOF 等多元化特色资产管理业务的发展值得期待。

第三节　我国证券公司资产管理业务的比较分析

一、泛资产管理子行业资产管理规模的比较分析

2016 年末我国泛资产管理行业管理资金总规模为 102. 5 万亿元，较 2015 年末 80. 8 万亿元，同比增长 26. 9%。其中，银行的资产管理规模为 27. 1 万亿元，同比增长 26. 2%；信托公司的信托资产管理规模为 18. 2 万亿元，同比增长 16. 3%；证券公司资产管理业务规模 17. 6 万亿元，同比增长 47. 9%；基金管理公司及其子公司专户业务规模 16. 9 万亿元，同比增长 34. 1%；保险公司的资产管理规模为 14. 6 万亿元，同比增长 26. 3%；私募基金管理机构资产管理实缴规模 7. 9 万亿元，同比增长 94. 8%；期货公司资产管理业务规模约 0. 3 万亿元，较 2015 年末增加 0. 2 万亿元（见图分 3 – 4）。

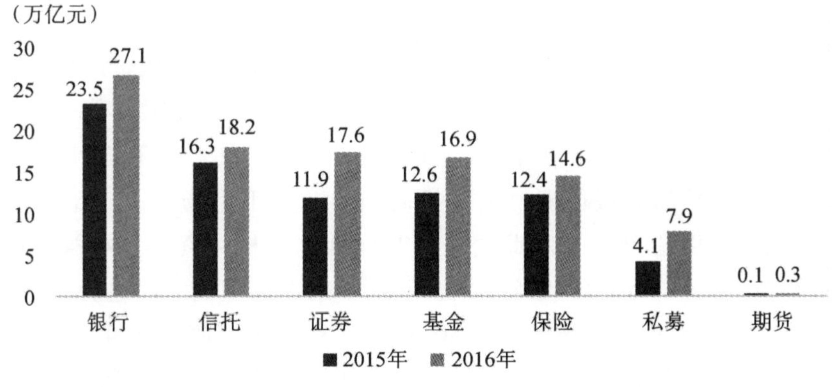

图分 3 – 4　2015 年和 2016 年泛资产管理子行业资产管理规模

注：银行理财规模为 2016 年第 3 季度数据，其余数据截止到 2016 年末。

资料来源：中国理财网，中国证券业协会，中国证券投资基金业协会，申万宏源研究。

二、泛资产管理子行业可投资资产范围的比较分析

从各类资产管理机构的可投资范围来看，基金子公司的投资范围最为灵活，信托稍逊于基金子公司，但优于证券公司，相较而言，基金公司和银行理财受限颇多。因此，相比银行理财产品与公募基金产品的标准化设计，信托、基金子公司与证券公司资产管理产品的设计更为灵活、创新能力更强（见表分 3－2）。

表分 3－2　　各类资产管理机构投资范围对比

项目	信托	基金子公司	证券公司资产管理	基金公司	银行理财
投资范围	限制较少，比如，银行合作中无法投资票据	非常灵活，在投资标的上没有限制	集合资产管理计划受限较多，仅被限定为交易所、银行间以及金融监管部门批准或备案发行的集合类金融产品，而单一资产管理计划、信托受益权、委托贷款等场外业务则不被允许；定向和专项计划较为灵活	货币市场、债券市场、股票市场为主	存款、项目融资、债券市场
客户数量	300 万元以下的自然人投资者不得超过 50 人	300 万元以下的自然人投资者不得超过 200 人	小集合至少 2 人，上限 200 人，单笔 300 万元以上不受客户数量限制；专项客户数量不限	不限	不限

资料来源：根据公开资料整理，申万宏源研究。

三、泛资产管理子行业资产配置结构的比较分析

从各类资产管理机构的配置结构来看，不同机构之间也呈现一定的差异。证券公司集合资产管理计划资产配置以固定收益类产品为主，截至 2016 年末，集合业务中固定收益类产品占比为 73%，混合类占比为 15.32%，权益类占比为 4.22%；定向资产管理计划的资产配置主要集中在以信托计划、银行承兑汇票收益权和资产收益权为主的其他资产，平均占比接近 70%；专项资产管理计划的资产配置则以非标资产为主，占比接近 70%，除此之外，债券和基金的配置比例也较高。银行理财主要投向债券及货币市场，占比超过 50%；投向现金及银行存款的配置比例超 20%；除此之外，非标准化债权类资产、权益类投资的配置比例也较高。保险资产配置仍以固定收益为主，但近年来占比呈现下降趋势。截至 2016 年 11 月，保险资产配置中固定收益类资产占比 50.74%，其中各类债券余额 4.30 万亿元，占比 32.81%；银行存款 2.35 万亿元，占比 17.93%；股票和证券投资基金 1.89 万亿元，占比 14.37%；其他投资 4.58 万亿元，占比 34.89%。从保险、证券、基金等机构的横向比较来看，目前我国各类资产管理机构权益类资产配置比例都相对偏低，这也从侧面说明我国资产管理机构主动管理能力相对不足。

第二章
2016年中国证券公司资产管理业务发展中面临的问题及2017年发展展望

第一节　2016年中国证券公司资产管理业务发展中面临的问题

一、业务结构不均衡，有待进一步完善

证券公司资产管理业务主要包括集合业务、定向业务与专项业务。2016年末数据显示，定向业务规模为14.76万亿元，占比85.0%；集合业务规模为2.07万亿元，占比12.0%；专项业务规模为0.53万亿元，占比3.1%。从各项业务占比来看，定向资产管理业务占绝对比重，集合资产管理业务、专项资产管理业务占比较低，业务结构有待进一步完善。

二、产品线不齐全，股权投资优势未能有效发挥

从证券公司集合理财的配置结构来看，与其他资产管理机构类似，固定收益类产品是最主要的配置对象。2016年末数据显示，固定收益类产品的配置比例高达73%，且较上年提高了5.89个百分点；混合类产品占比15.32%，较上年下降了2.46个百分点；权益类产品占比4.22%，较上年下降了0.76个百分点，证券公司在二级市场研究能力方面的优势并没有很好地发挥（见图分3-5）。

三、主动管理不足，资产配置能力有待提升

与银行、保险、信托以及公募基金相比，证券公司发展主动型资产管理有独特的优势，主要表现在其自身的业务链完整、平台覆盖面广、有大批风险偏好高的客户群体等。但从现状来看，证券公司资产管理依旧以被动管理为主，主动管理规模占比不到三成。2016年证券公司资产管理存续的主动管理资产规模为4.94万亿元，占比28.6%；存续的通道产品资

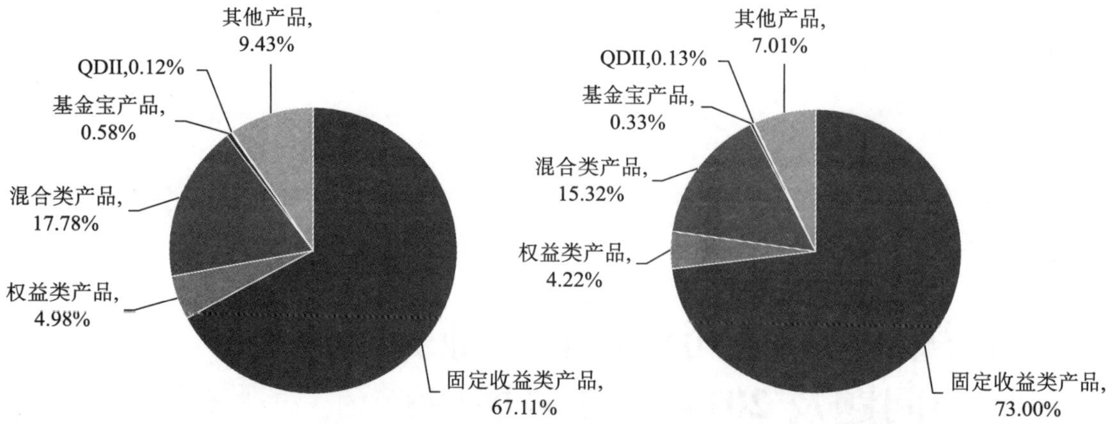

图分3-5 2015年（左）与2016年（右）证券公司集合业务产品类型

资料来源：中国证券业协会，申万宏源研究。

产规模为12.38万亿元，占比71.4%，以通道业务为主的定向资产管理仍是各家证券公司的主力，行业主动管理能力有待加强。

四、全面风险管理能力有待提高

管理风险是证券公司的本职之一，完善的风险管理体系是证券公司资产管理业务健康发展的基础。从现状来看，我国证券公司资产管理业务风险管理面临以下问题：一是我国证券公司需建立健全全面风险管理体系，在风险管理架构、风险管理体系及风险管理工具上面临挑战，在一定程度上限制了资产管理产品的创新，也不利于资产管理产品的风险定价；二是证券公司内部不同业务部门了解及掌握的客户信息不同，资产管理业务链相关部门难以对客户整体的资产状况及风险敞口水平有全面清晰的认识，这不利于帮助客户做全方位、一体化的资产配置，在一定程度上会降低资产管理的效率；三是证券公司资产管理业务的风险识别和风险量化计量能力不足，行业对资产管理业务的风险管理都以定性识别为主，资产管理业务面临的市场风险、流动性风险以及信用风险缺乏精确的量化分析，资产管理业务还未实现从静态收益率向风险调整后的收益率管理理念的转变。

五、监管环境有待进一步规范

当前我国金融市场实行分业经营、分业监管的管理体系，金融机构之间金融产品层层嵌套，给大资产管理监管带来了很大的挑战。一方面金融产品由简变繁，交易环节由少变多，银行、保险、证券公司、信托、基金等资产管理产品层层嵌套，跨领域、跨市场、跨行业风险剧增；另一方面投资链条延长，很多资产管理产品从局部来看是合理且风险可控的，但从整体来看，在产品的交接环节存在杠杆过高、风险积累等问题，监管套利及监管空白并存，跨行业监管难度很大。

第二节　2017年中国证券公司资产管理业务前景展望

一、加速推进业务模式转型，业务结构有所优化

当前以通道业务为主的定向资产管理仍是各家证券公司的主要业务模式，不利于证券公司资产管理能力的提升以及收入结构的优化。从发展现状来看，证券公司主动管理业务规模及占比正在不断攀升，2016年主动管理规模占比从2015年的23.91%提高到了28.6%。在当前行业“去通道化”的背景下，证券公司资产管理业务应努力为客户提供一体化的投融资解决方案，在推进资产管理业务的同时也带动投行、经纪、财务顾问等业务的发展，进一步推动业务模式转型与业务结构优化。

二、主动资产管理产品的定位逐渐多元化、差异化

自2013年新的《基金法》正式实施以来，证券公司投资者超过200人的集合资产管理计划将被定性为公募基金，纳入新《基金法》管理范畴，不再适用证券公司资产管理业务相关规定，中国证监会也相应修订了《证券公司客户资产管理业务管理办法》和《证券公司集合资产管理业务实施细则》，“大集合”全面停止。未来证券公司的存量“大集合”产品将继续运行，对于有公募资格的证券公司，符合条件的大集合可直接转为公募产品，证券公司主动资产管理产品的定位将逐渐多元化、差异化。

三、通道资产管理产品分化发展，监管绕道型通道产品快速下滑

目前，证券公司资产管理业务中通道类业务占比较大，常见的交易结构是利用证券公司通道发放委托贷款或投资于资产收益权，通过嵌套式的业务链衔接最终导向企业融资。这类大量存在的融资安排，不仅增加了融资交易的环节和成本，纷繁复杂的嵌套式业务链条也大大增加了穿透核查的难度。在当前抑制资产泡沫、防范金融风险的政策背景下，严防监管套利、推进金融机构归位发展是机构监管的重点，同业业务去通道化是大势所趋，监管绕道型通道产品的规模将显著下滑。

四、跨境资产管理产品大发展

近年来我国加速了人民币国际化进程，2016年初以来人民币的快速贬值以及国内资产

收益率下降进一步推进了境外资产配置的发展。目前我国居民财富境外配置比例不足5%，且居民大多数境外配置以境外房地产为主，2015年中国人在澳洲总共投资466亿澳元，其中房地产投资就有243亿澳元，占比超过52%。在人民币国际化的背景下，全球经营、全球配置已经成为资产管理机构的必然选择。目前，国内不少大型证券公司已在海外设有分支机构并取得合格境内机构投资者（QDII）、合格境内有限合伙人（QDLP）资格，针对高净值客户的境外投资需求，积极拓展跨境投融资服务业务。目前已开展的跨境业务包括部分主动管理投资和部分出借外汇额度的通道业务，未来境外资产管理的发展空间非常广阔。

五、资产管理业务的风险管理能力日渐提升

伴随着风险管理工具以及产品交易结构的多样化，资产管理业务的风险管理能力日渐提升。近年来，我国资产管理业务中各类ETF产品、资产证券化等产品创新层出不穷，场外市场交易逐步发展，尤其是衍生品及非标准化产品交易占比不断提升。资产管理业务通过产品有效衔接资金和资产，在灵活满足资金和资产双方收益和风险管理需求的情况下，进一步扩大资源配置渠道，改善非标准化的资源配置模式，努力建设多层次的标准化场内市场，有助于增强金融机构资产管理业务的风险管理能力。与此同时，随着中国金融市场的不断开放，加大境外资产配置将成为大势所趋，推进资产配置全球化也是分散风险的重要方式。

分报告之四：2016 年中国证券公司融资类业务发展回顾与展望

第一章 2016 年中国证券公司融资融券业务发展回顾与 2017 年前景展望

第一节 2016 年中国证券市场融资融券业务发展现状

一、融资融券市场余额情况

据 Wind 数据统计，截至 2016 年 12 月 30 日，融资融券全市场余额为 9 392.49 亿元，相比于 2015 年末的市场余额 11 742.67 亿元下降了 20.01%。

2016 年融资融券余额波动较小，整体趋势是稳中有降。融资余额在 2016 年 1 月两次熔断期间从 11 713.07 亿元降至 9 071.08 亿元，之后，整年基本上在 9 000 亿元上下震荡，在 2016 年 5 月 30 日达到全年最低，为 8 186.34 亿元。而融券余额在 2016 年稳步回升，在 2016 年 2 月 5 日达到全年最低，为 18.10 亿元；在 2016 年 11 月 28 日最高，为 47.87 亿元（见图分 4－1）。

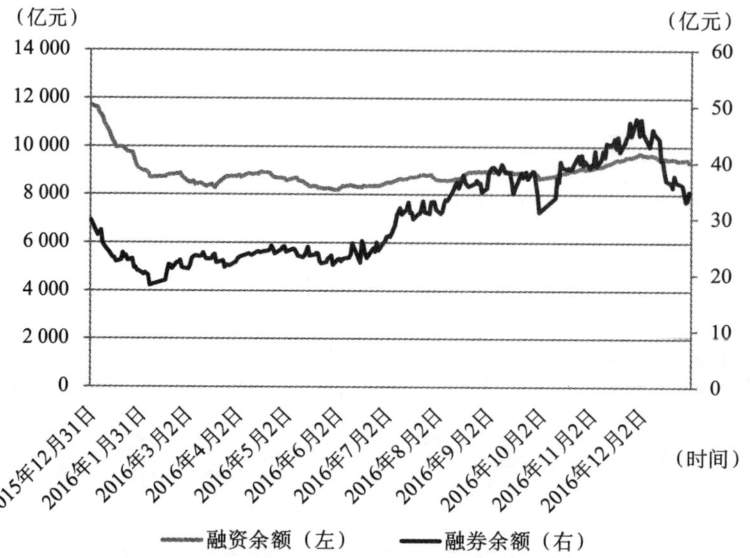

图分 4－1　2016 年融资融券市场余额变化情况

资料来源：Wind。

二、融资融券市场交易情况

2016 年 1 月期间，沪、深两市融资买入金额累计为 8 877.45 亿元，占 A 股成交金额比例为 8.24%，融券卖出金额累计为 26.20 亿元，占 A 股成交金额比例为 0.02%。2016 年 12 月期间，沪、深两市融资买入累计金额为 8 497.15 亿元，占 A 股成交金额比例为 8.74%，融券卖出金额累计为 139.47 亿元，占 A 股成交金额比例为 0.14%。2016 年每日融资买入金额占 A 股成交额比例相对稳定，融券交易在 2016 年 1—5 月交易额较低，到了 2016 年 5、6 月才开始逐步恢复，2016 年每日融券卖出金额占 A 股成交额比例波动相对较大，最低不足 0.01%、最高达 0.20%（见图分 4－2）。

三、融资融券业务开户情况[①]

从融资融券业务的参与者来看，参与融资融券业务的投资者数量稳步增长。根据中国结

① 有关融资融券信用账户的开户情况，中国结算公布的数据为“开立信用证券账户的投资者数”，开立信用证券账户的投资者数以信用证券账户对应的一码通账户数统计；中证金融公司公布的开户数是根据证券公司汇总数，一个投资者的沪、深普通账户可对应开立一个沪、深信用账户。一般而言，当前投资者开立信用账户时，会同时开立沪、深信用证券账户，大体而言，中证金融公司公布的信用账户数应是中国结算按照一码通统计的“开立信用证券账户的投资者数”的两倍。基于上述情况，对于客户开立融资融券信用账户的变化情况，中国结算和中证金融公司的数据显示的趋势和结果是大体一致的。此外，在融资融券业务开展实践中，证券公司对于客户信用账户中的资产、负债、维持担保比例等参数的计算是不区分沪、深市场，统一计算，并作为一个账户，一并处理盯市、追保、平仓等业务。

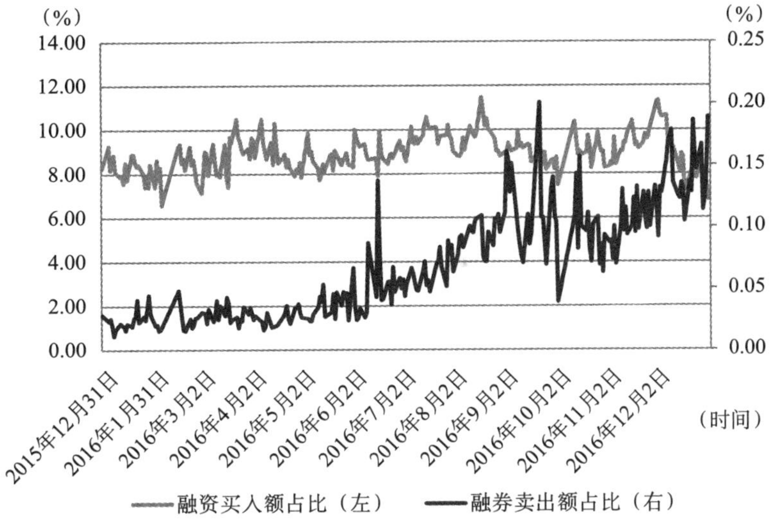

图分 4－2　两市融资买入额和融券卖出额占 A 股成交额比例

资料来源：Wind。

算数据统计，2016 年末开立信用证券账户的投资者数约为 424.89 万户，较 2015 年末开立信用证券账户的投资者数 397.69 万户增长了 6.84%。

相对于 2015 年，2016 年“两融”账户开户数明显平稳放缓，每月新增投资者数均不足 4 万户、每月增长率均不高于 1%，其中最低为 2 月，新增投资者数仅为 1.23 万户、增长率仅为 0.26%；12 月略有反弹，但也仅为 0.82%，显示出融资融券开户数趋于稳定（见图分 4－3）。

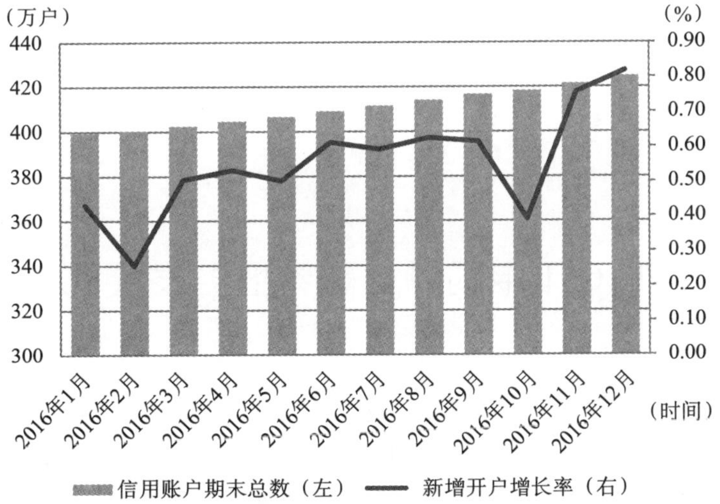

图分 4－3　2016 年融资融券新增开户增长率

资料来源：中国证券登记结算有限责任公司、Wind。

四、融资融券市场担保物及担保比例

中证金融公司数据显示，融资融券客户的担保物总价值伴随着2016年初的两次熔断，从2015年底的38 384.90亿元降至2016年2月的24 986.40亿元，其后随市场的逐步企稳一直在3万亿元附近上下震荡，2016年11月期末担保物的总价值逐步回升至2016年最高32 434.57亿元。

2016年，融资融券客户的平均担保比例与融资融券担保物价值的走势基本一致，从年初的277.30%降至2月的234.02%，随后下降，一直稳定在270%附近（见图分4－4）。

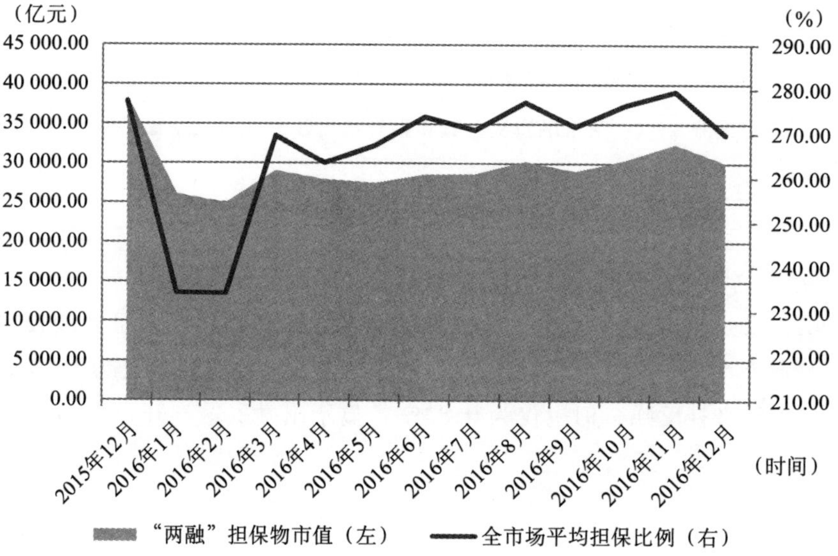

图分4－4　融资融券市场担保物及担保比例

资料来源：中国证券金融股份有限公司。

第二节　2016年中国融资融券业务发展的重大进展

市场经历了2015年异常波动，监管部门和自律组织出台了一系列政策以维护市场稳定，融资融券等杠杆交易得到了进一步规范。随着这些政策措施的稳步落实，2016年融资融券业务自年初两次熔断之后平稳发展，转融通业务稳步恢复，沪、深证券交易所再次修订了融资融券交易细则，“两融”标的再次扩容，投资者适当性管理进一步加强，证券公司风险管理水平得到进一步提升。

一、转融通业务稳步恢复

2015年下半年至2016年初，转融通业务逐渐收缩，2016年4月底，转融资余额降至100亿元以下，转融券余额降至0。2016年5月以来，随着市场逐步趋稳，转融通业务规模逐渐回升，截至2016年底，转融资余额为849.93亿元，转融券余额为14.90亿元（见图分4-5）。

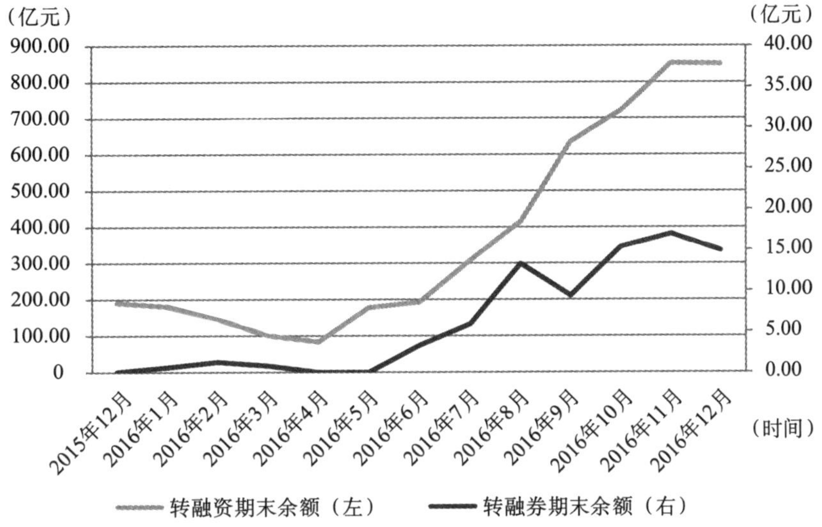

图分4-5　2016年转融资、转融券余额变化

资料来源：Wind。

二、融资融券相关规则修订、标的再度扩容

自2015年7月中国证监会修订发布《证券公司融资融券管理办法》，沪、深证券交易所在股市波动期间也多次对《融资融券交易实施细则》进行修订。2016年市场在逐步落实2015年先后发布的新规则。2016年12月2日，沪、深证券交易所联合发布公告——《上交所、深交所调整融资融券可充抵保证金证券要求，同步扩大标的股票范围》，对《融资融券交易实施细则》进行了修订，调整可充抵保证金证券折算率要求，将静态市盈率在300倍以上或者为负数的股票折算率下调为0。同时，沪、深证券交易所还同步扩大了融资融券标的股票范围，将标的股票数量由现有的873只扩大到950只，其中，上海证券交易所的标的股票由485只增加至525只，深圳证券交易所的标的股票由388只增加至425只。此次折算率调整，可提高融资融券担保物质量，进一步降低融资融券业务风险，有利于引导投资者理性投资、价值投资，进一步促进融资融券业务和资本市场健康稳定发展。

此前，证券交易所已对标的股票4次扩大范围，本次扩大范围增加标的股票77只，新增的标的股票主要为市盈率较低、流通市值较大、交易较为活跃和市场表现较为稳定的股票。此次标的股票范围的扩大，将进一步拓宽标的股票的覆盖面，满足投资者多样化投资需求。

同时，上海、深圳证券交易所将建立标的证券定期评估调整机制，每季度末对标的证券进行一次双向调整，及时剔除不符合条件的标的证券，并调入符合条件的优质证券，维持标的证券数量的稳定性，同时有效优化标的证券结构，便于投资者控制风险。

三、投资者适当性管理有所增强、风险进一步控制

2015 年，中国证监会多次就融资融券违规问题对证券公司进行处罚，其中违规原因较多的就是向不符合条件的客户融资融券。在经历了 2015 年的股市异常波动和 2016 年初的两次熔断后，在监管部门的严格政策规范下，2016 年证券公司进一步加强融资融券客户适当性管理，鲜有为不符合规定的投资者开立信用账户，各家证券公司对风险承受能力较低、持股集中度过高的客户通过适当调整其授信额度、调整可充抵保证金证券折算率和保证金比例等指标控制其风险，做好风险提示等客户服务工作，保护投资者权益，完善融资融券业务风险防控机制。

此外，2016 年各证券公司陆续强化了融资融券风险控制措施，通过对持仓集中度控制、规范化担保证券调整、差异化担保证券折算率，融资融券业务风险得到进一步控制。

第三节　2016 年中国融资融券业务面临的问题

一、融资融券业务发展不平衡

2016 年融券业务逐步恢复，仍然发展缓慢。融券余额占融资余额比重由 2015 年末的 0.25% 上升到 2016 年底的 0.37%，融券卖出额占融资买入额比重由 2015 年末的 0.35% 上升到 2016 年底的 2.77%。但整体而言，融资融券业务发展仍然不够均衡（见图分 4－6）。

二、投资者结构有待进一步优化

2016 年随着市场的逐步稳定以及整体交易量的下降，融资融券信用账户增加率相对于 2015 年大幅降低，相比而言，机构客户开立信用账户的投资者数量有了较大增长（2015 年末的信用账户中机构客户数量为 7 683 万户，2016 年末该数据为 10 243 万户，增加了 33.32%），而且开立信用账户的投资者中机构占比也从 2016 年初的 0.19% 增长到 2016 年末

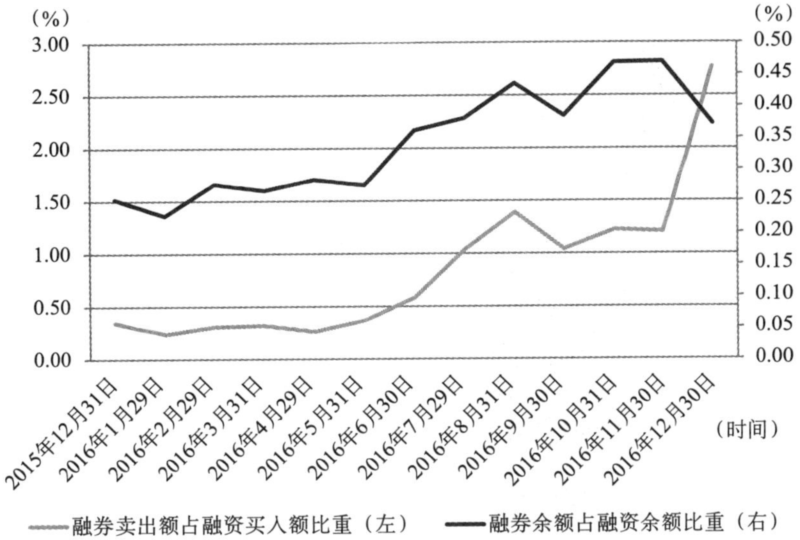

图分 4－6　融资业务和融券业务比较

资料来源：Wind。

的 0.24%（见图分 4－7）。然而，对比普通账户中机构客户的占比而言①，信用账户中机构占比仍然不高，融资融券作为一种较为专业的交易方式，机构的参与度仍然有待提高，融资融券投资者的结构还有待进一步优化。

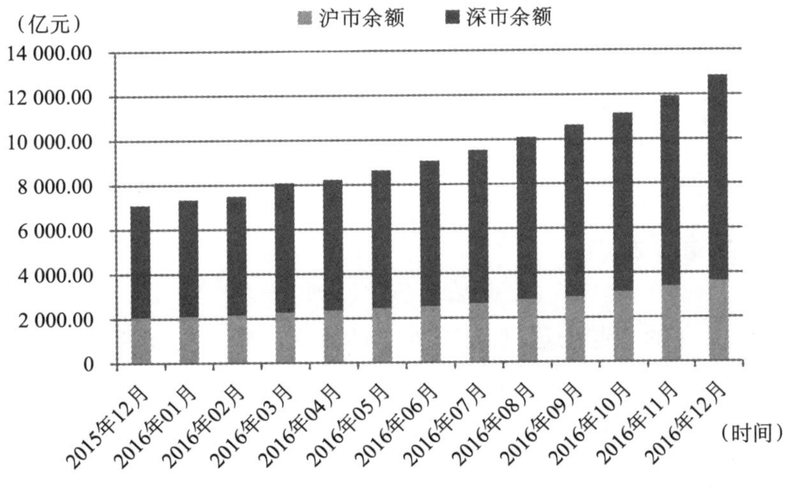

图分 4－7　2016 年机构信用账户及占比

资料来源：中国证券登记结算有限责任公司。

① 根据中国结算数据显示，2015 年 12 月期末全市场普通账户中机构（非自然人）占比为 0.2872%，2016 年 12 月期末该数据为 0.2769%。

三、融券业务发展缓慢，场外变相融券频现

虽然2015年4月17日中国证券业协会、中国证券投资基金业协会与沪、深证券交易所联合发出《关于促进融券业务发展有关事项的通知》，在扩大融券券源、扩大融券业务参与主体、优化交易结构等方面作了相关规定，但是，由于监管、交易成本以及券源等问题，融券业务仍然发展缓慢，公募基金、证券公司资产管理计划等专业机构投资者参与出借的比例仍然很低。目前融券券源主要以自有券源为主、转融券借入为辅。证券公司为了发展融券业务，一般需持有大量未对冲融券券源，与融券资本中介业务的定位相背离，无法满足融券客户在券源种类数量以及期限方面的多样化要求。另一方面，在2016年期间，有关非信用账户内的"融券"方式——"T+0"地下工厂的报道却屡次曝光，这种场外民间"融券"业务的野蛮增长说明融券供需两旺，而受限制下的正规渠道无法满足。

四、融资融券业务纠纷增多

市场经历2015年大起大落以及2016年初的两次熔断，在2015年和2016年期间有大量客户被要求追加保证金和强制平仓，客户对追保、平仓的处理过程和结果产生一些争议和纠纷，2016年证券公司由于融资融券业务被客户起诉或投诉的事件也有所增加。

第四节　2017年中国融资融券业务的发展前景

一、融资融券稳步发展

市场经历了2015年的大起大落以及2016年的两次熔断，投资者对待杠杆工具有了更加理性的认识，运用起来会更加谨慎，而融资融券法律法规逐步完善和落实，证券公司的风险管理水平也得到不断提高。预计2017年市场将逐步回归理性，融资融券余额将稳步增加，余额波动也会相应降低。

二、业务风险控制逐步增强

经过2015年和2016年的经验和教训，证券公司将在融资融券业务风险控制能力上更进一步，通过折算率、保证金比例、集中度控制等多种方式科学合理地管理业务风险。预计2017年整个行业的风险控制水平会得到极大的提升，融资融券业务风险事件发生概率将逐

步降低。

三、投资者结构进一步优化

随着 2016 年有关私募基金相关法律法规及自律规则的完善，私募基金的运作日趋规范，私募基金等专业化的机构投资者对融资融券业务参与度将有一定的提高。监管部门及证券公司如何正确引导私募基金参与融资融券业务以及如何有效防范基金产品参与融资融券业务的相关风险，是优化融资融券客户结构的重要课题之一。

四、融券业务逐步发展

2015 年 4 月中国证券业协会、中国证券投资基金业协会与沪、深证券交易所联合发布《关于促进融券业务发展有关事项的通知》，在扩大融券券源、扩大融券业务参与主体、优化交易结构等方面作了相关规定。市场在经过 2016 年一年时间的逐渐稳定和恢复，预计在 2017 年相关规定将进一步得到落实，融券业务有望逐步健康发展，改变当前“两融”业务发展不均衡的局面。

第二章
2016年中国证券公司其他融资类业务发展回顾与2017年前景展望

第一节 证券公司其他融资类业务发展状况

一、约定购回式证券交易

约定购回式证券交易（以下简称“约定购回”）业务于2011年10月31日由上交所正式推出，之后深交所于2013年1月14日上线该业务。截至2016年12月31日，共79家证券公司开通了约定购回业务权限并发生交易。

2016年约定购回业务市场规模基本维持在50亿元左右水平。根据沪、深证券交易所专项统计数据，截至2016年12月31日，两市待购回初始交易金额50.18亿元，同比减少10.39%。2016年全年初始交易合计3 643笔，同比减少72.13%；初始交易金额合计68.95亿元，同比减少44.32%。2016年全年购回交易合计4 263笔，同比减少71.82%；购回交易金额合计78.50亿元，同比减少54.95%。

自业务上线至2016年12月31日，沪、深两市初始交易金额累计902.26亿元，其中沪市占55.27%，深市占44.73%；发生购回的初始交易金额累计852.08亿元，沪市占55.72%，深市占44.28%；待购回初始交易金额50.18亿元，沪市占47.59%，深市占52.41%；履约保障比例沪、深两市合并统计为225.51%，其中沪市为212.98%，深市为236.88%（履约保障比例＝标的证券市值÷待购回初始交易金额）（见表分4－1）。

自2013年6月股票质押回购业务推出后，约定购回业务规模持续下降，2016年延续之前三年的下降趋势，但存续规模逐渐企稳，2016年市场规模始终维持在50亿元左右水平。

二、股票质押式回购交易

2013年6月24日，股票质押式回购交易（以下简称“股票质押回购”）业务同时在沪、

表分4－1　　沪、深两市约定购回交易规模

	沪市		深市		沪、深两市（亿元）
	金额（亿元）	占比（%）	金额（亿元）	占比（%）	
初始交易金额累计值	498.66	55.27	403.60	44.73	902.26
发生购回的初始交易金额累计值	474.78	55.72	377.30	44.28	852.08
待购回初始交易金额	23.88	47.59	26.30	52.41	50.18
标的证券市值	50.86	44.95	62.30	55.05	113.16
履约保障比例（%）	212.98		236.88		225.51

资料来源：上海证券交易所、深圳证券交易所（截至2016年12月31日）。

深证券交易所正式上线。根据沪、深证券交易所专项统计数据，2015年末，两市存续规模约7 086.69亿元；2016年末，两市存续规模约12 840.01亿元，增幅81.18%。2016年全年初始交易金额合计13 658.02亿元，同比增长8.85%。2016年全年购回交易金额7 904.70亿元，同比减少10.53%（见图分4－8）。

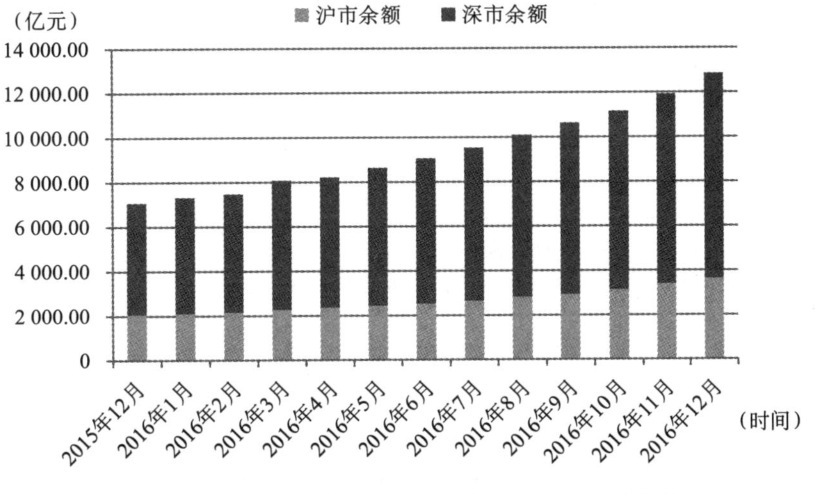

图分4－8　股票质押回购业务逐月月末待购回金额

资料来源：上海证券交易所、深圳证券交易所。

截至2016年12月31日，共95家证券公司开通了股票质押回购业务权限并发生交易。沪、深两市初始交易金额累计31 060.40亿元，其中沪市占33.56%，深市占66.44%；发生购回的初始交易金额累计18 220.39亿元，沪市占37.27%，深市占62.73%；待购回初始交易金额12 840.01亿元，沪市占28.30%，深市占71.70%；履约保障比例沪、深两市合并统计为239.38%，其中沪市为220.84%，深市为246.69%（见表分4－2）。

标的证券股份性质方面，质押标的证券为流通股的待购回初始交易金额为6 917.63亿元，占比53.88%；质押标的证券为限售股的待购回初始交易金额为5 922.38亿元，占比

表分4－2　　沪、深两市股票质押回购交易规模

	沪市		深市		沪、深两市（亿元）
	金额（亿元）	占比（%）	金额（亿元）	占比（%）	
初始交易金额累计值	10 423.60	33.56	20 636.80	66.44	31 060.40
发生购回的初始交易金额累计值	6 789.89	37.27	11 430.50	62.73	18 220.39
待购回初始交易金额	3 633.71	28.30	9 206.30	71.70	12 840.01
标的证券市值	8 024.67	26.11	22 711.20	73.89	30 735.87
履约保障比例（%）	220.84		246.69		239.38

资料来源：上海证券交易所、深圳证券交易所（截至2016年12月31日）。

46.12%。沪、深两市流通股待购回初始交易金额6 917.63亿元中，沪市占30.26%，深市占69.74%；沪、深两市限售股待购回初始交易金额5 922.38亿元中，沪市占26.01%，深市占73.99%。沪市待购回初始交易金额3 633.71亿元中，流通股占57.61%，限售股占42.39%；深市待购回初始交易金额9 206.30亿元中，流通股占52.40%，限售股占47.60%（见表分4－3）。

表分4－3　　沪、深两市不同类型股份待购回初始交易金额

	沪市		深市		沪、深两市（亿元）
	金额（亿元）	占比（%）	金额（亿元）	占比（%）	
流通股	2 093.53	30.26	4 824.10	69.74	6 917.63
限售股*	1 540.18	26.01	4 382.20	73.99	5 922.38
合计	3 633.71	28.30	9 206.30	71.70	12 840.01

* 本文关于“限售股”的统计，如未作特殊说明，均包含高管锁定股。

资料来源：上海证券交易所、深圳证券交易所（截至2016年12月31日）。

资金融出方类别方面，证券公司自有资金出资的待购回初始交易金额为5 950.30亿元，占比46.34%；证券公司资产管理计划出资的待购回初始交易金额为6 889.71亿元，占比53.66%。沪、深两市证券公司自有资金待购回初始交易金额5 950.30亿元中，沪市占19.86%，深市占80.14%；沪、深两市证券公司资产管理计划待购回金额6 889.71亿元中，沪市占35.59%，深市占64.41%。沪市待购回初始交易金额，证券公司自有资金占比32.51%，证券公司资产管理计划占比67.49%；深市待购回初始交易金额，证券公司自有资金占比51.80%，资产管理计划占比48.20%（见表分4－4）。

表分4－4　　沪、深两市不同出资方的待购回初始交易金额

	沪市		深市		沪、深两市（亿元）
	金额（亿元）	占比（%）	金额（亿元）	占比（%）	
证券公司	1 181.43	19.86	4 768.86	80.14	5 950.30
资产管理产品	2 452.28	35.59	4 437.44	64.41	6 889.71
合计	3 633.71	28.30	9 206.30	71.70	12 840.01

资料来源：上海证券交易所、深圳证券交易所（截至2016年12月31日）。

三、收益互换/跨境收益互换

证券公司从 2012 年底开始开展收益互换/跨境收益互换业务。截至 2016 年底，开展该项业务的试点公司 28 家，在中证报价系统开展业务的公司 39 家，历史累计交易笔数达到 59 203 笔，较 2015 年底增加 34%；历史累计合约初始名义本金已达到 11 574.18 亿元，较 2015 年底增加 21%。2016 年全年累计新增初始名义本金 1 997.71 亿元，较 2015 年全年 5 455.80 亿元降低 63%（见表分 4－5）。

表分 4－5　　证券公司开展收益互换/跨境收益互换情况统计

统计时间	初始交易笔数（笔）	初始名义本金额（亿元）
2013 年末	548	166.39
2014 年末	5 822	4 120.67
2015 年末	44 069	9 576.47
2016 年末	59 203	11 574.18

资料来源：中证机构间报价系统股份有限公司（截至 2016 年 12 月 31 日）。

2015 年末，中国证监会要求证券公司不得通过场外衍生品业务向客户融出资金，供其进行沪、深证券交易所上市股票及新三板挂牌股票交易。受此影响，2016 年融资类收益互换业务在不得新增和不得展期等具体要求下，存续规模快速下降。收益互换和跨境收益互换业务整体规模的增长，主要源于收益互换业务的转型以及非融资型收益互换业务的增长。收益互换和跨境收益互换，已成为证券公司场外衍生品业务的重要组成部分。

第二节　证券公司其他融资类业务发展中面临的问题

一、约定购回式证券交易

随着 2013 年 6 月股票质押回购业务的推出，约定购回业务存续规模逐步下降，从 2013 年下半年 280 亿元左右的存续余额，降至 2014 年末的 109 亿元，2015 年进一步下降至 60 亿元以下，2016 年全年稳定在 50 亿元左右水平，仅占同期股票质押回购业务的 0.4%。在业务发展中，面临的问题主要有监管政策与交易规则两大类。

（一）监管政策

因标的证券过户的交易规则，上市公司持股比例 5% 以上股东及董、监、高受限于其股东身份在买卖股票时的交易限制，较难参与约定购回业务。同时，约定购回业务过户的标的证券，需纳入证券公司权益类证券进行规模和集中度指标控制，相关规定要求证券公司通过约定购回业务持有的证券与通过其他自营持有的该证券合计不得超过该证券总股本的5%，此要求使得证券公司在约定购回与其他自营业务之间面临取舍，在一定程度上限制了约定购回业务的发展。

（二）交易规则

相对于股票质押回购业务T+0交收、最长融资期限为3年、允许部分购回、违约处置支持电子化申报的便利特点，约定购回业务存在T+1日交收效率不足、融资期限最长为1年、不支持对一笔交易的分次部分购回、违约处置不支持电子化申报的特征，业务规则有待进一步改善。此外，约定购回交易的标的证券占用了证券公司权益类持仓的规模和集中度，但却不能被证券公司使用，如何修订业务规则、有效利用交易存续期间证券公司约定购回专用账户中持有的标的证券，将对该项业务未来的发展有很大影响。

二、股票质押式回购交易

2016年，股票质押回购业务规模继续保持快速增长，2016年底市场存续余额达到12 840.01亿元，较2015年末增长81.18%。在业务发展过程中，仍面临以下问题。

（一）交易类型不够完善

2015年，深圳证券交易所推出“部分购回”交易指令，支持融入方在待购回期间进行场内部分还款；而上海证券交易所一直未推出该指令。此外，目前沪、深证券交易所都未推出“卖券还款”交易指令，对于有意通过减持股份来还款的融入方，无法灵活操作，同时增加融入方资金占用，即需要融入方自行备资完成质押交易购回解质押后再自行卖出股份。“卖券还款”需与违约处置区别对待，避免影响融入方征信记录。

（二）业务错向风险较大

股票质押回购业务的风险主要在于融资方的信用资质恶化而无法及时购回，虽然有标的证券作为质押物，但由于融资方多为控股股东、实际控制人，其资质与标的证券价值相关性较大，若其资质恶化，则标的证券价值也将下降，造成业务的错向风险较大。

（三）业务竞争程度高，市场整体风险偏好有所提升，给交易的安全性带来潜在压力

2016年以来，随着市场竞争的加剧，业务整体履约保障比例呈下降趋势。2016年3月末上证指数3003.92点，业务履约整体保障比例295%。2016年12月末上证指数收于3103.64点，较3月末上涨3.32%，而业务整体履约保障比例降至239%，同期降幅达

19%。在未来发生极端不利情况的市场行情下，整体业务将面临更大的补仓压力和平仓风险。对于超过万亿元融资余额的市场规模，如今已发生股东违约、股份被司法冻结的个案。如何在业务竞争的同时兼顾控制业务风险的各项措施，证券公司需要提前做好处置预案。在股份司法冻结和处置过程中，各市场主体应从中吸取经验，在未来开展业务时采取更妥善的风险管理措施（见图分 4 -9）。

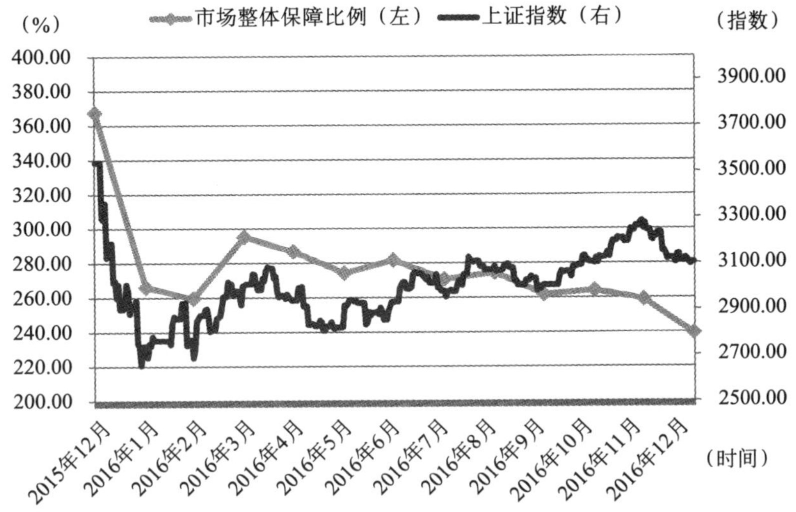

图分 4 -9　股票质押回购市场整体保障比例与上证指数走势比较

资料来源：上海证券交易所、深圳证券交易所。

（四）业务存在潜在的通道化趋势

相较于银行而言，证券公司在股份存管和处置方面有天然优势，更擅长识别和管理股票质押回购业务的风险。而银行资金具有成本优势，伴随着自 2015 年第 4 季度开始的“资产荒”，银行资金 2016 年大举进入股票质押回购市场，通过证券公司资产管理计划满足融资方资金需求，同时业务竞争使得股票质押回购融入方资金利率水平有较大幅度下降，证券公司自有资金在股票质押回购业务的“利差收入”有所下降。2016 年末全市场股票质押回购存续余额中，证券公司自有资金占比 46.34%，较上年末下降 6.09 个百分点；证券公司作为通道为银行等其他机构资金进入股票质押回购市场的业务占比已升至 53.66%。此外，证券公司通过自有资金开展股票质押回购业务，其规模还将受到公司净资本规模及各类风险管理指标的约束。按现有业务模式，未来证券公司股票质押回购业务存在收益下降并倾向于通道化的趋势。

三、收益互换/跨境收益互换

目前，融资类收益互换和跨境收益互换的存续规模较小，收益互换和跨境收益互换业务已发生转型。按监管环境和未来趋势来看，证券公司开展收益互换/跨境收益互换业务，在交易对手、监管制度等方面面临问题。

（一）专业金融机构参与程度不足

从境外金融市场发展经验看，场外衍生品交易参与主体以金融机构为代表的专业机构投资者为主，而专业金融机构的参与有利于提高市场组织和定价效率。但从国内市场现状看，以保险公司、公募基金、信托公司、财务公司等为代表的专业金融机构的金融衍生品市场参与程度较低，专业金融机构的衍生品市场参与程度有待进一步提高。具体而言，存在以下几方面问题。

1. 公募基金产品参与场外衍生品交易缺乏明确的业务规范，导致市场主体多处于观望阶段，业务需求无法有效满足。公募基金由专业的基金经理进行产品管理，通过参与收益互换/跨境收益互换，可实现基金产品的特定投资目标，丰富公募基金进行投资管理和风险管理的工具。

2. 保险公司参与场外衍生品交易缺乏监管部门明确的业务操作指引，导致保险公司业务参与程度不足。中国保监会曾印发《保险资金参与金融衍生产品交易暂行办法》，对保险集团（控股）公司、保险公司、保险资产管理公司参与金融衍生产品交易进行约束要求，但未出具保险资金参与衍生品交易的实施细则，以至鲜见保险公司成功进行收益互换/跨境收益互换业务。但从需求而言，保险公司利用场外衍生工具可以实现灵活的组合管理、风险对冲、收益增强等需求，提高投资组合管理的效率。

3. 信托公司存在大量参与收益互换/跨境收益互换的需求，但是目前信托公司在获得中国银监会场外衍生品的业务资格批复后，方可开展收益互换/跨境收益互换业务。信托公司管理的信托产品与基金子公司管理的资产管理计划参与收益互换/跨境收益互换的业务模式类似，中国证监会针对基金子公司的资产管理计划参与收益互换/跨境收益互换等相关衍生品交易已经出台了明确的业务指导细则，但是中国银监会对于信托产品参与收益互换/跨境收益互换的指导意见尚不明确，使得信托公司对信托产品开展收益互换/跨境收益互换业务尚处于观望状态。

（二）监管制度仍不够完善

收益互换可能被内幕知情者利用作为内幕交易工具，证券公司可能被客户利用配合完成内幕交易，甚至在不知情的情况下承担了监管合规的风险。由于衍生品交易涉及交易定价与执行、交易系统、履约、信用管理等，具备一定人员团队、技术系统、公司业务流程制度、风险管理能力的证券公司才能够开展场外衍生品业务。如能区分交易商（做市商）和一般客户，则收益互换将较难被利用为制度套利的工具。

第三节 证券公司其他融资类业务发展前景展望

一、约定购回式证券交易

目前约定购回业务逐渐被股票质押回购业务替代，全市场存续余额在2016年稳定在50亿元左右的水平，约定购回业务在市场的关注度逐渐降低。约定购回业务的本质是证券的买断式回购，但在现有业务规则下，约定购回交易的标的证券保管在证券公司的专用证券账户，证券公司无法盘活该部分资产，使得标的证券过户带来的优势并不明显，实现功能类似于质押，但却产生了额外的信息披露、股东反向交易限制、权益处理等诸多不便，无法有效发挥买断式交易的优势。

在现有规则下，预计2017年约定购回业务规模将维持在2016年水平。如果约定购回业务的交易规则进一步优化，约定购回业务的目标客户群体与股票质押回购业务的客户群体有所区分，则业务规模有望显著增长。

二、股票质押式回购交易

2016年，股票质押回购业务继续维持之前两年的快速增长趋势，年末存续规模达12 840.41亿元，较年初存续的7 086.69亿元增长81.19%。伴随资本市场的发展壮大，上市公司数量不断增多，已上市公司再融资需求亦不断增大，预计2017年仍将继续保持增长趋势。区别于融资融券业务规模与市场涨跌高度相关，从股票质押回购业务开展的三年半时间来看，其业务规模基本不受市场涨跌的影响。

随着业务规模不断增长，股票质押回购业务的风险事件也在逐渐积累，如个股事件性风险、标的质押集中度风险等。发生违约事件后，证券公司如何在保障自身利益、保护融资人应有权益基础上妥善完成处置，以及股票质押相关的司法冻结与司法执行案件，尤其是限售股质押案件如何快速有效处置，是市场各参与主体关心的关键问题。随着司法实践经验的积累，会逐渐形成一些行业经验，将有助于股票质押回购业务规则和制度的完善，更好地指导未来的业务开展。

三、收益互换/跨境收益互换

收益互换/跨境收益互换已不再仅限于证券公司融资业务的工具，作为股权类场外衍生品最为灵活的交易载体，具有蓬勃的发展前景。

（一）强化客户适当性管理

开展收益互换/跨境收益互换等场外金融衍生品业务的证券公司将对客户进行细致的尽职调查，尤其是对客户的主体身份、交易目的、交易模式、风险承受能力等进行细致的分类，区分专业投资者和普通投资者，并对普通投资者履行必要的风险揭示义务，从各个环节强化客户适当性管理。

（二）建立更加多样化的业务开展方式

在业务模式方面，证券公司作为金融市场的重要参与成员，将更加灵活地利用收益互换/跨境收益互换的比较优势，帮助客户解决实际问题，将互换工具作为多样化金融产品和解决方案中的组成部分，帮助客户解决实际生产经营或投资交易中的问题，实现市场资源的有效分配，从而充分发挥互换工具的风险管理、期权、股权管理、跨境投资等非杠杆功能。

（三）加强收益互换/跨境收益互换业务的规范化发展

收益互换、跨境收益互换是场外业务，交易商作为市场组织者，通过向监管机构报备对冲账户、报送交易信息等举措，加强自律展业，有助于监管机构及时全面掌握交易安排和市场动态，防范不合规交易的发生，规范业务发展。

随着国内监管规则的逐步明确和国内投资者对于资产配置、风险管理、跨境投资的需求进一步增强，收益互换和跨境收益互换作为市场上产品形式灵活、交易模式定制化的投资工具，合约规模将得到进一步增长。随着国内证券公司“走出去”战略的实施，跨境收益互换不仅为境内客户提供了全球投资工具，还可以为境外投资者提供投资境内市场的工具，跨境收益互换将成为证券公司实现全球化战略的重要一步。

分报告之五：

2016 年中国证券公司投资业务发展回顾与展望

第一章

2016 年中国证券公司投资业务的总体情况

我国证券公司传统投资业务可划分为权益投资和固定收益投资两大类。2016 年，证券投资业务受年初权益市场波动和年末债市波动影响，是上市证券公司业绩下滑的原因之一（见表分 5－1）。2016 年证券公司营业收入中，含公允价值变动的证券投资收益达 568.47 亿元，较 2015 年的 1 413.54 亿元大幅下滑。

表分 5－1　　2016 年 12 月底全行业自营业务运作情况表　　（单位：亿元）

序号	指标	期末账面成本	期末公允价值	期末市值
1	股票投资	2 426.79	2 375.31	2 365.23
2	基金投资	1 802.92	1 808.98	1 816.33
3	债券投资	9 182.86	8 913.98	8 922.17
4	权证投资	0.00	0.00	0.00
5	其他证券产品投资	3 858.90	3 922.33	3 904.37
6	证券投资产品合计	17 271.48	17 020.60	17 008.11

资料来源：中国证券业协会统计数据。

第一节 2016年中国证券公司传统投资业务发展情况

一、中国证券公司传统投资业务发展现状

（一）2016年市场运行情况

2016年，股票市场的走势是先大幅下跌，然后企稳修复。上证指数从2015年12月31日的3539点跌至2016年1月27日的最低点2638点，跌幅超过25.5%。在创下年内低点后，市场开启了一轮“慢牛”行情，上证指数在2016年内最高上涨到3301点，相比最低点的2638点，上涨幅度达到25.1%。

上证指数全年下跌12.3%，中小板指下跌22.9%，创业板指下跌27.7%。市场不乏结构性机会，包括上半年的新能源汽车产业链，下半年的供给侧结构性改革的大宗商品相关行业以及贯穿全年的白酒、白电等消费品行业。

2016年，债券市场的行情与股票市场相反，以牛市开局，以年末的快速调整结束。年中经历了3、4月份的调整以及5—10月末的一波牛市行情。11月开始，银行收紧对非银融资，市场流动性紧张。12月20日利率达到年内最高点3.3739%。年终，中债10年国债收于3.0115%，较2015年末上行了19个基点（BP），全年振幅达73.4个基点（BP）。

（二）2016年证券公司传统投资业务发展现状

1. 证券公司传统投资规模高位回落

证券公司传统投资以方向性股票投资业务为主，结合债券、分级基金等其他金融产品。2010年以来，股票市场持续震荡下跌，各家证券公司持续收缩传统自营规模。随着2014年下半年和2015年上半年市场上涨，大中型证券公司的方向性自营规模出现增加的趋势。经历了2015年股票市场大幅波动后，不考虑证金公司持股部分，2016年证券公司传统投资规模出现高位回落。

2. 证券公司传统投资对证券公司业绩的贡献下滑

2016年证券公司证券投资收益大幅减少，含公允价值变动的证券投资收益为568.47亿元，同比下滑幅度为59.78%。由于市场波动较大，证券公司自营业务出现下滑，加上资产管理和投资银行业务收入增长较快，自营占收入的比重由2014年高点的27.29%，下降至2016年的17.33%左右，传统投资对证券公司业绩的贡献在下滑（见表分5-2）。

表分 5－2　　证券公司投资收益占收入比重

年度	证券投资收益（含公允价值变动）（亿元）	证券公司营业收入（亿元）	占比（%）
2012 年	290.17	1 294.71	22.41
2013 年	305.52	1 592.41	19.19
2014 年	710.28	2 602.84	27.29
2015 年	1 413.54	5 751.55	24.58
2016 年	568.47	3 279.94	17.33

二、中国证券公司传统投资业务发展特征

（一）2016 年证券公司传统投资业务回归方向性

过去两年股市快速经历了牛市、熊市和震荡市，证券公司传统投资与创新投资的结合从无到有，对创新工具的运用逐渐增多，如股指期货在传统股票自营业务中的应用，使得传统投资的方向性特征有所减弱。经历了 2015 年 6—8 月市场的大幅波动，监管部门及交易所对创新工具的应用监管趋严。例如中金所对股指期货出台了一系列新规，严格限制市场过度投机，对自营业务中股指期货的运用也有了更为明确的规定，传统自营业务的方向性特征重新加强。

在缺乏对冲工具的背景下，量化基金、海外投资者对于 A 股投资风险较为担心，限制了他们的交易，股指期货交易量大幅下滑。由于交易限制和交易费率的提高，股指期货变为贴水状态。2017 年 2 月 16 日，中金所发布公告，对股指期货的持仓、保证金和费率等放松限制，体现出监管层对当前市场平稳运行的认可和逐步恢复市场常态化运行的态度。

（二）证券公司传统投资风格多样

各家证券公司的传统投资业务风格差异性较大。业内普遍认为固定收益投资占比高的证券公司比较稳健，权益投资占比高的证券公司相对激进。对于已经上市证券公司，传统投资业务的业绩波动对证券公司报表的不确定性影响显著，因此传统投资业务的操作受到较多限制，其波动性有所控制。在传统投资业务考核压力大的环境下，证券投资团队的变化比较频繁。证券公司传统投资的风格往往随其投资团队的变化而变化，因此各家证券公司传统投资的风格多样，并且同一家证券公司的传统投资风格也不稳定。

第二节 2016 年中国证券公司传统投资业务发展中面临的问题和 2017 年前景展望

一、中国证券公司传统投资业务发展中面临的问题

（一）传统权益投资盈利模式尚未成熟

在过去的发展中，证券公司传统权益投资业绩往往是随行就市，与指数的涨跌较为一致。这使得投资业绩波动较大，投资团队人员不稳定，不能连贯执行长期的投资策略，从而尚未形成成熟的盈利模式。

另一方面，不同证券公司的资源禀赋差异较大，对自身业务发展的战略规划不尽相同。因此在传统权益投资上，其收益目标和风险承受能力也不同。需要区分客观情况，以制定切实的收益目标和风险控制指标。加上每一家证券公司在权益投资上面临的约束条件也不同，包括投资的时间维度、流动性要求、税收法律、监管要求以及其他自身特点。需要切实自我分析后制定合理的投资策略，逐步形成长期可持续的盈利模式。

（二）传统权益投资业绩评价的标准难以形成

证券公司传统投资业务经历了综合治理发展阶段之后，目前已经实现了规范经营和适度发展。由于传统投资资金的性质与其他资产管理资金性质不同等因素，因此在过去的发展过程中，未能形成自营业绩评价的行业标准。

投资业务的业绩评价决定了投资经理的绩效，由于行业评价标准缺失，传统权益类投资中往往会出现风险收益划分模糊的情况，甚至出现风险控制过度或风险控制不足的现象，因此不利于传统权益类投资的健康快速发展。

二、中国证券公司传统投资业务发展前景展望

（一）市场恢复常态化运行为证券公司传统投资创造了有利环境

展望 2017 年，股指期货的限仓、手续费率和保证金率稳步恢复，相关举措将有利于期市、股市的活跃和稳定，有利于交易机构的增加和交易策略的丰富。市场逐步恢复常态化运行。

此外，沪伦通的初步探索、境内和香港股市的进一步互动以及其他对外开放的举措，也将对证券公司传统投资业务的投资理念和投资环境产生深远影响。

（二）证券公司传统投资的操作将更加规范

经历了2015年6—8月市场的大幅波动，监管机构及交易所对创新工具应用的监管制度进一步完善，比如2017年5月1日开始实施的《分级基金业务管理指引》。随着2017年各类创新工具的制度完善，以及2017年年中再议A股纳入MSCI指数、社保等各类长期投资者的持续入市、机构投资者比重的提升，股市有望平稳健康运行，有利于证券公司传统投资的发展。

（三）证券公司传统投资的投资策略多样化

权益投资方面，随着股指期货、融资融券、期权的推出和常规化以及转融通业务发展、融券标的进一步放开，股指期货对冲和股票多空等策略将成为传统业务的有力补充，有效降低传统业务的风险。传统投资将逐步迈向跨市场、多品种、基本面投研驱动的多策略立体投资体系。

此外，场外期权市场的发展，也为投资策略多样化提供了新的渠道，可以帮助证券公司传统投资业务增加效益，或者降低下行风险等。

第二章
2016 年中国证券公司其他投资业务情况与展望

第一节　2016 年中国证券公司直接投资业务发展情况与展望

一、2016 年中国私募股权市场基本情况

2016 年中国私募股权市场在基金募资、投资和退出方面活跃度大幅攀升。

清科集团私募通数据显示，2016 年中国私募股权机构新募集基金共计 1 675 只，其中披露募资金额的 1 358 只基金共募集到位 9 960.49 亿元。虽然募集基金数量较 2015 年有所下降，但募资金额达到历史高位，是 2015 年全年募资额的 1.76 倍，募资增长率上升至 76.3%。就平均募资金额看，披露募资金额的基金平均规模为 7.33 亿元，为 2015 年平均募资规模的 2.05 倍（见图分 5－1）。新型国家队产业基金、结构调整基金与并购基金频繁设立，提高了市场整体募资规模，单只基金募资额也较上年同期有所增长。在基金类型上，成长基金是私募股权投资市场最主要的基金类型，在 2016 年继续保持优势，募集数量达到 1 041 只，募资规模达到 5 570.90 亿元，占市场比重约 55.9%。其他类型基金，按募资金额计算，依次为并购基金、基础设施基金、房地产基金、夹层基金及其他基金，分别占比为 22.4%、11.5%、5.9%、0.8% 和 3.4%。

根据清科集团私募通数据，2016 年中国私募股权投资市场共发生投资案例 3 390 例，较 2015 年全年增长 19.2%。就投资总额看，2016 年披露金额的 3 137 例投资事件共投资达 6 014.13 亿元，为 2015 年投资总额的 1.56 倍，投资规模继续保持高位增长（见图分 5－2）。从平均投资额看，2016 年私募股权投资（PE）机构单笔投资金额较上年小幅增长，主要原因是“新常态”经济环境下的金融需求收缩促进机构更倾向对优质项目注入更多资金。就投资行业看，互联网行业无论是投资案例数还是投资金额均排在首位。在投资案例数方面，紧随互联网之后的有信息技术、娱乐传媒、生物技术/医疗健康和金融；投资金额方面，紧随互联网之后的为金融、房地产、生物技术/医疗健康、电信及增值业务。在投资地域上，北京和上海在案例数和投资总额上均处于全国前两名，深圳、浙江、江苏、广东紧随其后。

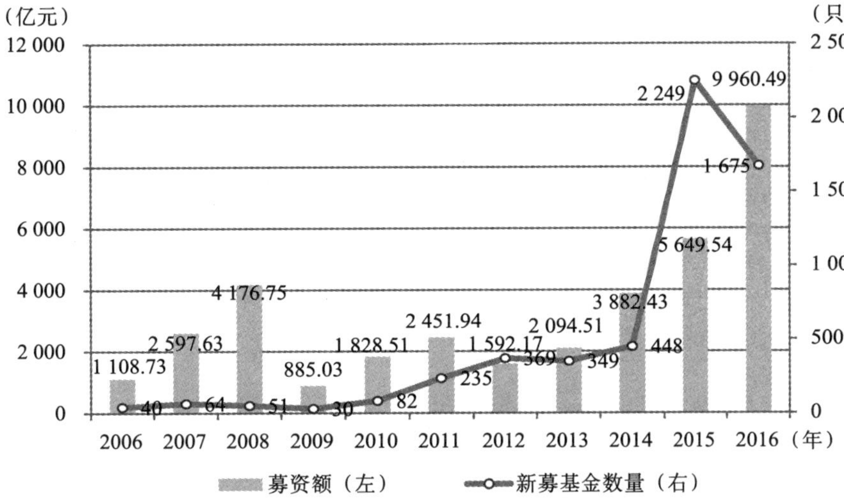

图分 5－1　2006—2016 年中国私募股权投资基金募集情况比较

资料来源：清科集团私募通。

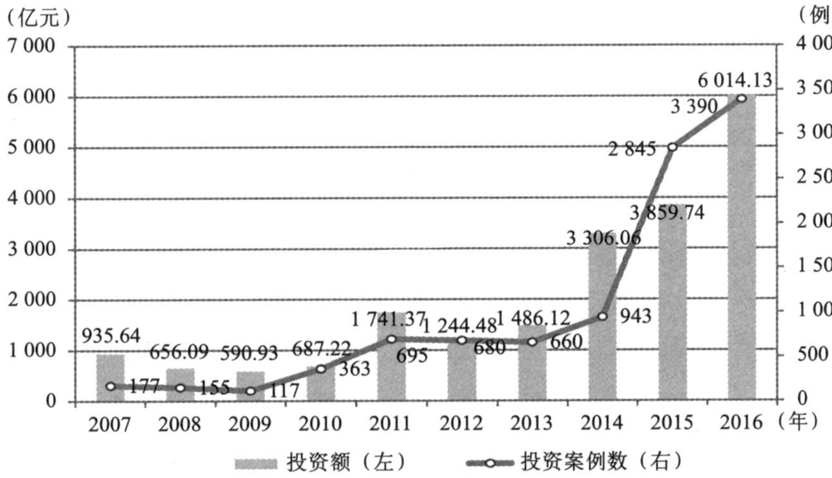

图分 5－2　2007—2016 年中国私募股权投资基金投资总量环比比较

资料来源：清科集团私募通。

清科集团私募通数据显示，2016 年中国私募股权投资市场共计实现退出 2 625 例，与 2015 年同期相比退出案例总数上升 39.8%（见图分 5－3）。从退出方式看，共计 1 873 例通过挂牌新三板退出，占比为 71.4%，为 2015 年的 1.96 倍，仍为最主要的退出方式。此外，IPO 退出受益于监管机构核准速度加快重新占据主导地位，共计 263 例，占比 10.0%；并购退出共 151 例，占比 5.8%，相较于 2015 年有所减少，同比下降 45.3%，主要原因在于 2016 年第 2 季度出台的一系列规范借壳上市、并购重组的政策法规致使并购退出机制受限。此外，股权转让、管理层收购、借壳上市、回购等其他退出方式也日益增多。

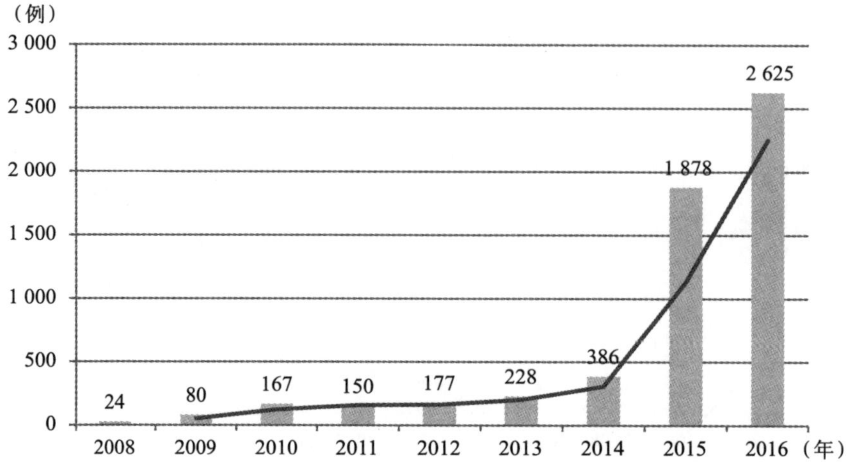

图分 5－3　2008—2016 年中国私募股权投资基金退出案例数量比较

资料来源：清科集团私募通。

二、2016 年中国证券公司直接投资业务开展情况

根据中国证券投资基金业协会统计，截至 2016 年 12 月底，证券公司 75 家直接投资子公司注册资本合计 613.95 亿元，净资产合计 990.53 亿元。

2016 年各直接投资子公司实现净利润合计 35.38 亿元，较 2015 年增加 0.29 亿元。2016 年新增对外投资 1 202 笔，投资金额共计 1 463.84 亿元。其中，直投子公司对外投资 408 笔，金额达 474.25 亿元；直投基金对外投资 794 笔，金额达 989.59 亿元。2016 年直投子公司实现退出 105 笔，涉及金额共计 114.9 亿元；直投基金实现退出 55 笔，涉及金额共计 51.7 亿元。

各直接投资子公司全年共发起设立各类直接投资基金 465 只，较 2015 年末增加 290 只，增长 165.71%；募集资金（认缴）总额 3 799.72 亿元，实缴资本总额 2 445.81 亿元，认缴资金总额较 2015 年计划募集总额增长 154.77%（见表分 5－3）。

表分 5－3　　2016 年证券公司直投子公司设立直投基金情况

基金类型	数量（只）	认缴金额（亿元）	实缴金额（亿元）
股权投资基金	351	2 777.33	1 855.08
夹层基金	20	94.21	77.62
创业投资基金	34	89.66	73.52
并购基金	37	650.22	335.14
债权投资基金	23	188.3	104.45
合计	465	3 799.72	2 445.81

资料来源：中国证券投资基金业协会。数据采集时间：2017 年 1 月 10 日。

三、证券公司直接投资业务监管变化

2016年监管层以制度建设为根基，不断加大监管力度，从准确把握市场进入制度、完善合格投资者制度、加强基础设施建设、加强事中事后监管和探索分级分类监管五个方面构建符合私募投资基金特点的适度而有效的监管及自律体系。证券公司直接投资业务也发生重大政策调整，2016年12月30日中国证券业协会正式发布《证券公司私募投资基金子公司管理规范》和《证券公司另类投资子公司管理规范》（以下简称"两部规范"），并要求证券公司在未来12个月内整改完毕。

相较于《证券公司直接投资业务规范》，两部规范对证券公司直接投资业务按资金性质作了更明确的类别划分和管理区别，将自有资金投资业务划入证券公司另类投资子公司管理，私募投资基金业务作为独立的私募基金投资子公司，与自有资金投资业务进行了隔离。自有资金投资业务的监管强调证券公司应当以自有资金全资设立另类子公司，不得采用股份代持等其他方式变相与其他投资者共同出资设立另类子公司；而在私募投资基金方面，允许私募基金子公司可以根据税收、政策、监管、合作方需求等需要下设基金管理机构等特殊目的机构，将私募基金子公司在该机构的持股比例最低限额放宽至35%，并允许将自有资金投资于本机构设立的私募基金，但不得超过私募基金总规模的20%。

两部规范的核心立法精神是强调自律管控和风险防范，要求证券公司（母公司）加强对私募投资基金子公司和另类投资子公司的风险、合规监管和防范利益冲突，强调对两类子公司的管理控制权，包括对相关部门的穿透垂直管理，以及要求私募基金子公司下设的基金管理机构只能管理与本机构设立目的一致的私募股权基金，各下设基金管理机构的业务范围应当清晰明确，不得交叉重复等。在监管上更加注重实质判断，体现了监管的原则性与灵活性。两部规范实施后，证券公司直接投资业务有望进一步规范，证券公司直投子公司有望提高市场竞争能力，特别是放开对私募投资基金业务的束缚后，未来将深入与产业投资者合作，更加有效地落实国家战略，同时解决与市场化基金相比较落后的激励机制等问题，也将更大程度地激活自身内生动力。

四、2017年证券公司直接投资业务发展环境与契机

金融危机以来全球经济低迷不振，各主要经济体主动持续加大经济社会结构调整，以新能源、新材料、新一代信息技术、生物技术，以及互联网、物联网技术和人工智能的快速发展为基础，人类进入新一轮"技术爆炸"的前夜。巨大的社会、经济、技术的非均衡性轮动，必将孕育巨大的发展机遇，催生各种优秀的市场主体的诞生，为私募股权投资打开了广阔的天地。

"十三五"规划提出保持经济增长、转变经济发展方式、调整优化产业结构、推动创新

驱动发展、加快农业现代化步伐、改革体制机制、推动协调发展、加强生态文明建设、保障和改善民生、推进扶贫开发十个目标，孕育出“中国制造”、绿色经济、消费升级、万众创新四大产业机遇。2016 年国企改革试点工作全面铺开，国企改革进入突破与爆发期，集团层面重组频繁，引发新一轮投资机构参与国有企业改制、并购重组的投资热潮。面对充满不确定性的国际安全形势及军队装备、技术升级列装的强烈需求，军民融合将开启新的投资“风口”。

“走出去”、“一带一路”战略不断深化落实，要素输出通道越来越畅通。国际产业调整为国内投资机构开辟了更大的投资领域，海外并购投资将不断创新纪录。

“大众创业、万众创新”被政府定位于发展方式和新旧动能转换关键期的结构性改革措施，不断出台配套政策，激发全社会创造力，打造发展新引擎。改革开放后第四次创业浪潮将在 2017 年持续升级。

“十三五”规划明确不再设立战略新兴产业板，要求深化创业板、新三板改革，规范发展区域性股权市场，建立健全转板机制和退出机制。国务院出台《关于促进创业投资持续健康发展的若干意见》，要求培育多元创投主体、改进新三板流动性等。多层次资本市场建设有望加快发展，为直接投资业务发展带来契机。

五、2017 年证券公司直接投资业务面临的挑战与困难

一是市场化竞争加剧。2016 年中国私募股权投资基金募资增幅达 76%，总量高达 9 960 亿元，私募股权和创业投资机构达到 9 538 家；政府股权类投资基金（含产业投资基金、创业投资基金）快速发展；上市公司/大型企业发挥产业资源整合及退出渠道畅通等优势采用 CVC/CPE 模式大举进入私募股权投资市场，导致市场竞争加剧，资产供给端特别是优质资产的相对比例降低，市场估值水平进一步拉高。另外，不同证券公司直接投资业务也存在同质化竞争问题。

二是与完全市场化的私募股权相比，证券公司直接投资子公司的激励机制相对滞后，导致优秀人才流失严重，并成为潜在的风险点。

三是自有资金直接投资受证券公司资本金制约，私募投资基金受政策约束，证券公司直接投资业务在做大规模上受到一定影响。

第二节 2016 年中国证券公司另类投资业务情况

另类投资（Alternative Investment）作为一个投资范畴并没有严格的定义，主要是与证券公司的传统投资业务相区别。广义上的另类投资指在股票、债券及期货等公开交易平台之外

的投资方式。目前国内证券公司开展的另类投资业务从类型上可以分为两大类：一类侧重金融产品投资、投资信息咨询等业务；另一类则更侧重项目投资、实业投资、股权投资等业务。

一、另类投资业务进入规范发展阶段

为规范证券公司另类投资业务，中国证券业协会于2016年底发布了《证券公司私募投资基金子公司管理规范》及《证券公司另类投资子公司管理规范》，要求证券公司健全私募基金和另类子公司管理体系。

新发布的两个规范对证券公司各类子公司的经营边界和专业经营提出了要求，明确"证券公司一类业务原则上只能设立一个子公司经营，相关子公司应当专业运营，不得兼营。各类子公司均不得开展非金融业务"。此外，两个规范还对证券公司子公司下设附属机构进行限制，其中私募基金管理子公司只能下设基金管理机构，且基金管理机构不得再下设任何机构，而另类投资管理业务子公司不得下设附属机构，各类子公司原则上不得下设二级子公司。

此外，对于另类投资业务，自2012年中国证监会颁布《关于证券公司证券自营业务投资范围及有关事项的规定》以来，一直缺少一部明确的规范。而本次另类子公司规范文件的发布，表明另类投资业务进入规范发展阶段。

二、另类投资业务前景展望

另类子公司具有开放性的投资特征。另类子公司对于投资范围没有过多的限制，可以从事《证券公司证券自营投资品种清单》所列品种以外的金融产品、股权等另类投资业务，所以能根据投资环境的变化及时进行投资决策。两个规范文件的发布，使另类投资业务有了制度建设作为根基，未来另类投资子公司会依托于证券公司业务背景及人员优势，大力开拓创新业务。

目前各证券公司另类子公司业务开展时间不长，有的甚至处于筹备阶段，因此它们的业务模式和人员储备还处在摸索阶段，未来可能会随着市场情况变化而不断调整。这种灵活性和创新性，正是证券公司开展另类投资业务的优势与特点所在。

分报告之六：
2016年中国证券公司国际化业务发展回顾与展望

第一章
2016年中国证券公司国际化业务发展状况

第一节　中国证券公司国际化业务发展特点

回顾2016年，全球经济依旧低迷，国际形势动荡与不确定性共存，“逆全球化”趋势抬头。英国脱欧、美国总统换届、美联储加息，加剧了国际金融市场持续波动与前景的不确定；国际秩序主导权角逐更趋激烈，全球格局出现由“多极化”步入“多层化”的明显迹象；发展中国家外汇储备不断下降，国际贸易增长疲软，加之全球格局震荡，经济全球化已“被动”进入阶段性调整期。但中国作为全球第二大经济体，坚定不移推行改革开放，稳健推进中国资本市场的国际化进程。

中国企业在全球配置资源、市场服务方面逐步掌握产业链的主导权，在海外市场产业并购的速度也在逐步加快，为证券公司拓展海外业务带来新的机遇，帮助企业利用好境内、境外两个市场、双重资源完成投资、融资、并购等活动，为实体经济“走出去”提供更多支持与帮助。同时，在人民币国际化进程加快、资本市场双向开放的背景下，中国香港作为国际性金融中心，是我国金融机构开展境外业务的首选之地，同时也是我国证券公司走向世界市场的“桥头堡”。沪港通“通车”两年来运行平稳，深港通于 2016 年 12 月正式开通，至此沪、深、港三地共同大市场正式形成。2016 年以来，H 股涌现上市潮，兴业证券子公司兴证国际在香港创业板挂牌上市，东方证券、光大证券以及招商证券相继完成了 H 股 IPO，拓宽了海外融资渠道。

回顾 2016 年，整个中国证券业的国际化呈现出以下特点：

一、国际化业务贡献日益显著，股、债承销项目持续增长

随着各大证券公司国际化业务的开展，海外业务收入正逐渐成为公司收入的重要来源，海外收入占比贡献不断增长。从 2016 年年报来看，中信、海通的海外业务收入占比较大，分别为 21.42% 和 13.97%，较 2015 年同期增长 32.25%、10.42%。境外收入贡献规模略小的光大证券、国泰君安也积极拓展海外市场，2016 年年报显示海外收入占比分别为 8.90%、6.20%，同比分别为 50.615%、7.73%。兴业证券实现了海外收入从无到有的跨越，收入占比 4.23%。

中国证券公司境外业务稳步发展，股、债承销项目持续增长，在全球以及中国香港股票市场以及债券市场中所占份额越来越大，市场地位进一步巩固。2016 年全球股票承销市场上，前 50 名中有 9 家中国证券公司，合计市场份额 4.41%，同比 2015 年上升 15.45%；港交所 IPO 市场上，前 50 名中有 17 家为国内证券公司，总市场份额占比 29.42%，较 2015 年上升 11.27%，并且海通国际证券 IPO 发行承销数量和融资金额均排名在港投行第 1 位，超过 2015 年排名前两位的摩根士丹利和高盛。2016 年港元债券市场中，中国证券公司数量和承销市场份额都得到提升，海通证券和国泰君安入围前 50 名，市场份额为 0.40% 和 0.03%，合计份额同比增长 138.89%。

二、企业海外并购规模屡创新高，证券公司国际化业务扩容

随着中国企业在全球配置资源、市场服务方面逐步掌握产业链的主导权，其在海外市场产业并购的速度也在逐步加快，中国企业已经成为海外并购最活跃的投资主体。普华永道数据显示，2016 年中国内地企业海外并购创新高，投资金额高达 2 210 亿美元，同比大幅增长 246%，超过前 4 年中国企业海外并购交易金额总和，其中，有 51 宗大额海外投资交易金额超过 10 亿美元，几乎是 2015 年的两倍。同时，政府持续鼓励具有战略意义的跨境并购，支持国内有能力、有条件的企业开展真实合规的对外投资活动。因此，从中长期来看，企业海外并购的内在发展驱动和外在政策驱动有望共同推动企业海外并购发展。

与此同时，“一带一路”战略为证券公司“走出去”提供了良好契机，证券公司正积极抓住机遇推动跨境业务发展。“一带一路”沿线国家中绝大部分是新兴和发展中国家，经济、金融发展阶段有所不同，区域金融抑制却广泛存在，资本市场发展普遍相对滞后。在

"一带一路"战略提出的3年多时间里，100多个国家和国际组织积极响应这一倡议，其中有40多个国家和国际组织已同中国签署了合作协议，签约总额超过500亿美元，证券公司在"一带一路"战略中的作用潜力无限。这由此驱动了证券公司加快国际化业务布局，扩大国际化业务规模，在参与"走出去"战略中发挥自身优势，凭借丰富专业的市场经验，通过股票、债券、公募基金等各类资产证券化的创新产品，帮助企业利用好境内、境外两个市场，利用境内、境外双重资源完成投资、融资、并购等活动，为实体经济"走出去"提供更多支持与帮助。

三、资本市场双向开放进一步加深，证券公司国际业务网络布局加快

作为中国资本市场双向开放的创新之举，沪港通两年来运行平稳，深港通于2016年12月正式开通，为内地与香港市场的互联互通增加了一条新通道，至此，沪、深、港三地共同大市场正式形成，能够有效提升我国资本市场在全球金融资本市场的地位和作用。资本市场双向开放进一步加深。截至2016年12月31日，沪港通累计交易金额3.74万亿元人民币，沪股通、沪市港股通累计交易金额分别为2.38万亿元人民币和1.35万亿元人民币；深港通累计交易金额345.48亿元人民币，深股通、深市港股通累计交易金额分别为261.90亿元人民币和83.57亿元人民币。同时，沪港通、深港通互通机制不断完善，为其稳步推进提供了政策保障。2016年7月上海证券交易所对《港股通交易风险揭示书必备条款》和《上海证券交易所沪港通试点办法》进行了修订；2016年8月沪港通总额度取消，对深港通不再设置总额度；2016年9月中国证监会发布《内地与香港股票市场交易互联互通机制若干规定》等。

随着资本市场改革开放，外资参与中国境内证券市场的便利水平持续提升。2016年以来，中国人民银行、国家外汇管理局出台了一系列改革措施：实施全口径跨境融资宏观审慎管理；推动银行间债券市场全面向境外机构投资者开放；先后实施合格境外机构投资者（QFII）和人民币合格境外机构投资者（RQFII）外汇管理改革，取消单家机构投资额度上限，境外合格机构投资者可依据其资产规模的一定比例自动获得投资额度，基础额度内额度申请无须审批；国务院印发《关于扩大对外开放积极利用外资若干措施的通知》，提出重点放宽银行类金融机构、证券公司、证券投资基金管理公司、期货公司、保险公司、保险中介机构外资准入限制。目前合资证券公司境外投资者的股份占比最高可以达到49%，基金管理公司和期货公司也可以达到49%，外资可独资经营私募股权管理机构。此外，在内地与香港《关于建立更紧密经贸关系的安排》（CEPA）框架下，香港证券公司进入内地优惠政策不断增多，中国证监会在境外机构以合资方式参与中国证券期货市场方面采取了多项措施，包括逐步提高境外投资者持有境内证券期货经营机构的股份比例上限，促使国内证券期货市场更好发展。

资本市场双向开放加深、投资者资本市场投资通道扩容等推动证券公司国际业务网络布

局加快，证券公司通过新设或增资香港子公司、H 股上市、新设或收购海外分支、签署国际合作协议等方式实现海外业务加速扩张。一方面，香港市场成为证券公司加快推进境外业务的首选地。据 Wind 统计结果，截至 2016 年，26 家上市证券公司中，已有 20 家设立香港子公司；A + H 证券公司增至 8 家，包括中信证券、海通证券、广发证券、华泰证券、招商证券、东方证券、光大证券、中原证券。另一方面，部分证券公司新设或收购海外分支扩大境外业务。2016 年，中信证券国际和中信里昂证券完成阶段性整合，成为公司覆盖全球主要股票市场、以机构业务为主导的国际化平台；海通国际收购海通印度，努力打造亚太区顶尖精品投行，同时有望吸引更多渴望全球资产配置的客户；华泰证券收购美国 AssetMark，拓展全球投资管理服务能力。此外，证券公司积极开展国际机构合作：海通银行与波兰华沙证券交易所合作，广发信德借美国投资机构 BayCityCapital 进入美国资产管理市场，方正证券与韩国投资证券（KIS）签署协议等。

新的机遇和挑战对证券公司海外业务提出了更高的要求，促使证券公司积极推动国际化布局，缩小与国际同行的差距，打造现代投行核心竞争力。

四、证券公司密集赴海外上市，拓宽海外融资渠道

国内证券公司国际化布局基本上是以“立足香港—布局亚太—辐射全球”的路径为主，以香港为基点，促进国际业务顺利过渡开展。香港地区拥有良好的金融业传统和成熟的市场投资环境，作为中国对外开放的门户，联系着国内外金融市场。2016 年以来，H 股涌现上市潮：2016 年 10 月 20 日，兴业证券子公司兴证国际在香港创业板挂牌上市，成为首例在香港联交所分拆挂牌上市的中资证券公司，代表中资证券公司以香港为基地，拓展海外业务更加成熟、更加市场化；东方证券、光大证券以及招商证券相继完成了 H 股 IPO，折价率均值超过了 45%，积极提升国际知名度。面对资产海外配置需求日益增加，证券公司积极布局海外业务，既是迎合客户需求的转变，也是通过海外市场，进行新兴业务的经验和人才积累，为迎接未来国际市场上更大的机遇与挑战做准备。

第二节　中国证券公司国际化业务具体情况

一、投资银行业务

2016 年从全球股票承销市场来看，前 50 名中共有 13 家中国金融机构，合计市场占有率为 5.88%，其中国内证券公司有 9 家，合计市场份额 4.41%，同比上升 15.45%。而国际债券市场方面，前 60 位中只有中国银行，市场份额 0.06%。2015 年，前 60 位中有 4 家中

国金融机构，包括一家证券公司——中金公司，说明在国际承销市场上，国内证券公司未来上升潜力巨大（见表分6－1、表分6－2）。

表分6－1　　2016年全球股票发行市场前50位（截至2016年12月31日）

承销商	排行	排行榜份额（%）	金额（百万美元）	发行数（笔）
摩根大通	1	9.50	41 421.55	260
摩根士丹利	2	8.29	36 139.48	231
高盛公司	3	8.24	35 926.83	212
美国银行美林	4	6.24	27 204.11	195
瑞士信贷集团	5	5.54	24 157.46	180
花旗集团	6	5.40	23 551.74	200
瑞士银行	7	4.13	18 002.45	145
巴克莱	8	3.92	17 106.62	133
德意志银行	9	3.54	15 435.60	120
加拿大皇家银行资本市场	10	2.51	10 957.99	121
富国银行	11	1.80	7 864.77	106
多伦多道明证券	12	1.64	7 166.58	47
满地可银行资本市场	13	1.50	6 539.57	79
野村控股	14	1.36	5 927.03	72
杰富瑞集团有限公司	15	1.25	5 459.61	92
三井住友金融集团	16	0.93	4 036.37	48
瑞穗金融集团	17	0.86	3 765.59	57
加拿大帝国商业银行	18	0.82	3 580.55	34
北欧联合银行	19	0.72	3 150.47	30
麦格理集团有限公司	20	0.69	3 023.31	47
加拿大丰业银行	21	0.68	2 980.32	34
中信证券	22	0.67	2 906.72	33
英国汇丰银行有限公司	23	0.66	2 860.29	24
中信建投证券股份有限公司	24	0.64	2 794.32	22
法国巴黎银行	25	0.61	2 654.69	27
Numis公共有限公司	26	0.59	2 571.08	28
法国兴业银行	27	0.50	2 160.88	25
中国国际金融股份有限公司	28	0.49	2 137.10	21
Carnegie	29	0.48	2 096.76	39
华泰证券	30	0.47	2 065.58	12
大和证券	31	0.47	2 057.01	39
中国银行	32	0.46	2 008.32	18

续表

承销商	排行	排行榜份额（%）	金额（百万美元）	发行数（笔）
招商证券	33	0.46	1 987.63	27
国泰君安	34	0.45	1 983.26	33
海通证券	35	0.44	1 910.76	38
广发证券	36	0.44	1 909.15	24
斯迪富融资公司	37	0.40	1 761.00	46
招商银行	38	0.37	1 623.15	16
申万宏源	39	0.35	1 508.06	18
建设银行	40	0.35	1 506.52	16
Raymond James & Associates	41	0.33	1 437.45	45
NH 投资证券有限公司	42	0.32	1 411.60	17
丹麦丹斯克银行	43	0.32	1 386.28	11
Java Capital	44	0.32	1 385.12	20
SunTrust Robinson Humphrey	45	0.32	1 380.03	23
National Bank Financial Inc	46	0.31	1 365.12	29
Peters & Co Ltd	47	0.30	1 328.44	11
KeyBanc Capital Markets	48	0.30	1 300.56	26
农业银行	49	0.29	1 267.39	14
Cowen & Co	50	0.29	1 256.40	40

资料来源：BLOOMBERG。

表分 6 -2　　2016 年国际债券市场承销商前 60 位（截至 2016 年 12 月 31 日）

承销商	排行	金额（百万美元）	发行数（笔）	排行榜份额（%）
摩根大通	1	146 180.99	641	10.95
美国银行美林	2	127 144.09	575	9.53
花旗集团	3	122 550.65	491	9.18
巴克莱	4	117 800.24	363	8.83
高盛公司	5	94 867.17	337	7.11
英国汇丰银行有限公司	6	83 048.85	242	6.22
摩根士丹利	7	78 859.31	313	5.91
富国银行	8	68 224.68	292	5.11
德意志银行	9	62 612.51	248	4.69
多伦多道明证券	10	48 573.16	150	3.64
法国巴黎银行	11	42 332.59	209	3.17
加拿大皇家银行资本市场	12	40 749.29	184	3.05
瑞穗金融集团	13	34 191.13	237	2.56

续表

承销商	排行	金额（百万美元）	发行数（笔）	排行榜份额（%）
野村控股	14	31 111.25	61	2.33
三菱日联金融集团	15	22 404.74	143	1.68
瑞士信贷集团	16	22 220.03	120	1.66
满地可银行资本市场	17	14 416.14	48	1.08
加拿大丰业银行	18	13 127.07	60	0.98
美国合众银行	19	13 059.84	104	0.98
瑞士银行	20	12 989.40	89	0.97
法国兴业银行	21	12 658.68	66	0.95
三井住友金融集团	22	12 068.70	76	0.90
桑坦德	23	10 397.56	43	0.78
东方汇理	24	9 135.94	57	0.68
苏格兰皇家银行	25	9 046.25	30	0.68
SunTrust Robinson Humphrey	26	7 863.27	73	0.59
加拿大帝国商业银行	27	6 945.28	23	0.52
National Bank Financial Inc	28	5 890.83	10	0.44
劳埃德银行	29	5 005.53	32	0.38
意大利裕信银行	30	4 935.24	20	0.37
德国商业银行	31	4 202.95	14	0.31
西班牙对外银行	32	3 866.08	23	0.29
荷兰合作银行	33	3 501.65	13	0.26
意大利联合圣保罗银行股份有限公司	34	3 393.54	9	0.25
荷兰国际集团	35	3 325.43	17	0.25
巴西银行股份公司	36	2 887.50	6	0.22
澳大利亚国民银行有限公司	37	2 289.52	14	0.17
德国中央合作银行	38	2 177.07	12	0.16
纽约梅隆银行股份有限公司	39	1 921.67	15	0.14
澳新银行	40	1 903.18	16	0.14
德国巴登－符腾堡州银行	41	1 587.19	2	0.12
大和证券	42	1 586.90	14	0.12
杰富瑞集团有限公司	43	1 410.20	16	0.11
挪威银行公共有限公司	44	1 367.29	16	0.10
PNC 财务服务	45	1 327.00	15	0.10
Bradesco BBI SA	46	1 241.67	6	0.09
BankM	47	1 126.60	1	0.08
Loop Capital Markets LLC	48	896.67	2	0.07

续表

承销商	排行	金额（百万美元）	发行数（笔）	排行榜份额（%）
瑞典 SEB 银行	49	872.30	7	0.07
KeyBanc Capital Markets	50	865.14	7	0.06
中国银行	51	756.25	4	0.06
南非莱利银行	52	750.00	2	0.06
渣打银行	53	708.32	8	0.05
法国外贸银行	54	707.79	6	0.05
凯基证券	55	688.50	1	0.05
五三银行	56	658.25	10	0.05
地区金融公司	57	607.14	7	0.05
Mesirow Financial Inc	58	550.00	2	0.04
第一线国民银行	59	533.50	2	0.04
Huntington Investment Co/The	60	500.00	2	0.04

资料来源：BLOOMBERG。

（一）IPO 业务

2016年中国香港市场股票发行规模总计357.31亿美元，其中前50位占据市场份额92.78%。前10位中有7家为中国内地金融机构，分别是招商银行、海通证券、建设银行、中国银行、农业银行、招商证券、中信建投，其中证券公司有3家，证券公司市场份额占比10.20%（见表分6－3）。

表分6－3　2016年中国香港市场股票发行前50位（截至2016年12月31日）

承销商	排行	金额（百万美元）	发行数（笔）	排行榜份额（%）
摩根士丹利	1	4 306.01	22	12.05
高盛公司	2	2 059.77	10	5.76
招商银行	3	1 623.15	16	4.54
海通证券	4	1 616.66	30	4.52
建设银行	5	1 506.52	16	4.22
中国银行	6	1 291.40	14	3.61
农业银行	7	1 267.39	14	3.55
美国银行美林	8	1 238.07	9	3.46
招商证券	9	1 088.06	15	3.05
中信建投证券股份有限公司	10	941.31	7	2.63
中信证券	11	921.52	8	2.58
国泰君安	12	872.16	27	2.44
广发证券	13	852.23	8	2.39

续表

承销商	排行	金额（百万美元）	发行数（笔）	排行榜份额（%）
交通银行	14	823.12	12	2.30
工商银行	15	794.06	9	2.22
瑞士银行	16	766.86	9	2.15
中国国际金融股份有限公司	17	763.41	7	2.14
摩根大通	18	636.35	6	1.78
德意志银行	19	623.97	7	1.75
花旗集团	20	623.76	4	1.75
金利丰金融	21	614.51	39	1.72
英国汇丰银行有限公司	22	575.39	5	1.61
华融金控	23	572.15	3	1.60
野村控股	24	532.82	5	1.49
瑞士信贷集团	25	527.93	9	1.48
光大证券	26	439.32	10	1.23
中国投资有限责任公司	27	391.04	5	1.09
东兴证券	28	375.10	2	1.05
星展集团	29	374.12	5	1.05
法国巴黎银行	30	360.17	4	1.01
Sun Hung Kai Investment Services Ltd	31	350.87	2	0.98
AMTD Asset Management Ltd	32	335.39	5	0.94
第一创业	33	305.48	3	0.85
Essence International Securities Hong Kong L	34	293.32	1	0.82
兴业证券	35	232.98	10	0.65
瑞穗金融集团	36	211.24	2	0.59
国元证券	37	206.12	1	0.58
麦格理集团有限公司	38	206.05	5	0.58
Zhongtai International Securities Ltd	39	187.35	7	0.52
华泰证券	40	176.84	4	0.49
申万宏源	41	155.95	7	0.44
Crosby Ltd	42	138.94	4	0.39
中国平安	43	136.10	7	0.38
联昌国际银行	44	135.36	3	0.38
First Capital Securities	45	128.94	1	0.36
结好控股	46	127.26	11	0.36
Head & Shoulders Securities Ltd	47	112.92	5	0.32
英皇证券（香港）有限公司	48	112.15	7	0.31
东方证券	49	111.86	4	0.31
元大证券	50	106.92	5	0.30

资料来源：BLOOMBERG。

港交所 IPO 市场上，前 50 名中有 17 家为国内证券公司，总市场份额占比 29.42%，较 2015 年上升 11.27%。排名前 5 位均是中资金融机构，其中海通证券位列第 1，较 2015 年提升 16 个名次，市场占有率 5.74%，共计承销业务 23 笔，总承销金额 14.19 亿美元，同比上升 63.29%。这说明中国内地金融机构在香港股票 IPO 中市场份额逐渐扩大，并且证券公司在其中扮演的角色越来越重要（见表分 6－4）。

表分 6－4　　2016 年中国香港市场 IPO 前 50 位（截至 2016 年 12 月 31 日）

承销商	排行	金额（百万美元）	发行数（笔）	排行榜份额（%）
海通证券	1	1 418.97	23	5.74
建设银行	2	1 333.17	13	5.39
招商银行	3	1 300.91	15	5.26
中国银行	4	1 291.40	14	5.23
农业银行	5	1 151.64	12	4.66
摩根士丹利	6	1 141.36	10	4.62
招商证券	7	1 047.24	14	4.24
高盛公司	8	936.21	5	3.79
中信证券	9	822.26	7	3.33
工商银行	10	783.01	8	3.17
中国国际金融股份有限公司	11	763.41	7	3.09
交通银行	12	688.48	10	2.79
国泰君安	13	678.04	20	2.74
摩根大通	14	636.35	6	2.57
美国银行美林	15	630.45	6	2.55
德意志银行	16	623.97	7	2.52
花旗集团	17	623.76	4	2.52
瑞士银行	18	617.24	6	2.50
中信建投证券股份有限公司	19	603.65	5	2.44
英国汇丰银行有限公司	20	575.39	5	2.33
华融金控	21	572.15	3	2.32
野村控股	22	443.17	3	1.79
法国巴黎银行	23	360.17	4	1.46
星展集团	24	355.55	4	1.44
Sun Hung Kai Investment Services Ltd	25	350.87	2	1.42
中国投资有限责任公司	26	346.17	2	1.40
瑞士信贷集团	27	345.53	6	1.40
AMTD Asset Management Ltd	28	305.81	4	1.24
第一创业	29	305.48	3	1.24

续表

承销商	排行	金额（百万美元）	发行数（笔）	排行榜份额（%）
广发证券	30	295. 19	7	1. 19
Essence International Securities Hong Kong L	31	293. 32	1	1. 19
光大证券	32	289. 82	9	1. 17
兴业证券	33	212. 32	5	0. 86
瑞穗金融集团	34	211. 24	2	0. 85
麦格理集团有限公司	35	150. 75	3	0. 61
Crosby Ltd	36	138. 94	4	0. 56
中国平安	37	136. 10	7	0. 55
联昌国际银行	38	135. 36	3	0. 55
Zhongtai International Securities Ltd	39	133. 46	3	0. 54
华泰证券	40	121. 71	3	0. 49
申万宏源	41	118. 72	4	0. 48
元大证券	42	101. 19	4	0. 41
东方证券	43	89. 73	2	0. 36
金利丰金融	44	74. 61	3	0. 30
浦发银行	45	70. 00	2	0. 28
长江证券控股（香港）有限公司	46	59. 35	3	0. 24
同人融资有限公司	47	58. 45	4	0. 24
光大银行	48	57. 55	1	0. 23
国信证券	49	52. 85	1	0. 21
山西证券	49	52. 85	1	0. 21
东兴证券	49	52. 85	1	0. 21

资料来源：BLOOMBERG。

2016 年亚太市场（除日本）股票发行规模排行中，中国内地金融机构中信证券、中信建投进入前 10 位，市场份额占比 5. 16%。前 50 位中中国境内证券公司有 19 家，市场份额占比 24. 44%（见表分 6 –5）。

表分 6 –5　2016 年亚太市场（除日本）股票发行前 50 位（截至 2016 年 12 月 31 日）

承销商	排行	金额（百万美元）	发行数（笔）	排行榜份额（%）
摩根士丹利	1	8 591. 94	55	7. 78
花旗集团	2	5 469. 23	53	4. 95
瑞士银行	3	4 823. 36	51	4. 37
摩根大通	4	4 067. 22	28	3. 68
高盛公司	5	3 791. 98	33	3. 43
瑞士信贷集团	6	3 678. 29	40	3. 33
德意志银行	7	3 011. 38	28	2. 73
中信证券	8	2 906. 72	33	2. 63
中信建投证券股份有限公司	9	2 794. 32	22	2. 53

续表

承销商	排行	金额（百万美元）	发行数（笔）	排行榜份额（%）
美国银行美林	10	2 532.10	17	2.29
麦格理集团有限公司	11	2 495.72	36	2.26
中国国际金融股份有限公司	12	2 137.10	21	1.93
华泰证券	13	2 065.58	12	1.87
中国银行	14	2 008.32	18	1.82
招商证券	15	1 987.63	27	1.80
国泰君安	16	1 983.26	33	1.80
广发证券	17	1 909.15	24	1.73
海通证券	18	1 896.53	36	1.72
招商银行	19	1 623.15	16	1.47
申万宏源	20	1 508.06	18	1.37
建设银行	21	1 506.52	16	1.36
NH投资证券有限公司	22	1 411.60	17	1.28
英国汇丰银行有限公司	23	1 279.47	11	1.16
农业银行	24	1 267.39	14	1.15
安信证券股份有限公司	25	1 216.32	13	1.10
Korea Investment & Securities Co	26	1 138.41	15	1.03
恒泰证券	27	1 134.43	9	1.03
国信证券	28	1 089.76	14	0.99
ICICI银行有限公司	29	1 086.83	19	0.98
马来亚银行	30	1 026.61	11	0.93
星展集团	31	975.51	13	0.88
联昌国际银行	32	896.18	25	0.81
未来资产大宇有限公司	33	882.02	7	0.80
交通银行	34	823.12	12	0.75
中国投资有限责任公司	35	806.31	10	0.73
工商银行	36	794.06	9	0.72
国家开发银行	37	763.53	7	0.69
野村控股	38	695.58	13	0.63
国金证券	39	681.36	9	0.62
光大证券	40	640.90	12	0.58
金利丰金融	41	614.51	39	0.56
Edelweiss金融服务有限公司	42	613.23	9	0.56
兴业证券	43	607.71	15	0.55
华林证券	44	575.62	8	0.52
华融金控	45	572.15	3	0.52
三星证券有限公司	46	539.19	10	0.49
川财证券经纪有限公司	47	528.09	2	0.48
东兴证券	48	526.44	4	0.48
Kotak Mahindra银行有限公司	49	506.90	11	0.46
印度国家银行有限公司	50	492.37	10	0.45

资料来源：BLOOMBERG。

（二）债券业务

2016年中国香港市场发行的国债、公司债总量共计2 805.7亿美元。其中港元债券市场总额约2 390.48亿港元，总发行数目658笔，其中中资企业市场份额约为22.8%。交通银行在所有承销商中排第3位，市场份额11.19%，总计发行13笔。国内证券公司的债券承销中，海通证券、国泰君安入围，排名第26位和第37位，市场份额0.40%和0.03%。综合来看，入围的中国内地金融机构共有5家银行2家证券公司，证券公司入围数量与2015年相比上升1家（见表分6－6）。

表分6－6　2016年中国香港港元债券市场承销商前40位（截至2016年12月31日）

承销商	排行	金额（百万港元）	发行数（笔）	排行榜份额（%）
英国汇丰银行有限公司	1	47 847.50	145	20.02
渣打银行	2	29 343.00	86	12.27
交通银行	3	26 750.00	13	11.19
花旗集团	4	21 125.50	56	8.84
东方汇理	5	13 811.00	48	5.78
建设银行	6	11 202.50	11	4.69
中国银行	7	10 917.00	11	4.57
星展集团	8	10 243.00	14	4.28
法国兴业银行	9	8 781.00	34	3.67
澳大利亚国民银行有限公司	10	5 817.00	19	2.43
澳新银行	11	4 787.50	17	2.00
法国巴黎银行	12	4 740.00	15	1.98
农业银行	13	4 525.00	4	1.89
高盛公司	14	4 428.00	10	1.85
巴克莱	15	4 171.00	18	1.74
瑞士银行	16	3 839.50	5	1.61
瑞穗金融集团	17	3 386.00	14	1.42
澳大利亚联邦银行	18	3 347.50	19	1.40
加拿大丰业银行	19	2 927.00	13	1.22
华侨银行有限公司	20	2 677.00	6	1.12
美国银行美林	21	2 076.00	6	0.87
野村控股	22	1 966.00	5	0.82
三菱日联金融集团	23	1 641.00	5	0.69
英高集团	24	1 590.00	57	0.67
西太平洋银行公司	25	1 200.00	2	0.50
海通证券	26	950.00	2	0.40

续表

承销商	排行	金额（百万港元）	发行数（笔）	排行榜份额（%）
摩根大通	27	936.00	3	0.39
法国外贸银行	28	660.00	3	0.28
荷兰国际集团	29	590.00	3	0.25
德意志银行	30	562.00	1	0.24
马来亚银行	31	549.00	4	0.23
富国银行	32	428.50	1	0.18
新加坡大华银行	33	320.00	1	0.13
加拿大皇家银行资本市场	34	265.00	1	0.11
大和证券	35	200.00	1	0.08
PC Securities Ltd	36	148.20	1	0.06
工商银行	37	75.00	1	0.03
英皇证券（香港）有限公司	37	75.00	1	0.03
国泰君安	37	75.00	1	0.03

资料来源：BLOOMBERG。

2016年离岸人民币债券市场总额约为1 644.87亿元人民币，总发行数目609笔，同比2015年下降33.55%和38.23%。57家承销商中，中资企业占据13席，总市场份额12.32%，同比下滑26.49%，其中国内证券公司5家，总承销数11笔，承销金额25.27亿元人民币，总计市场份额1.53%，同比分别下滑37.5%、52.17%、53.71%和30.32%（见表分6－7）。

表分6－7　　2016年离岸人民币债券承销商排名（截至2016年12月31日）

承销商	排行	金额（百万元）	发行数（笔）	排行榜份额（%）
英国汇丰银行有限公司	1	30 812.21	86	18.73
东方汇理	2	25 294.00	99	15.38
渣打银行	3	16 937.21	64	10.30
花旗集团	4	11 789.33	33	7.17
野村控股	5	7 525.00	22	4.57
法国巴黎银行	6	6 830.00	29	4.15
高盛公司	7	6 760.00	13	4.11
中国银行	8	6 367.96	19	3.87
瑞士银行	9	5 015.00	33	3.05
星展集团	10	4 829.00	18	2.94
加拿大丰业银行	11	4 650.60	21	2.83
工商银行	12	3 385.71	8	2.06
瑞穗金融集团	13	2 851.67	19	1.73

续表

承销商	排行	金额（百万元）	发行数（笔）	排行榜份额（%）
交通银行	14	2 805.71	9	1.71
农业银行	15	2 635.71	6	1.60
法国兴业银行	16	2 611.25	11	1.59
凯基证券	17	2 151.50	6	1.31
建设银行	18	2 116.96	7	1.29
巴克莱	19	1 897.00	11	1.15
澳新银行	20	1 350.00	7	0.82
华侨银行有限公司	21	1 340.00	6	0.81
美国银行美林	22	1 113.33	3	0.68
澳大利亚联邦银行	23	1 085.00	5	0.66
国泰世华银行	24	1 055.00	2	0.64
摩根大通	25	985.00	7	0.60
玉山金控	26	980.00	6	0.60
国泰君安	27	953.33	3	0.58
荷兰国际集团	28	718.10	3	0.44
海通证券	29	640.00	5	0.39
澳大利亚国民银行有限公司	30	521.00	5	0.32
德国中央合作银行	31	520.00	3	0.32
富国银行	32	500.00	1	0.30
东方证券	32	500.00	1	0.30
兆丰金	34	460.00	3	0.28
群益证	34	460.00	3	0.28
元大证券	36	390.00	3	0.24
大和证券	37	366.67	3	0.22
马来亚银行	38	345.00	2	0.21
德国商业银行	39	335.00	2	0.20
法国外贸银行	40	334.00	2	0.20
招商证券	41	333.33	1	0.20
阿联酋迪拜国民银行	42	250.00	1	0.15
重庆银行	43	200.00	1	0.12
三井住友金融集团	44	166.67	1	0.10
新加坡大华银行	45	150.00	1	0.09
多伦多道明证券	45	150.00	1	0.09
浦发银行	47	131.25	1	0.08
联昌国际银行	48	130.00	2	0.08

续表

承销商	排行	金额（百万元）	发行数（笔）	排行榜份额（%）
台湾银行	49	100.00	1	0.06
DZ Bank AG Deutsche Zentral – Singapore Branch	49	100.00	1	0.06
中信证券	49	100.00	1	0.06
招商银行	49	100.00	1	0.06
中信金	53	96.00	1	0.06
永丰金证券	54	92.75	3	0.06
杰富瑞集团有限公司	55	60.00	1	0.04
三菱日联金融集团	55	60.00	1	0.04
第一银行	57	50.00	1	0.03

资料来源：BLOOMBERG。

（三）并购业务

2016年，中国香港并购业务前50位中有4家中资证券公司入围，合计市场份额6.01%，同比上升0.22%，平均交易数目3.5家。在并购业务方面，国内证券公司仍有广阔发展空间（见表分6－8）。

表分6－8　　2016年香港市场并购业务前50位（截至2016年12月31日）

承销商	排行	金额（百万元）	发行数（笔）	排行榜份额（%）
汇丰银行	1	44 789.73	8	22.80
瑞银集团	2	32 173.9	2	16.38
Moelis & Co	3	23 990.65	1	12.21
高盛	4	23 928.75	4	12.18
新百利集团有限公司	5	22 451.93	6	11.43
美林银行	6	21 183.21	2	10.78
百德能证券	7	18 222.77	2	9.28
华富嘉洛证券期货	8	17 895.51	1	9.11
宝桥融资	9	15 352.07	2	7.81
TC Capital Advisory Ltd	10	14 876.68	2	7.57
Donvex Capital Ltd	11	14 737.49	2	7.50
摩根士丹利	12	11 534.91	3	5.87
中信证券	13	8 942.37	1	4.55
中国银行	14	8 579.45	3	4.37
瑞士信贷	15	7 957.34	2	4.05
中国建设银行	16	3 948.54	8	2.01
BMO Capital Markets	17	3 912.66	1	1.99

续表

承销商	排行	金额（百万元）	发行数（笔）	排行榜份额（%）
GMP Securities	18	3 912.66	1	1.99
Cutfield Freeman & Co	19	3 912.66	1	1.99
摩根大通	20	3 832.01	2	1.95
英高财务顾问有限公司	21	3 203.57	3	1.63
海通证券	21	2 516.83	7	1.28
新加坡星展银行	23	2 272.13	1	1.16
瑞东金融市场有限公司	24	1 542.82	1	0.79
交通银行	25	1 522.25	1	0.77
Rothschild & Co	26	1 079.53	1	0.55
力高企业融资有限公司	27	1 034.6	3	0.53
高银金融有限公司	28	962.79	3	0.49
金利丰融集团有限公司	29	934.91	5	0.48
渣打银行	30	781.56	1	0.40
中投公司	31	680.23	1	0.35
Octal Capital Ltd	32	618.07	3	0.31
Allied Group Ltd	33	614.58	1	0.31
英皇证券集团	34	582.91	2	0.30
华融国际	35	491.05	1	0.25
Nuada Ltd	36	481.81	3	0.25
Gram Capital Ltd	37	441.93	6	0.22
时富融资	37	407.34	1	0.21
VBG Capital Ltd	37	371.56	1	0.19
裕韬资本有限公司	40	358.59	2	0.18
肯纳格投资银行有限公司	41	356.75	1	0.18
马来西亚联昌国际银行	42	356.75	1	0.18
丰隆投资银行	43	356.75	1	0.18
德勤	44	340.86	2	0.17
凯基证券	45	332.82	3	0.17
Oriental Patron Securities Ltd	46	296.96	1	0.15
Shinco Capital Ltd	47	247.53	1	0.13
Optima Capital Ltd	48	214.73	1	0.11
华泰证券	49	192.15	3	0.10
国泰君安	50	161.6	1	0.08

资料来源：BLOOMBERG。

二、资产管理业务

（一）合格境内机构投资者（QDII）业务

截至2016年12月28日，共计15家内地证券公司获得合格境内机构投资者（QDII）业务资格，与2015年数量上持平。总计QDII业务额度87.5亿美元，与2015年末相比持平（见表分6-9）。

表分6-9　　证券公司获批QDII业务额度（截至2016年12月28日）

机构名称	批准时间	额度（亿美元）
中国国际金融有限公司	2014年12月28日	22.00
招商证券股份有限公司	2014年11月27日	4.00
华泰证券股份有限公司	2010年4月14日	1.00
上海国泰君安证券资产管理有限公司	2014年12月28日	4.50
上海光大证券资产管理有限公司	2015年1月30日	3.00
上海东方证券资产管理有限公司	2010年11月26日	1.00
国信证券股份有限公司	2015年1月30日	10.00
广发证券资产管理（广东）有限公司	2015年2月13日	12.00
中信证券股份有限公司	2014年12月28日	4.00
安信证券股份有限公司	2012年8月16日	5.00
申万宏源证券有限公司	2015年1月30日	4.00
中银国际证券有限责任公司	2014年12月28日	3.00
中国银河证券股份有限公司	2013年1月24日	4.00
上海海通证券资产管理有限公司	2015年1月30日	8.00
太平洋证券股份有限公司	2014年4月30日	2.00
总　计		87.50

资料来源：国家外汇管理局。

（二）QDII定向资产管理业务

证券公司境外证券投资定向资产管理业务，是指证券公司接受单一客户委托，与客户签订定向资产管理合同进行境外证券投资管理的活动。境外证券投资定向资产管理业务是证券公司QDII业务的一个组成部分。作为定向资产管理业务，它为客户提供一对一、量身定制的理财服务。证券公司发展QDII定向资产管理业务有助于发挥自身优势开展跨境业务，更好地满足客户投资需求，也有利于证券公司积累跨境业务经验，拓展盈利渠道。

证券公司一对一代理客户资产进行海外投资正式放行，中金公司成为首家开展该业务的国内证券公司。中国证监会在《〈合格境内机构投资者境外证券投资管理试行办法〉第四十六条证券公司开展境外证券投资定向资产管理业务的适用意见——证券期货法律适用意见第6号》中允许符合条件的证券公司在取得QDII资格和外汇额度后，在外汇额度范围内，为境内客户提供定向资产管理服务，投资海外证券市场。

（三）RQFII业务

我国通过开展人民币合格境外机构投资者（RQFII）试点，配合QFII，进一步推进我国资本市场国际化，同时为人民币国际化铺路，在引进外资方面起到了积极的作用。为进一步扩大资本市场开放，支持香港国际金融中心地位，促进香港离岸人民币市场发展，2016年9月，中国证监会与中国人民银行、国家外汇管理局等相关部门关于RQFII境内投资管理有关问题发布通知，主要内容如下：RQFII应当委托托管人代为办理相关手续，同一人民币合格投资者可委托不超过三家托管人，并且指定一家为主托管人；国家外汇管理局对单家人民币合格投资者投资额度实行备案或审批管理；规定了人民币合格投资者基础额度标准；人民币合格投资者基础额度内以及额度之外的投资额度需要的材料；人民币合格投资者投资额度实行余额管理；除开放式基金外，人民币合格投资者其他产品（或资金）投资本金锁定期为3个月等。

国家外汇管理局的数据显示，截至2016年12月28日，RQFII投资总额度已经达到5 284.75亿元人民币，同比增长18.94%。其中，中资证券公司总的额度为623.5亿元人民币，同比持平，占RQFII总额度的11.8%（见表分6-10）。

表分6-10　　中资证券公司RQFII额度一览（截至2016年12月28日）

机构名称	批准时间	额度（亿元人民币）
申万宏源（国际）集团有限公司	2014年4月30日	39.00
安信国际金融控股有限公司	2014年7月30日	24.00
中国国际金融（香港）有限公司	2013年6月24日	17.00
国信证券（香港）金融控股有限公司	2013年6月24日	17.00
光大证券金融控股有限公司	2014年5月30日	35.00
华泰金融控股（香港）有限公司	2014年3月28日	29.50
国泰君安金融控股有限公司	2014年5月30日	69.00
海通国际控股有限公司	2014年8月26日	107.00
广发控股（香港）有限公司	2014年4月30日	27.00
招商证券国际有限公司	2014年3月28日	27.00
中信证券国际有限公司	2014年6月30日	14.00
国元证券（香港）有限公司	2014年8月26日	73.00
中投证券（香港）金融控股有限公司	2014年5月30日	11.00
长江证券控股（香港）有限公司	2013年11月27日	2.00

续表

机构名称	批准时间	额度（亿元人民币）
国金证券（香港）有限公司	2014 年 1 月 22 日	10.00
兴证（香港）金融控股有限公司	2014 年 4 月 30 日	13.00
太平资产管理（香港）有限公司	2014 年 3 月 28 日	13.00
中银香港资产管理有限公司	2013 年 8 月 28 日	8.00
东方金融控股（香港）有限公司	2013 年 10 月 30 日	5.00
中信建投（国际）金融控股有限公司	2014 年 6 月 30 日	20.00
中国光大资产管理有限公司	2014 年 5 月 30 日	19.00
中国银河国际金融控股有限公司	2014 年 9 月 22 日	11.00
招商资产管理（香港）有限公司	2014 年 6 月 30 日	10.00
中泰金融国际有限公司	2014 年 8 月 26 日	8.00
东吴证券中新（新加坡）有限公司	2016 年 11 月 28 日	15.00
总　计		623.50

资料来源：国家外汇管理局。

（四）QFII 投资顾问业务

随着我国资本市场的开放程度不断提升，外资对中国资本市场表现出较高的热情，但境外投资者对中国市场的了解不深入，亟须本土的研究机构为其提供策略和投资建议。合格境外机构投资者（QFII）投资顾问业务具有低风险、高收益的特征，在未来相当一段时间内将会给国内研究实力雄厚的证券公司带来丰厚收益，提升自身品牌价值。随着未来 QFII 持续扩容，相关的投资顾问服务也将会得到普及。

（五）QFII 业务

为了平稳推进中国资本市场国际化进程，中国政府采用 QFII 引导外资进入中国资本市场。随着中国市场日渐成熟，QFII 的额度上限每年逐步上升，投资机构的数量同步增加。截至 2016 年 12 月 28 日，共有 7 家证券公司获得 QFII 业务资格，较 2015 年同期减少 2 家。2016 年，QFII 累计额度为 873.09 亿美元，同比增长 7.66%，其中证券公司累计额度为 28.2 亿美元，较 2015 年同期增加 35.51%（见表分 6－11）。

表分 6－11　　中资证券公司 QFII 业务投资额度（截至 2016 年 12 月 28 日）

机构名称	批准时间	额度（亿美元）
海通资产管理（香港）有限公司	2016 年 4 月 28 日	1.00
中信证券国际投资管理（香港）有限公司	2014 年 4 月 30 日	3.00
招商证券资产管理（香港）有限公司	2016 年 12 月 28 日	7.20

续表

机构名称	批准时间	额度（亿美元）
中国光大证券资产管理有限公司	2016 年 11 月 28 日	7.00
中国国际金融香港资产管理有限公司	2016 年 3 月 30 日	6.00
广发资产管理（香港）有限公司	2015 年 3 月 26 日	2.00
申万宏源投资管理（亚洲）有限公司	2015 年 4 月 28 日	2.00
总　计		28.20

资料来源：国家外汇管理局。

三、经纪业务

目前国内证券公司国际业务主要集中在香港地区。香港联交所将市场参与者按照 A、B、C 三类进行区分。其中 A 类参与者为市场占有率前 14 名，B 类为 15—65 名，C 类为 65 名以后。截至 2016 年 11 月末，A 类参与者的个体市场占有率为 2.11%—7.48%，总占有率高达 56.28%；B 类个体市场占有率为 0.25%—2.03%，总占有率为 33.82%；C 类个体市场占有率为 0.24% 以下，总占有率为 9.9%。这一市场结构与 2015 年相差不大。国内证券公司中，中银国际位列 A 类证券公司，其余属 B 类中型证券公司。近几年，随着沪、港、深等机制接连推出，境内外市场的联动性不断增强，双向开放程度不断深化，为证券公司经纪业务提供了发展新动力。在此背景下，在香港率先布局且具备资本规模优势的大证券公司的优势将进一步放大。

四、国内证券公司国际业务持续扩张

2016 年 8 月发布的《中国证券监督管理委员会 香港证券及期货事务监察委员会联合公告》指出，沪港通取消总额度限制，深港通不再设总额度限制。沪港通两年来运行平稳，截至 2016 年 12 月 31 日，沪港通成交金额合计 3.74 万亿元人民币，沪股通、沪市港股通累计交易金额分别为 2.38 万亿元人民币和 1.35 万亿元人民币。深港通于 2016 年 12 月 5 日开通，累计交易金额 345.48 亿元人民币，深股通、深市港股通累计交易金额分别为 261.90 亿元人民币和 83.57 亿元人民币。沪港通和深港通的顺利发展，有望推动 A 股市场进一步国际化，促进中国证券市场双向开放。

2016 年，众多证券公司都已经在金融市场发达的香港地区设立分支机构，除直接设立子公司外，多家证券公司通过并购境外金融机构来实现海外机构扩容，部分证券公司摒弃“先香港，再境外”的国际化发展既定模式，积极选择英国、美国、新加坡、韩国等较为成熟的金融市场作为新的境外落脚点，设立代表处以拓展海外业务（见表分 6－12、表分 6－13）。

表分6-12　　国内大型证券公司国际化战略

证券公司	发展战略	国际化战略
中信证券	成为全球客户最为信赖的国内领先、国际一流的中国投资银行	实施路径之一是坚持国际化发展，充分发挥国际、国内两个市场的协同效应，提升全球范围内服务客户的能力，为中国企业“走出去”、境外企业“引进来”提供服务
海通证券	成为国内一流、国际有影响力的金融服务集团	打造业内领先的国际业务平台，将加快国际化步伐作为公司重点
广发证券	成为具有国际竞争力、品牌影响力和系统重要性的现代投资银行	把握中国经济全球化趋势，实现公司国际化的快速发展
国泰君安	成为根植本土、覆盖全球、有重要影响力的综合金融服务商	以公司国际化战略为指引，以提升跨境客户服务能力为主要目标，综合负责发展各项跨境业务，联通并推进公司和海外业务平台的协同发展，积极拓展公司海外业务，为国内外客户提供跨境资本市场服务
华泰证券	成为兼具本土优势和全球视野的一流综合金融集团和系统重要性金融机构	建立有竞争力的综合海外平台，推动业务国际化
国信证券	打造中外一流证券公司	通过国信香港，实现公司业务向国际化迈进的业务发展目标。在监管层推动资本市场双向开放的机遇下，将统筹境内、境外两个市场，有序推进国际化进程

资料来源：上市证券公司年报。

表分6-13　　2016年国内证券公司境外业务重要事项整理

证券公司	事件	描述
中信证券	首次提出为“一带一路”沿途国家服务	在2016年半年报中，中信证券首次提出为“一带一路”沿途国家服务
	将海外两子公司进行业务一体化融合	2016年11月10日，在母公司中信证券统筹安排下，中信国际和中信里昂证券将进行业务一体化融合，即把业务统一在中信里昂证券下运营。包括企业融资、资本市场、固定收益、资产管理、私募股权、股票研究、机构与零售经纪业务等，在泛太平洋、欧洲和美洲的25个城市开展业务
	参投老虎证券国际	2016年12月26日，华人地区美股证券公司老虎证券国际对外宣布已经完成2亿元人民币规模B轮融资，中信证券金石投资入股
海通证券	海通银行与波兰华沙证券交易所开展合作	2016年6月，海通银行与波兰华沙证券交易所签署了合作协议
	子公司海通国际收购海通印度	2016年12月22日，海通国际完成收购海通银行印度资产，海通印度已成为公司的间接全资附属公司

续表

证券公司	事件	描述
广发证券	借道 Bay City Capital 进入美国创投市场	2016 年 5 月，全资子公司广发信德通过与美国领先的生命科学投资机构 Bay City Capital 合作，发起设立一只跨国生命科学类基金
招商证券	H 股上市	2016 年 10 月，招商证券于 H 股挂牌上市
	设立全资子公司招商证券（韩国）	2016 年 11 月，招商证券董事会同意全资子公司招商证券国际在韩国设立全资子公司招商证券（韩国）；同意招商证券（韩国）向韩国金融监督院申请证券投资中介及场内衍生品中介牌照，开展证券经纪及场内衍生品经纪业务
华泰证券	借道 AssetMark 进军美国资产管理市场	2016 年 11 月，华泰证券以 7.68 亿美元收购 AssetMark，其成为公司间接控股的下属公司
	获得深港通业务交易权限	2016 年 11 月，深交所同意开通公司相关交易单元的深港通下港股通业务交易权限
光大证券	H 股上市	2016 年 8 月，光大证券 H 股在港交所正式挂牌交易
	收购了光证（国际）49% 的股权	继 2011 年收购光证（国际）51% 的股权后，于 2016 年收购了光证（国际）余下的 49% 股权
	收购国际体育媒体服务公司 MP&Silva	2016 年 5 月，光大证券全资子公司主导收购国际体育媒体服务公司 MP&Silva
国信证券	获得深港通业务交易权限	2016 年 11 月，深交所同意开通公司相关交易单元的深港通下港股通业务交易权限
	国信香港成功承销绍兴城投 3 亿美元海外债券	2016 年，国信香港成功承销绍兴城投 3 亿美元海外债券。这是公司作为全球总协调人面向全球投资者发行的首只债券
方正证券	牵手韩国最大证券公司为中企赴韩提供国际化金融服务	2016 年 10 月，方正证券及子公司民族证券与韩国投资金融控股集团（KIH）旗下的韩国投资证券（KIS）签署国际投资银行业务谅解备忘录
申万宏源	新加坡公司获颁资产管理牌照	2016 年 6 月，新加坡公司获颁资产管理牌照
兴业证券	子公司兴证国际在香港创业板挂牌上市	2016 年 10 月正式在香港创业板挂牌上市

资料来源：各公司公告。

第二章
2016 年中国证券公司国际化业务面临的问题及 2017 年前景展望

第一节 2016 年中国证券公司国际化业务面临的问题

一、业务结构仍以通道为主，国际业务模式面临同质化困境

从业务结构来看，内地证券公司的国际化业务收入仍以通道为主。目前内地证券公司主要通过在香港设立子公司开展国际业务，通道业务仍是香港子公司的主要业务和主要收入来源，业务结构单一。2016 年香港子公司经纪业务、融资业务、自营业务收入占比超过 75%，而承销保荐、再融资、并购重组、资产管理等业务占比极低。

从业务模式来看，内地证券公司的国际化业务同质化较为严重。首先是在港中资证券公司的国际化业务过度依赖经纪业务和信用业务，再融资、并购重组业务市场份额仍然很低，未能将内地的业务基础和客户资源优势发挥到海外。其次是中资证券公司的海外投行业务主要依赖境内企业“出海”，为境内企业提供服务，对于境外企业的业务开展仍存在较大的局限。另外，大部分证券公司海外业务仍主要依靠香港子公司，对除香港之外的海外地区业务开展尚处于开发阶段，且主要通过与国外机构合作实现海外布局。

二、国际业务竞争更加激烈，风险日益复杂化

在人民币国际化进程加快、资本双向开放不断加深过程中，海外市场不确定性增加，全球流动性方向未知，往往面临市场大幅波动、汇兑贬损等风险，加之国内证券公司国际化业务的经验和实力与海外投行相比仍存在相当大的差距，因此将面临更加激烈的国际业务竞争。在沪港通逐渐完善、深港通顺利开通的背景下，内地证券公司还将进一步加大在香港市场的业务布局，争取扩大市场份额、提高研究能力、提升品牌知名度，力图在业务开展、市场影响力等方面赢得更多话语权。但是在短期内国内证券公司海外业务在收入和利润上要超

越其国内业务仍然较难。另外，对海外业务的集中投入可为证券公司带来业务的外延式增长，但是涉及进一步的协同效应、海外业务造血能力的建立与健全，乃至发展至高于国内业务的回报水平等，都需要更多时间。因此要想在复杂多变的国际市场上打造核心竞争力，证券公司自身在国际市场的定位、业务实力以及风险控制能力都将是决定国际化战略成败的关键。

三、业务链条联动亟须加强，海外服务网络有待完善

国内投行的盈利依然主要依赖国内市场传统业务，国际化程度低，业务链条联动亟须加强。虽然经过近几年的行业创新发展，国内证券公司的业务越来越多元化，但从收入占比来看，来自投行、经纪业务、融资融券和传统自营的收入占比仍占主要比重，这部分收入与二级市场的活跃程度高度相关，容易受到市场冲击。而国际投行的经营收入主要来源于机构客户服务和资产管理服务，而且在业务布局方面，成熟的外资投行通常拥有较为均衡的业务结构、广阔的经营网络或小而精的专项业务，相比之下，其业务壁垒及盈利能力更高。可见，行业不断整合、提升营运效率已是大势所趋，未来行业整合的范围将进一步扩大。

首先，就海外业务而言，大部分证券公司的国际化发展和布局时间较短，与发达国家投行几十年发展历史相比仍有较大差距，因此国内证券公司的海外分支体量较小，营业收入占比较低，盈利能力较弱。一旦国内市场遭遇大幅调整，业务受限等，对业绩和盈利的冲击将较为明显，无法通过国际市场的收入来平滑业绩波动。其次，由于政策限制，国内证券公司目前还有许多有发展前景的业务尚不能开展，例如固定收益证券、货币、商品期货（FICC）业务、衍生品等，因此国内证券公司有必要通过海外市场，进行新型业务的经验以及人才积累，为未来做准备。再次，中国证券公司在海外服务网络极度不完善，缺乏国际化经验，对当地商业管理、法律环境和盈利模式理解不深，组织和协商商务、法律、财务、人力资源等内外部资源的能力欠缺，对尽职调查风险点评估和决策的能力不足等，完善海外服务网络势在必行。

四、国际市场融资渠道受限，资本国际化程度不足

伴随着人民币国际化趋势，我国资本市场双向开放格局正逐渐形成，证券公司作为资本市场重要的中介机构，国际市场融资渠道受限，资本国际化程度不足。截至 2016 年底，共有 17 家内地证券公司（包括分公司）在香港上市。但整体而言，内地证券行业融入资金的规模和渠道仍较为有限，主要由于证券公司在港设立分支机构或者上市门槛较高，对证券公司的资本、盈利能力、评级都有较为严格的要求，因此大部分中小证券公司走向海外仍有相当大的阻力。一方面，《证券公司风险控制指标管理办法》中明确规定，证券公司的杠杆率不能超过 5 倍，行业整体债务融资规模受资本金规模限制；另一方面，受融资门槛及国际信

用评级影响，股权融资、次级债、海外债等大额融资工具使用范围主要集中在内地大型综合类证券公司，其中，获取国际评级是国内企业真正走向国际资本市场的一项重要条件，为相关公司今后的业务发展及国际战略布局提供了有力支持，良好的国际评级结果将有助于企业拓展境外融资渠道、降低境外融资成本，同时为开展跨境及海外资本中介交易业务奠定良好基础。

第二节 2017 年中国证券公司国际化业务前景展望

一、创新金融合作模式，打造投融资渠道“超级联络人”

创新金融合作模式，通过跨境并购和合作，高效推进国际化业务。从战略和竞争的角度，通过收购的手段可以尽快获得成熟的业务平台、团队和品牌，是国内证券公司在发展海外业务过程中弯道超车的较好选择。从并购收益的角度来看，目前海外资产的估值水平和融资成本都低于国内，并购海外资产本身也是一个合理的行为。华泰证券以 8 亿美元收购美国金融软件商 AssetMark，或利用其客户群体和产品优势进入美国资产管理市场。通过并购方式进行海外扩展也存在不足：融合方面需要较长时间，例如新团队的管理整合；此外，经营方面存在风险，业务重心变更、新业务开展可能影响公司短期业绩。目前中国企业赴海外上市活跃，提供了更多的国际化业务机会，中国证券公司应该抓住机遇，积极展开国际合作，提升跨境财富配置能力，打造投融资渠道“超级联络人”，加快财富管理转型和国际业务发展。

二、引导业务结构转型，进一步提升市场核心竞争力

2016 年是资本市场改革攻坚关键年，2017 年分化与转型是行业发展主题。随着市场化竞争机制逐步完善，各证券公司经营重点朝着业务多元化、特色化方向发展。在金融混业经营背景下，大型集团利用自身资源优势拥有、获取多张金融牌照，转型打造金控平台成为金融领域的重要趋势之一，而金控平台所带来的巨大资源协同和规模效应优势对金融机构全方位、多层次业务布局至关重要。我国目前已经出台了一系列支持综合金融发展的政策，为金控平台的搭建与发展创造了较为有利的政策环境。上市证券公司有望通过与其母公司、大股东实现业务渠道嫁接，获得更多资源，从而产生更强的协同效应，业务更加多元化，客户群体更加广泛，在一定程度上提升证券公司核心竞争力。

三、布局国际银行间市场，打造全球性融资平台

银行间市场主要是由同业拆借市场、债券市场、外汇市场和黄金市场等有关市场组织而成。其中，银行间市场中的债券市场是发行债券融资的重要市场。与国内银行间市场比较，国际银行间市场的发展历史更加悠久，参与的投资机构数量更多，是国际金融市场的重要组成部分。国内证券公司要实现国际化，也不应忽视国际银行间市场。

中国资本市场双向开放的力度在逐渐加大，境外市场融资日渐进入各企业发展视野，在境外金融市场发行债券进行融资将会成为我国企业融资的一种常见方式，而国际银行间市场将会成为中国企业债券发行的重要市场。债券融资具有合理避税、财务杠杆和优化资本结构等优点，因此，在国际成熟资本市场，债券融资更受到企业的青睐。此外，人民币在2016年10月被正式纳入国际货币基金组织（IMF）特别提款权（SDR）货币篮子，目前已有101个国家使用人民币作为其贸易货币之一，使用人民币开展贸易的国家持续增加。随着越来越多的国家选择使用人民币开展贸易，人民币离岸市场呈现蓬勃发展之势。在中国资本市场双向开放和人民币国际化大背景下，证券公司应该把握住此次历史性机遇，积极拓展人民币债券业务，大力进军国际银行间市场，打造全球性融资平台，为国内企业国际债券融资提供更加方便高效的渠道。

分报告之七：2016 年证券市场资信评级业务发展回顾与展望

第一章 2016 年中国证券资信评级行业发展环境

2016 年，我国经济平稳增长，筑底企稳，向好态势明显。据国家统计局发布数据，全年国内生产总值 744 127 亿元，按可比价格计算，比上年增长 6.7%。根据国内外经济形势，政府采取稳健的货币政策和积极的财政政策，深化改革，扩大开放，在保持经济合理增速的同时，产业转型取得明显成效，第三产业在经济总量中所占比例进一步提高。与此同时，政府积极推动直接融资，希望通过直接融资降低实体经济杠杆和金融风险，而交易所债券市场是企业直接融资的重要场所。

良好的宏观经济环境和有力的政策支持为我国债券市场的快速增长创造了条件。2016 年，我国交易所债券市场发行量和交易量高速增长，债券品种进一步丰富，新推出了绿色债券、永续公司债和创新创业公司债券等新品种。交易所债券市场已经成为我国企业和居民最重要的投融资场所之一，为我国经济增长和转型发挥了积极作用。

从交易所债券市场的违约情况看，2016 年债券违约数量及规模较 2015 年有所下降，全年共有 11 只债券发生违约，其中私募债 9 只，一般企业债 1 只，中国证监会主管的资产支持证券 1 只，涉及未偿余额 17 亿元，发行主体 11 家。与 2015 年相比，债券违约数量下降 26.67%，涉及未偿余额下降 50.15%，发行主体减少 15.38%。从违约行业分布看，主要涉及基础化工、物流、设备制造、食品加工、农产品、印刷等行业，整体较为分散。

从监管情况看，2016 年是强化监管的一年。2016 年以来，为强化公司债等信用债券的事中、事后监管，中国证监会，中国证券业协会，沪、深证券交易所分别就债券的上市、信息披露、交易、质押出台了若干政策文件。针对信用事件屡次爆发、违约风险加大的现状，沪、深证券交易所陆续出台相关文件对房地产、产能过剩行业的债券融资进行分类监管或限制。

对资信评级行业来说，监管当局希望整合监管资源，统筹协调，避免分业监管的弊端，同时有意扩大评级行业对外开放的力度。2016 年 10 月，中国人民银行发布《信用评级业管理暂行办法（征求意见稿）》，将改变信用评级行业的监管格局，由原来的分业监管变为一主三分格局。2017 年 1 月，国家发改委与商务部发布最新版《外商投资产业指导目录》，将“外资资信调查与评级服务公司”这一项移除出了限制外商投资的 14 项产业目录。国务院也于 2017 年 1 月印发《关于扩大对外开放积极利用外资若干措施的通知》，放开会计审计、建筑设计、评级服务等领域外资准入限制。此外，2016 年 6 月，中国证券业协会修订发布《证券市场资信评级机构评级业务实施细则（试行）》，新细则主要从评级机构的尽职调查、评级工作日两方面作了完善修订，进一步细化了尽职调查的工作内容，减少了评级报告需要完成的时间，有助于提高评级工作效率。

随着我国评级行业逐步对外资评级机构开放，评级市场的竞争将更加激烈，对国内评级机构亦会形成重大冲击。因此，我国有关部门将稳健有序地开放评级市场，国内评级机构需要提高评级质量和投资人服务水平，以迎接外资评级机构的竞争。

综观 2016 年，交易所债券市场规模大幅上升，债券品种不断创新，有力地支持了我国实体经济的投融资需求。宏观经济的平稳增长，交易所债券市场的快速发展，监管体系的进一步完善，为我国评级行业的发展创造了良好的外部环境。

第二章
2016 年中国证券资信评级业务发展情况

第一节　评级行业基本素质分析

一、基础设施建设

（一）执业能力不断提升

2016 年，国内 7 家资信评级机构[①]继续不断提升执业水平，部分机构获得了更多的资质服务认可。截至 2016 年末，已经有 2 家证券评级机构获得香港证券及期货事务监察委员会提供信贷评级服务执业资质，1 家证券评级机构获得欧盟信用评级机构执照。国际评级资质认可显示出我国证券资信评级机构执业能力的提升，也为证券评级业务的国际市场开拓奠定了良好基础。

（二）硬件设施投入加大

2016 年，国内证券资信评级机构对评级系统及流程管理、经济数据库等重要信息管理系统及数据库进行了升级和完善。部分评级机构已经建立了完善的覆盖合规管理、客户关系管理、项目跟踪监测管理、财务预警分析、各类评级模型系统的信息管理系统，很多机构的信息系统新增功能包括操作导向模式、EXCEL 组件功能、数据转换文件功能、数据终端导出功能。为适应评级工作需要，截至 2016 年末，所有证券资信评级机构均购买了相关外部金融数据库、宏观经济数据库等，良好的硬件系统配置为评级机构提升自身技术服务水平奠定了良好基础。

---

① 7 家证券资信评级机构包括（排名不分先后）：大公国际资信评估有限公司（简称“大公国际”）、东方金诚国际信用评估有限公司（简称“东方金诚”）、联合信用评级有限公司（简称“联合评级”）、鹏元资信评估有限公司（简称“鹏元”）、上海新世纪资信评估投资服务有限公司（简称“新世纪”）、上海远东资信评估有限公司（简称“远东资信”）和中诚信证券评估有限公司（简称“中诚信证券”）。

（三）人才队伍建设有所加强

伴随债券市场的持续扩容，各家资信评级机构2016年均加大了人员招聘力度，具有一定资质的评级人员较上年大幅增加。截至2016年底，各家机构合计拥有证券从业资格的评级人员总数达931人，较上年大幅增长36.71%。其中，具有3年以上评级从业经验的人员数量为415人，较上年增长21.35%，但该类人员占比较上年下降较快；拥有注册会计师、律师等专业执业资格人员为53人，较上年增加12人，但占比略有下降。在评级机构所有员工学历构成中，具有硕士以上学历的人员占比为70%，占比较上年提升了6个百分点。整体来看，评级机构员工队伍具有高学历、年轻化的特点，但由于评级项目经验积累的客观要求，未来评级机构还需要采取措施应对员工流失率高的现状，提高具有较长从业经验的员工占比。

二、投资者服务水平

（一）评级相关服务工作进一步细化

除传统的评级服务外，各家评级机构在行业、地区、品种方面的评级服务更加细分和多元化。在行业、地区（风险）评级方面，有1家评级机构自2016年启动了行业风险季度跟踪评价机制，开展29个行业（含新增15个行业）的风险评价工作，其他机构也不同程度地对常规行业开展年度或半年度行业风险研究，并及时发布行业信用风险研究报告。国家主权评级方面，目前已经有2家评级机构开展了主权评级工作，并跟踪更新了30多个国家或地区的主权评级结果。

（二）投资人服务研究能力有所提升

2016年以来，各家评级机构更加注重研发力量的投入，年末研发人员总数达到192人，较上年增长了42%，在整体评级从业人员中的占比为13%。2016年，各家评级机构加大了对新产品评级方法和行业研究力度，共完成各类研究课题238个，公开出版书籍或专著7部，获得省级以上科研成果1项，研究成果较上年显著提升。从2016年各家评级机构披露的公开资料看，多数证券资信评级机构建立了月（季）度国内外宏观经济走势跟踪分析机制，研究内容较2015年更为多样，且注重对美国货币政策、人民币国际化（熊猫债）等内容的分析，政策解读与经济分析报告总量较上年显著增加。

除常规研究外，不同机构在不同评级研究领域特点突出：部分机构在贷款抵押证券评级、信用衍生品市场、互联网金融、P2P平台等方面研究深入；部分机构注重加强结构化融资、项目评级、行业分析、保险公司偿付能力的研究；部分机构在债转股、优先股、绿色债券等创新品种评级方面研究成果显著。

（三）投资者交流有所加强，行业形象提升

目前，各家资信评级机构投资人信息服务发布渠道主要为公司网站、微信、与第三方媒

体合作、寄送期刊等方式，多数机构对本公司网站与微信平台的信息更新维护质量较高。投资人会议方面，各家机构均注重与投资者的互动交流，不同程度地提升了评级政策的宣讲力度，并及时地不定期地针对信用等级调整标准、评级方法、行业信用风险展望等内容举办各种专题论坛，加强与投资人的沟通交流。2016 年，7 家机构合计多次主办或承办投资人会议，参加各类投资人服务论坛宣讲，并积极接受媒体采访或举办新闻发布会，宣传力度较上年显著提升。

三、合规管理

（一）制度建设不断推进

随着 2015 年 1 月《证券资信评级机构执业行为准则》及 2016 年 5 月《证券市场资信评级机构评级业务实施细则（试行）》的发布，各家机构在 2016 年更加注重内控体系的落实。在现有合规管理制度基础上，部分机构结合当前行业出现的新情况新问题，进一步修订相关业务制度并在中国证券业协会或各自公司官网上及时公示。其中，有 3 家评级机构针对合规制度进行了多项修订，如针对执业准则规定的利益冲突防范要求，部分机构定期对评级人员的直系亲属任职情况、员工证券账户设立及交易情况进行自查并要求员工出具承诺书；为加强对进场评级人员的管理，多家评级机构还设立了客户意见反馈机制，由发行人在项目人员进场后独立填写《客户意见反馈表》并寄送评级机构，对分析师的现场尽职情况进行监督管理。

（二）合规管理水平进一步提升

在防控信用风险的监管要求下，各家评级机构把合规管理作为日常工作的重中之重。2016 年，各家评级机构继续充实内部合规人员，按照监管要求定期自查并按时报送合规报告。各家评级机构重点从员工利益冲突防范、评级程序、评审委员会运作程序、跟踪评级、信息披露、评级档案、评级质量控制和评级业务复评等方面进行合规风险排查，按照中国证券业协会年度检查要求不断改进存在问题，合规管理水平进一步提升。

整体来看，2016 年，我国证券资信评级机构继续通过完善内部控制、加强科研开发、增加人才储备等措施，进一步合法合规经营，增强投资者服务能力，合规管理水平进一步提升。

第二节　评级业务发展概况

一、业务规模

2016 年，我国证券资信评级机构的业务规模继续平稳发展，全年协议承做评级项目

4 921 单①，较上年小幅增长 5.17%。其中，承担公司债项目 1 740 单，较上年大幅增长 19.02%，主要源自公司债新规后市场扩容的带动；承担可转换公司债项目 20 单，较上年的 9 单增长较快，但整体份额仍然较小；承担可交换债项目 38 单，较上年大幅增长 31.03%，主要源自 2016 年部分上市公司股东对该类产品较为青睐；承担证券公司债项目 353 单，较上年小幅下降 9.02%，主要源自证券公司监管环境变化及资金需求的下降；承担资产证券化产品 841 单，较上年大幅增长 84.84%，主要源自资产证券化市场政策和相关融资需求的推动；承担信托、资产管理等非标产品 521 单，较上年大幅增长 43.53%，主要源自机构投资者非标投资需求的推动。相较于上述产品增长的情况，主体评级业务规模由上年的 1 195 单下降至 864 单，下降幅度较大，主要源自信贷市场评级业务规模的下降（见图分 7－1）。

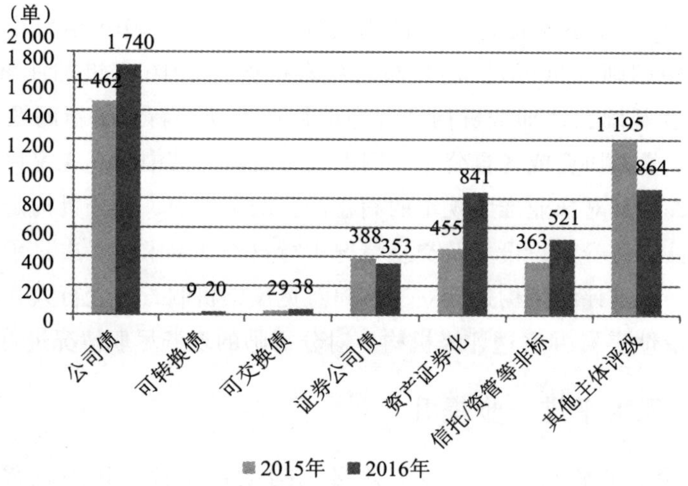

图分 7－1　2016 年 7 家证券资信评级机构协议承做的评级项目情况

资料来源：2016 年中国证券业协会专项调查统计数据。

从产品份额看，公司债依旧是占比最大的产品，份额占比达到了 35.36%，但份额占比较上年有所下降；主体评级业务次之，占比达到了 17.56%；资产证券化产品居于第 3 位，占比达到了 17.09%；信托/理财/资产管理产品份额处于第 4 位，占比达到了 10.59%；证券公司债、可交换债、可转换债产品份额依旧占比较小。

2016 年，7 家证券资信评级机构合计出具首次评级报告 3 899 份，较上年大幅增长。随着前期市场规模的快速扩容，各家评级机构跟踪评级工作量快速增加，全年 7 家机构合计完成定期跟踪评级项目为 2 972 个，不定期跟踪评级项目为 192 个，终止/撤销评级项目达到 127 个。

① 此处产品种类涵盖信贷产品评级。

二、评级品种

2016年，监管层继续大力鼓励金融创新，公司债创新产品不断涌现，绿色债券、熊猫债券、永续债、创新创业公司债券成为市场新亮点。2016年，交易所债券市场发行了多只创新债券产品，评级产品品种进一步多元化。此外，伴随着基础资产的不断丰富，绿色项目、商业地产抵押贷款、PPP项目、保单质押贷款等开始涌现，资产支持证券的细分评级标的也不断有所突破。

三、财务情况

受益于交易所债券市场发行主体的扩容，2016年信用评级行业整体业务收入大幅增长，盈利能力继续提升，各家评级机构的财务状况均优于上年。

2016年，7家证券资信评级机构的合计资产规模、营业收入和利润总额分别达到25.14亿元、13.24亿元和8.05亿元，分别较上年增长了38.97%、19.17%和126.12%，其中资产总额和利润总额增幅明显①。从盈利指标看，7家评级机构的平均净资产收益率达到39.57%，在金融服务行业属于较高水平。从交易所债券市场评级业务贡献看，2016年各家机构证券资信评级业务收入规模合计7.37亿元，较上年增长43.94%，占7家机构整体评级收入的比例为55.67%，占比有所提升（见图分7-2）。

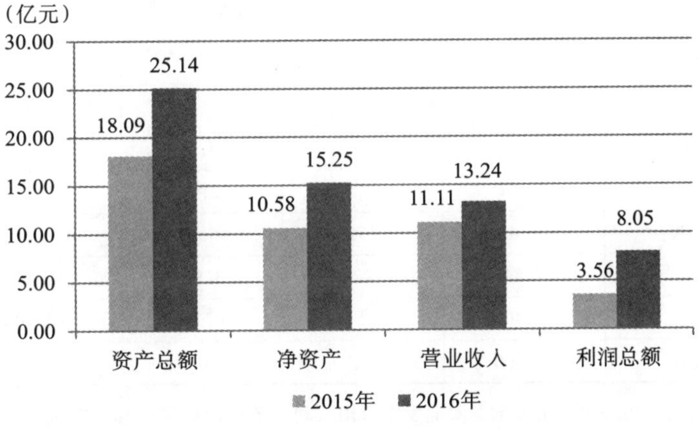

图分7-2　2016年7家证券资信评级机构财务情况

资料来源：2016年中国证券业协会专项调查统计数据。

① 因有1家机构2015年利润呈现亏损，使得2015年利润总额比较基数较低。部分评级机构数据因审计口径原因较原2015年报送数据有变动，此处以2016年新报送数据为准。

第三节　评级表现分析

一、一般公司债

（一）AAA级发行人数量增长较快，带动债券级别中枢上行明显

2016年，随着公司债一级市场的继续扩容，非上市企业发债热情高涨，全年共有558家①企业在交易所债券市场发行了一般公司债，整体发行人规模较上年呈现大幅增长。除数量上的增长外，发行人行业分布也愈加广泛，如融资租赁行业发债企业开始涌现。很多大型上市公司的股东从银行间债券市场转向交易所债券市场进行发债融资，部分港股上市公司或其关联企业转向交易所市场发债，发行人整体资质较上年提升明显。

从发行人级别分布情况看，发行人主体级别分布在A+—AAA级之间，级别跨度分布与上年保持一致。但从细分级别变化看，高级别（AA+级以上）的发行人家数较上年增幅明显，尤其是AAA级别发行人由上年的39家增至142家，增长幅度达到264.10%，占比较上年提升了9.54个百分点（见表分7-1）。较之于2015年，发行人主体级别分布占比最大的依旧是AA级别，发行人达到255家，在总发行人中占比达到45.37%。

表分7-1　　2016年一般公司债主体级别分布及变化情况

级别（级）	2015年		2016年		变化	
	主体家数（家）	占比（%）	主体家数（家）	占比（%）	家数变化（%）	占比变化（%）
AAA	39	15.73	142	25.27	264.10	9.54
AA+	66	26.61	141	25.09	113.64	-1.52
AA	130	52.42	255	45.37	96.15	-7.05
AA-	12	4.84	22	3.91	83.33	-0.93
A+	1	0.40	2	0.36	100.00	-0.04
合计	248	100.00	562	100	126.61	—

注：广州富力地产股份有限公司、上海宝龙实业发展有限公司、苏州国际发展集团有限公司、东旭集团有限公司在同一年内续发新债时主体评级均有所提升，本表合计数未考虑重复因素，若考虑重复因素则实际发行人家数为558家。

资料来源：Wind资讯。

从各档次级别发行人行业分布看，AAA级别发行人中，多元金融服务（22家）、综合类企业（14家）、房地产管理与开发（14家）在发行人数量中占比居于前3名；AA+级别

① 2016年存在同一发行人年内级别调整且续发债券的情况，此处剔除了重复因素。

发行人中上述三大行业企业数依旧居于前 3 位；AA 级别中，占比居于前 3 位的企业分别来自房地产管理与开发（59 家）、化工（19 家）和综合类（18 家）等行业。

从债项级别分布情况看，一般公司债产品中，除 16 广宇 01、16 中南债、16 神雾债、16 洲际 01 和 16 洲际 02 这 5 只债券债项信用级别为 AA－级外，其他债项信用级别均在 AA 级（含）以上。2016 年合计发行的 881 期一般公司债产品中，AA 级的债项级别占比依旧最大（期数占比为 35.87%），但占比下降幅度达到 10.07 个百分点；AAA 级的债项级别占比次之（期数占比为 34.96%），较上年提升 9.65 个百分点；AA＋级的债项级别占比第 3 位，较上年提升 1.10 个百分点。受发行人资质状况提升的带动（尤其是 AAA 级别发行人数量的提升），2016 年 AA＋级以上级别的债券占比较上年的 52.81% 上升至 63.56%，反映出整体债券产品信用状况向好（见表分 7－2）。

表分 7－2　　2016 年一般公司债债项级别分布及变化情况

级别（级）	2015 年		2016 年		变化	
	期数（期）	占比（%）	期数（期）	占比（%）	期数变化（%）	占比变化（%）
AAA	81	25.31	308	34.96	280.25	9.65
AA＋	88	27.50	252	28.60	186.36	1.10
AA	147	45.94	316	35.87	114.97	－10.07
AA－	4	1.25	5	0.57	25.00	－0.68
合计	320	100.00	881	100	175.31	—

资料来源：Wind 资讯。

（二）一般公司债担保方式多样，以控股或参股股东提供担保为主，但增级效果仍受发行人自身信用状况影响较大

2016 年发行的 881 期一般公司债中，有 113 期提供了担保，占比为 12.83%，有增信措施的债券占比较上年下降 4.05 个百分点。相较于 2015 年，2016 年一般公司债的增信措施较为多样，涉及第三方信用担保、房地产/生产装置抵押、股权质押等，其中信用担保期数占了约八成。第三方信用担保中，股东或关联企业占主要比例，外部专业担保公司占比相对较小。

从获得担保的发行人级别看，AA 级（57 期）、AA＋级（22 期）、AA－级（19 期）的发行人获得担保的期数最多，在有担保的债券中占比分别为 50.44%、19.47% 和 16.81%。

从级别提升情况看，在 113 期有担保债券中，级别获得提升的有 69 期（占比 61.06%）。其中，通过担保提升 1 个级别的债券为 38 期、提升 2 个级别的为 28 期、提升 3 个级别的为 3 期，提升 1 个级别的债券占比最大（占比 33.63%）。在提升 1 个级别的 38 期债券中，由 AA 级提升至 AA＋级有 20 期，是最主要的分布来源（见表分 7－3）。

表分 7 - 3　　2016 年一般公司债发行增信情况统计

原主体级别（级）	债项级别（级）	期数（期）	增信方式
AAA	AAA	13	基本由控股股东提供担保，担保人均来自大型国有企业，担保后发行利率较同期发行产品降低 30—50BP
AA +	AAA	12	均由控股或参股股东提供担保，担保人均来自大型国企或央企，担保后较同期民营企业发行的无担保债券利差下降约 180BP
	AA +	10	均由控股或参股股东提供担保，16 中星 01、16 海正债担保人来自地方性国企，担保后较同期国企发行无担保债券利差下降约 80BP
AA	AAA	17	16 邦信 01 由中债信用增进投资股份有限公司担保、16 鸿坤 01 和 16 鸿坤 02 由中合中小企业融资担保股份有限公司（以下简称“中合担保”）担保；其他的由股东或其他关联企业担保
	AA +	20	16 美的债、16 凯华 01、16 凯华 02、16 凯华 03、16 金旗 01、16 桐昆 01 等 6 只债券由房地产、股权等抵质押方式进行担保，其他由股东或其他关联企业担保
	AA	20	16 海伟 01、16 鲁万通、16 劲嘉 01、16 劲嘉 02、16 香江 01 5 只债券采用房地产、股权、生产装置等资产抵质押方式进行担保，其他均由控股股东或其他关联企业担保
AA -	AAA	1	绿色债券 G16 博天由中合担保进行担保
	AA +	11	16 安控债、16 飞马债、16 渝钢 01 等 6 只债券由各类担保公司进行担保，其他由国有股东进行担保
	AA	6	16 宁远高、16 三湘债以关联企业持有的资产作为抵押担保，16 浙富 01 以持有的上市公司股权质押担保；16 伊品债由西部担保有限公司进行担保；其他由股东进行担保
	AA -	1	16 神雾债由自然人吴道洪担保
A +	AA +	2	16 新纶债由深圳高新投集团有限公司提供担，16 力合债由珠海华发集团有限公司担保
合计		113	—

资料来源：Wind 资讯。

从增级效果上看，在剔除其他外在环境因素后，发行人采用担保措施后的发行利率与发行人主体级别、担保方信用及抵质押资产质量密切相关，其中发行人自身信用状况的影响更大。主体级别越高的发行人（尤其是 AA + 级）以上，采用担保第三方信用担保后利差下降明显，而主体级别 A + —AA - 级的发行人即便是采用了第三方担保、抵质押措施后信用级别提升至 AA + 级或 AAA 级，但依旧较相同债项级别的债券利差高出平均约 200 个基点

(BP)。AA 级别的发行人，在担保方级别越高（AA+级以上）且担保方为大型国企的情况下，发行利率较无担保的同期限同级别产品利差下降得越明显。

（三）一般公司债发行利率较上年下行明显，期间利率受阶段性信用事件影响出现波动，信用评级体现了良好的风险区分和排序功能

受社会整体融资成本下降的带动，全年公司债平均发行利率较上年下降约 120 个基点（BP）。以发行数量最大的 3 年期公司债券（共 551 期）作为考量对象，从其各档发行利率情况来看，除 2016 年 5 月和 10 月外，月度各级别之间的发行利率呈现良好的差异性，全年 AA+—AA 级月度平均利差为 117.60 个基点（BP），AAA—AA+级的月度平均利差为 116.80 个基点（BP），两档级别月度差异均衡。

从利率全年变化趋势看，三档级别月度平均利率呈现基本一致的走向，其中 3 月份利率水平较前期下降后在 5 月份升至相对高点，其后下行波动后在年终达到年度最高点（见图分 7-3）。形成上述状况的原因与货币政策、资金面和市场心理因素有关，其中 4 月、5 月利率上升主要源自 4 月中旬央企中国铁路物资股份有限公司违约，信用事件连续爆发引发市场避险情绪上升、叠加经济回升担忧、营改增增加债券回购融资成本等因素；年终利率上升源自第 4 季度多因素促使债市收益率不断上行，信用违约事件的增加使得信用利差上行，企业融资成本开始上升。

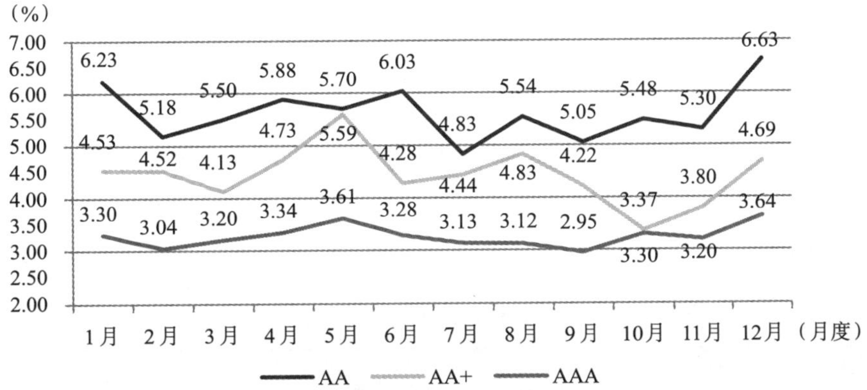

图分 7-3 2016 年 3 年期一般公司债月度发行利率走势

注：（1）统计样本为公开发行的 3 年期公司债券的发行利率；（2）如果债券存在选择权，期限为选择权之前的期限，例如债券的原始期限设计为“3+2”，则期限为 3 年；（3）以债项级别为统计基础。

资料来源：Wind 资讯。

从一般公司债利差统计来看，从 2016 年公开发行的 3 年期和 5 年期公司债券情况看，各档级别的利率均值、利差均值均随级别降低而逐步扩大，形成相对公允的利率及利差序列。但表分 7-4 中数据也显示出，除 AAA 级别外，其他档次 3 年期的平均利率、平均利差和标准差均高于 5 年期，显示投资者对当期 3 年期债券的风险预期相对较高，相应的风险溢价有所提升。从级差情况看，3 年期和 5 年期 AA+级和 AA 级之间、AA 级—AA-级的级差

均高于其他相邻档次的级差。偏离系数方面，AA+级档次的偏离系数均高于其他档次，显示出该档次级别下发行利率分散性较大。

表分7-4　2016年一般公司债券的发行利率和利差分析统计情况（3年期、5年期）

期限	债项信用等级（级）	样本数（个）	利率（%）		利差（基点）			
			区间	均值	均值	级差	标准差	偏离系数
3年	AAA	147	2.83—5.40	3.23	75.96	N/A	44.78	0.59
	AA+	159	2.95—7.50	4.35	189.44	113.48	114.65	0.61
	AA	243	3.23—8.50	5.53	307.45	118.01	120.60	0.39
	AA-	2	7.90—8.00	7.95	543.13	235.68	21.24	0.04
5年	AAA	119	3.00—5.50	3.40	80.02	N/A	31.29	0.39
	AA+	77	3.03—7.80	3.91	131.18	51.16	85.34	0.65
	AA	17	3.59—7.00	4.79	216.33	85.15	89.47	0.41

注：（1）利差为债券的发行利率减去当期债券同期限的交易所国债到期收益率；（2）如果债券存在选择权，期限为选择权之前的期限，例如债券的原始期限设计为“3+2”，则期限为3年；（3）级差为本信用等级的发行利差均值减去比该信用等级高一个级别的发行利差均值；（4）N/A表示不适用；（5）本表仅列出发行期限为3年、5年的公司债券，其他期限的公司债券由于样本量过小，故未列出。

资料来源：Wind资讯。

为进一步研究信用等级对利差的影响程度，本节通过方差分析和多重比较检验（Scheffe法），确定信用等级对利差影响的显著性以及各信用等级之间的差异化。根据对2016年一般公司债发行利差数据计算统计检验量及P值，得到Scheffe方差分析的检验结果。可以看出，在置信水平α为0.05时，各档公司发行利差的P值均小于α，即信用等级显著影响利差水平，且不同信用等级之间的利差存在显著差异，评级结果可比性强（见表分7-5）。

表分7-5　方差分析法对债项级别与发行利差显著性检验结果　（单位：BP）

期限	(I) 评级（级）	(J) 评级（级）	均值差（I-J）	标准误差	显著性（P值）	95%置信区间	
						下限	上限
3年	AA	AA+	118.01	10.59	0.00	92.01	144.01
		AAA	231.49	10.85	0.00	204.85	258.12
	AA+	AA	-118.01	10.59	0.00	-144.01	-92.01
		AAA	113.48	11.88	0.00	84.32	142.65
	AAA	AA	-231.49	10.85	0.00	-258.12	-204.85
		AA+	-113.48	11.88	0.00	-142.65	-84.32

续表

期限	(I) 评级（级）	(J) 评级（级）	均值差（I-J）	标准误差	显著性（P值）	95%置信区间	
						下限	上限
5年	AA	AA+	85.16	16.51	0.00	44.45	125.86
		AAA	136.31	15.97	0.00	96.93	175.70
	AA+	AA	-85.16	16.51	0.00	-125.86	-44.45
		AAA	51.16	9.01	0.00	28.94	73.37
	AAA	AA	-136.31	15.97	0.00	-175.70	-96.93
		AA+	-51.16	9.01	0.00	-73.37	-28.94

注：均值差的显著性水平为0.05。

资料来源：Wind资讯。

二、私募公司债

2016年，私募公司债发行较上年继续呈现井喷爆发态势，全年共有814家[①]发行人面向特定投资者非公开发行1 377期私募公司债，发行人家数和发行期数均较上年实现大幅增长，发行人行业分布也更加广泛。

2016年有主体评级信息披露的私募公司债发行人为691家，较上年大幅增加，在总发行人中占比为84.89%；有债券级别信息披露的期数为538期，在发行期数中占比为39.07%。

从发行人级别分布情况来看，私募公司债发行人主体级别分布在BBB—AAA级之间，级别跨度分布与上年相比有所扩大，AA+级别以上发行人增加明显。其中，AA级的企业有465家，占比64.76%，份额占比最大，较上年提升1.12个百分点；AA+级主体级别家数为154家，份额占比为21.45%，是占比第二大的级别；AAA级主体级别家数为42家，份额占比为5.85%，占比较上年变化不大；AA-级主体级别家数为46家，份额占比为6.41%，占比较上年下降了5.41个百分点，是占比第三大的级别（见表分7-6）。

表分7-6　　2016年私募公司债主体级别分布及变化情况

级别（级）	2015年		2016年		变化	
	主体家数（家）	占比（%）	主体家数（家）	占比（%）	家数变化（%）	占比变化（%）
AAA	6	5.45	42	5.85	600	0.40
AA+	18	16.36	154	21.45	755.56	5.09
AA	70	63.64	465	64.76	564.29	1.12

① 此处剔除了重复的发行人。

续表

级别（级）	2015 年		2016 年		变化	
	主体家数（家）	占比（%）	主体家数（家）	占比（%）	家数变化（%）	占比变化（%）
AA -	13	11.82	46	6.41	253.85	-5.41
A +	3	2.73	9	1.25	200	-1.48
A	0	0	1	0.14	—	0.14
BBB	0	0	1	0.14	—	0.14
小计	110	25.46	718	88.21	552.73	62.75
无公开披露	322	74.54	96	11.79	-70.19	-62.75
合计	432	100	814	100	88.43	—

注：不重复发行人为 691 家，表中数据为 718 家，很多企业在一年内续发债券时主体级别有所变化。

资料来源：Wind 资讯。

从各档次级别发行人行业分布看，AAA 级别发行人中，房地产管理与开发、多元金融服务、综合类企业在发行人数量中占比居于前 3 名；AA + 级别发行人中房地产管理与开发、建筑工程和多元金融服务三大行业企业数居于前 3 位；AA 级别中，上述三大行业发行人家数依旧居于前列。

从债项级别分布情况看，私募公司债产品中，除 16 东江债为 A + 级别，其他债券的级别均在 A + 以上，AA 级别债券占比依旧最大。从级别分布变化看，AA 级别的债券占比较上年下降了 12.14 个百分点，AA + 级（含）以上级别债券占比较上年合计提升了 13.73 个百分点。整体来看，虽然私募债对债券级别并未设定级别要求，但是从市场上发行的私募债券情况看，私募债整体的债券级别中枢明显上移（见表分 7 - 7）。

表分 7 - 7　　2016 年私募公司债债项级别分布及变化情况

级别（级）	2015 年		2016 年		变化	
	期数（期）	占比（%）	期数（期）	占比（%）	期数变化（%）	占比变化（%）
AAA	13	7.47	72	13.38	453.85	5.91
AA +	32	18.39	141	26.21	340.63	7.82
AA	123	70.69	315	58.55	156.10	-12.14
AA -	6	3.45	9	1.67	50	-1.78
A +	0	0.00	1	0.19	—	0.19
小计	174	17.83	538	39.07	209.20	21.24
无公开披露	802	82.17	839	60.93	4.61	-21.24
合计	976	100.00	1 377	100.00	41.09	—

资料来源：Wind 资讯。

从债券担保情况看，1 377 期私募债券中，采取增信措施的合计 313 期（占比仅为 22.73%），增信措施包括第三方信用担保、资产抵质押等。其中，第三方信用担保合计 303 期，抵质押合计 10 期。相较于一般公司债，私募债发行更显灵活，增信债券的比例较低。

从利率及利差情况看，私募公司债的发行利率和利差明显高于同级别一般公司债。以发行量最大的3年期私募债与普通3年期公司债对比看，私募债AAA级、AA+级别的全年平均发行利率较同期公司债要高出100个基点，但在AA级别上差距较小（平均为10个基点）。3年期私募债利率及利差均呈现随级别降低而逐渐扩大，级差和偏离系数均较同期限的公司债要低。

从显著性情况看，3年期私募公司债通过了方差分析检验，各档信用等级之间的利差差异明显（见表分7-8）。

表分7-8　2016年3年期私募债券的发行利率和利差分析统计情况（有债项级别披露）

期限	债项信用等级（级）	样本数（个）	利率（%）		利差（基点）			
			区间	均值	均值	级差	标准差	偏离系数
3年	AAA	37	3.48—7.60	4.54	206.20	N/A	82.68	0.40
	AA+	75	3.68—7.79	5.39	291.16	84.96	105.69	0.37
	AA	158	4.00—7.80	5.65	318.31	26.54	86.54	0.27
	AA-	1	6.00—6.00	6.00	342.76	N/A	N/A	—

注：（1）利差为债券的发行利率减去当期债券同期限的交易所国债到期收益率；（2）如果债券存在选择权，期限为选择权之前的期限，例如债券的原始期限设计为“3+2”，则期限为3年；（3）级差为本信用等级的发行利差均值减去比该信用等级高一个级别的发行利差均值；（4）N/A表示不适用；（5）本表仅列出发行期限为3年的公司债券，其他期限的公司债券由于样本量过小，故未列出。

资料来源：Wind资讯。

三、证券公司债

在2016年国内股市和债市均表现乏力的大背景下，伴随着融资融券等资本密集型业务走向平稳，国内证券公司融资规模大幅下降。2016年，我国交易所债券市场共有54家[①]证券公司发行了165期公司债券，其中次级债73期（占比44.24%），短期公司债33期（占比20%），一般公司债59期（占比35.76%）（见表分7-9）。虽然整体发行家数增幅较大，但各类产品发行期数较上年显著下降。2016年，证券公司融资需求较上年有所下降，不再新增对融资类业务及固定收益类自营资金的投入，发债融资除了增补营运资金，主要用于借新还旧摊低资金成本。

从发行人情况来看，次级债的发行人明显多于其他品种发行人。主体级别分布方面，除国融证券股份有限公司主体级别为AA-级以外，其他证券公司的发行人主体级别均在AA级以上。从债项级别分布情况看，2016年合计发行的165期证券公司债产品中，主要为AA+级以上级别（见表分7-10）。

① 已考虑重复因素，同一发行人可能会发生多品种产品，有3家未披露主体级别。

表分 7－9　　2016 年证券公司—公司债债项级别分布及变化情况

级别（级）	短期公司债（期）	次级债（期）	一般公司债（期限 1 年以上）（期）
AAA	3	—	33
AA＋	—	29	14
AA	—	10	3
AA－	—	4	—
A－1	9	—	—
合计	12	43	50
无级别披露	21	30	9
合计	33	73	59

资料来源：Wind 资讯。

表分 7－10　　2016 年证券公司债主体级别分布情况

项目	AAA（25 家）	AA＋（17 家）	AA（8 家）	AA－（1 家）
1	东方证券股份有限公司	东北证券股份有限公司	德邦证券股份有限公司	国融证券股份有限公司
2	方正证券股份有限公司	华安证券股份有限公司	华创证券有限责任公司	
3	广发证券股份有限公司	太平洋证券股份有限公司	华龙证券股份有限公司	
4	国元证券股份有限公司	西部证券股份有限公司	民生证券股份有限公司	
5	平安证券股份有限公司	财通证券股份有限公司	国盛证券有限责任公司	
6	西南证券股份有限公司	第一创业证券股份有限公司	恒泰证券股份有限公司	
7	兴业证券股份有限公司	东海证券股份有限公司	华鑫证券有限责任公司	
8	招商证券股份有限公司	国都证券股份有限公司	联讯证券股份有限公司	
9	中国银河证券股份有限公司	国联证券股份有限公司		
10	中信建投证券股份有限公司	华融证券股份有限公司		
11	中信证券股份有限公司	华西证券股份有限公司		
12	东兴证券股份有限公司	上海证券有限责任公司		
13	国开证券有限责任公司	天风证券股份有限公司		
14	国泰君安证券股份有限公司	湘财证券股份有限公司		
15	国信证券股份有限公司	浙商证券股份有限公司		
16	海通证券股份有限公司	中原证券股份有限公司		
17	华泰证券股份有限公司	华福证券有限责任公司		
18	申万宏源证券有限公司			
19	中国国际金融股份有限公司			
20	中国中投证券有限责任公司			
21	中银国际证券有限责任公司			
22	安信证券股份有限公司			
23	光大证券股份有限公司			
24	申万宏源集团股份有限公司			
25	中泰证券股份有限公司			

资料来源：Wind 资讯。

从发行利率和利差情况看，2016 年证券公司债券发行成本较上年下降明显，平均年发行利率在 3%—4% 之间，整体融资成本较低。以发行量最大的 3 年期和 5 年期公司债为样本，相较于同期限的非金融企业①公司债，AAA 级别的利率水平差异不大，但随着级别的降低，非金融企业的发行利率高于同级别证券公司债的趋势愈加明显，形成上述情况的原因是证券公司良好的信用基本面使得投资者风险预期较小。3 年期 AA + 级非金融企业年平均发行利率为 4.35%，高于证券公司债 87 个基点（BP）；3 年期 AA 级非金融企业平均发行利率为 5.53%，高于证券公司债 172 个基点（BP）（见表分 7 – 11）。

表分 7 – 11　　2016 年证券公司债与一般公司债年发行利率对比情况　　（单位：%）

期限	AAA 级		AA + 级		AA 级	
	证券公司	非金融企业	证券公司	非金融企业	证券公司	非金融企业
3 年期限	3.38	3.23	3.48	4.35	3.81	5.53
5 年期限	3.24	3.40	3.52	3.91	3.99	4.79

资料来源：Wind 资讯。

整体来看，2016 年证券公司发行人主体及债券级别分布变化不大，除 AAA 级别外，证券公司发行人发行利率明显低于同期限非金融企业，利差随级别的降低显著拉大。

第四节　违约分析

受宏观经济下行、部分周期性行业经营性压力加大影响，发行人债务风险暴露，近年来债券违约进入频发期。2016 年，我国债券市场违约事件发生较为密集，国企、央企背景的债券违约事件频率加大，公募市场共有 29 只债券（来自中票、短期融资券）发生违约，共涉及 16 家发行人构成主体违约，违约债券数和涉及主体家数均为 2015 年的 3 倍以上，公募债券市场违约率从 2015 年的 0.48% 上升至 2016 年的 0.60%。

从交易所债券市场看，公募市场未出现债券违约，但共有 9 只私募债发生实质性违约（在利息支付日或到期日未能及时拨付兑付资金）。其中，“大成西黄河大桥通行费收入收益权专项资产管理计划”的优先 A 档“14 益优 02”到期未发布兑付公告，是企业资产证券化市场的第一单实质性违约。

从 2016 年交易所债券市场违约情况看，私募债违约数量远高于公募债，这与前期中小企业私募债的爆发式增长密切相关，其发行人主要来自周期性强的中小民营企业，本身抗风险能力较弱，在担保人失信或丧失代偿能力情况下，上述发行人违约风险加大。从首单违约的资产证券化产品“14 益优 02”看，基础资产所依赖的煤炭行业不景气造成大桥通行费收

① 此处非金融企业为发行普通公司债的一般工商类企业。

入骤减使得产品偿付现金流下降，直接导致产品违约。

由于2016年交易所债券市场公募债券未发生违约，年度违约率为0，低于2014年和2015年的年度违约率水平。2014年和2015年，交易所债券市场分别有1只（11超日债）和2只公司债券（12湘鄂债、12中富01）违约。

从违约债券后期处理情况看，目前我国债券市场仍缺乏法治化和市场化的违约处置机制，违约债券兑付主要依靠如下途径：一是发行人自行筹集资金；二是担保方或第三方代偿；三是资产重组或债务重整后由股东注资兑付。虽然我国债券市场的投资者保护机制包括信息披露制度、债券持有人会议制度等，但执行效果不佳，已有多个违约事件出现信息披露不及时的情况，私募债尤其明显。未来我国债券市场有必要建立包括债券展期兑付、债务重组、债转股以及破产清算等一系列透明的违约处理机制，最大限度地减轻违约对实体经济的破坏性影响，推动实现市场信用机制。

整体来看，在宏观经济增速放缓的大背景下，部分企业经营压力加大，违约风险不断积累，2016年交易所债券市场私募债违约情况突出。目前我国债券市场仍缺乏法治化和市场化的违约处置机制，未来有必要建立有序的违约处置机制。

第五节　信用等级迁移分析

为研究2016年发行人的级别调整变化情况，本节以2016年初存续的公募公司债发行人①作为研究主体，统计其2016年内信用级别及评级展望变化情况。

2016年，交易所债券市场存续的公募公司债发行人级别变动合计84次，调整频率较高。上述级别变动中，级别上调61次，级别下调23次，上调占比达到72.62%。上调级别的发行人主要分布在公用事业、房地产、电力和证券等行业，上调原因主要是增资、业务重组及业绩改善。从级别调整率来看，以年初存续的1 063个发行人作为统计样本，上调比率为5.74%，下调比率为2.16%，合计级别调整比率为7.90%，调整率较上年有所提升。

2016年交易所债券市场存续的公募公司债评级展望调整合计46次，其中上调22次，下调24次，调整频率较高，上下调整的比例较为均衡，评级展望上调大多是因为2016年的业绩改善，在经济周期下行情况下，很多发行人前两年亏损，2016年业绩改善后由负面调整为稳定；评级展望下调主要来自钢铁、有色等强周期行业，行业持续不景气使得发行人业绩下滑，稳定调整为负面的情况较多。从调整率来看，展望调整合计占年初发行人总数的4.33%（见表分7-12）。

---

① 此处公募公司债包括普通一般公司债、可转债、证券公司债、可交换债等产品。

表分 7 – 12　　2016 年公司债发行人主体评级调整情况

项目	等级调整		展望调整	
	家数（家）	占比（%）	家数（家）	占比（%）
调升	61	5.74	22	2.07
调降	23	2.16	24	2.26
合计	84	7.90	46	4.33
样本数量	1 063	100	1 063	100

注：（1）评级展望调升、调降统计不包括信用等级发生调整的评级展望统计；（2）评级展望由负面调整为稳定或正面、由稳定调整为正面均视为调升，反之视为调降；（3）调升率或调降率 = 年内发生信用等级（或评级展望）调升或调降的数量与年初样本数量的比。

资料来源：Wind 资讯。

为反映信用评级机构对发行人的信用等级调整变化，本节采用 Cohort 法对发行人主体信用等级变化进行分析。在信用等级迁移方面，2016 年 1 年期信用等级迁移矩阵显示①，从年初至年末，在样本量较多的 AA – 级及以上级别中，AA – 级别的稳定率最低，其级别迁徙率为 15.87%，主要源自向上调整，有 12.70% 样本向上调整至 AA 级别；AA + 级别的迁徙率合计为 11.40%，为迁徙率第二高的级别，依旧主要来自向上调整；AA 级别的迁徙率居于第 3 位，有 8.31% 的 AA 级别样本上调至 AA +，2.08% 的样本下调至 AA – 级别。整体来看，AAA 级别最为稳定，级别迁徙率仅为 2.13%（见表分 7 – 13）。

表分 7 – 13　　2016 年发行人主体信用等级 1 年期迁移率　　（单位：%）

年末 / 年初	样本（个）	AAA	AA +	AA	AA –	A +	A	A –	BBB +	BBB	BBB –	BB + 及以下
AAA	141	97.87	2.13	—	—	—	—	—	—	—	—	—
AA +	193	9.33	88.60	2.07	—	—	—	—	—	—	—	—
AA	385	—	8.31	89.35	2.08	—	0.26	—	—	—	—	—
AA –	63	—	—	12.70	84.13	3.17	—	—	—	—	—	—
A +	10	—	—	—	20.00	40.00	10.00	—	—	20.00	—	10.00
A	1	—	—	—	—	—	100.00	—	—	—	—	—
A –	0	—	—	—	—	—	—	100.00	—	—	—	—
BBB +	1	—	—	—	—	—	—	—	100.00	—	—	—
BBB	0	—	—	—	—	—	—	—	—	—	—	—
BBB –	0	—	—	—	—	—	—	—	—	—	—	—
BB + 及以下	1	—	—	—	—	—	—	—	—	—	—	100.00

资料来源：巨潮资讯、Wind 资讯。

① 1 年期发行人主体信用等级迁移矩阵的计算方法采用 Cohort 法，即期对年初和年末均有效的信用等级从年初到年末的变动情况进行统计，不包括年内新发债券和债券在年内到期的发行主体的级别统计，亦不考虑年内等级多调和等级回调的情况。

值得注意的是，2016 年 A+级别整体迁徙率处于高水平，其中上调率达到 20%，主要源自智光电气、东方网力两家企业的级别上调；下调率达到 40%，主要来自星湖科技（由 A+级下调至 A 级）、云维股份（由 A+级下调至 BB 级）、柳化股份（由 A+级下调至 BBB 级）、煤气化（由 A+级下调至 BBB 级）等企业的调整。

2016 年，共有 5 家公司债发行人发生了大跨度调整（2 个级别以上），具体见表分 7-14。除黑牛食品外，发生大跨度调整的企业主要来自国有企业，多为煤炭、化工等强周期行业。

表分 7-14　　2016 年发行人主体信用等级 1 年期迁移率

（单位:%）

发行人	期初级别	展望	评级日期	期末级别	展望	评级日期
黑牛食品股份有限公司	AA	负面	2015 年 5 月 6 日	A	负面	2016 年 5 月 9 日
云南云维股份有限公司	A+	负面	2015 年 11 月 7 日	BB	—	2016 年 6 月 17 日
柳州化工股份有限公司	A+	稳定	2015 年 6 月 24 日	BBB	负面	2016 年 6 月 29 日
太原煤气化股份有限公司	A+	负面	2015 年 6 月 9 日	BBB	负面	2016 年 5 月 16 日
江苏舜天船舶股份有限公司	B	负面	2015 年 12 月 4 日	CC	负面	2016 年 3 月 10 日

资料来源：巨潮资讯、Wind 资讯。

整体来看，2016 年交易所债券市场公募债券发行人主体信用等级调整率较高，但调整幅度较上年有所放缓，信用等级迁移以向上调整为主，大跨度调整情况数量不多，信用等级稳定性基本随级别的升高而增强。

第三章
证券资信评级行业面临的问题和发展方向

第一节 目前证券资信评级行业面临的问题

一、评级机构内控水平有待进一步提升

建设一个持续改进、不断完善的内控体系是证券资信评级机构提升核心竞争力的内在需要，内控系统的完善程度在很大程度上决定了评级机构在业务开展过程中的持续健康发展水平。当前，为争夺市场份额，评级机构放松内控要求的问题时有发生，甚至还出现过为满足发行人要求而省略评级流程、缩短评级时间等情况，这些不仅加大了债券市场的信用风险，更不利于行业公信力的提高。此外，评级机构在内部控制方法和工具方面还相对滞后，大多未建立起内部控制缺陷的自我识别、监测、纠正与完善的长效机制。因此，与精细化管理和支持业务长远发展的目标相比，评级机构内控水平有待进一步提升。

二、业务增长与评级基础设施相对滞后的矛盾日益凸显

评级基础设施是支撑评级行业业务发展的根本，评级行业的创新发展需要以强大的评级基础设施作为保障。目前，评级业务增长与评级基础设施相对滞后的矛盾日益凸显。在“量”的方面，随着债券评级业务量的不断增长，满足相应资质的从业人员需求不断增加，但与评级机构经验丰富的分析师流失率较高、人员结构偏年轻化等现状形成巨大反差；在“质”的方面，随着创新类产品的大量出现，高质量的数据库系统和评级方法体系需求愈加明显，但评级机构数据库普遍存在着数据积累和储备有限的情况，对创新产品的系统化研究普遍不足。上述种种情况不利于评级机构的长远发展。

三、违约事件频发对评级质量提出更高要求

2016年沪、深证券交易所债券市场违约金额约17亿元，涉及11家发行人，共计11只

债券违约，其中包括1只跨市场发行的企业债，信用违约事件的频发对评级机构评级质量提出了更高的要求。考虑到当前宏观经济形势及债券本身的信用属性，债券违约是不可避免的正常现象，而且一定程度的违约还能够促进债券市场的发展和成熟，但评级机构应当树立持续改进评级质量的责任意识，并通过成熟的评级理论、丰富的评级实践以及先进的评级方法来不断提高评级结果的准确性和一致性。从本质上来说，信用评级是在进行大量尽职调查的基础上，对债券发行人偿债能力和意愿出具的专家意见，尽职调查所获取的评级资料的可靠性直接影响着评级机构所评定的评级结果的可靠性，进而对全面准确揭示债券市场风险发挥重要作用。

四、评级市场竞争秩序亟待规范完善

2015年以来，尽管交易所债券市场在监管体制、合格投资者培育、产品发行等方面取得了长足进步，但相对于银行间债券市场而言，无论从债券存量还是流量上看，整体规模依然偏小。同时，信用等级虚高、级别竞争严重等问题始终困扰着国内评级机构的健康发展。究其原因，最根本的还是评级市场竞争秩序不规范、不完善导致的。在行业整体利润空间有限的情况下，评级机构有可能通过级别竞争等方式抢占市场份额、确保生存空间。当声誉损失成本更低的评级机构通过给出较高级别去抢占市场份额时，市场上极易发生“劣币驱逐良币”现象，进而引发整个评级行业陷入级别竞争的恶性循环。因此，亟待规范和完善通过依靠评级技术、机构声誉来取得市场认可的评级市场竞争秩序。

五、评级行业合规水平存在较大改善空间

随着证券评级业务收入的快速增长，部分评级机构重业务、轻合规，主动发现、报告违规行为较少，仅仅把合规管理工作当作外部硬性的监管要求来落实的经营理念依然没有得到实质性改观。从近年来监管机构现场检查情况来看，评级机构对同一类对象评级未采用一致的评级标准和工作程序，评级过程中使用的评级方法、模型与其披露的评级方法、模型不一致，证券评级未按规定进行尽职调查等问题时有发生。众所周知，评级结果具有一定的主观性，如果评级机构不严格按照法律法规、行业自律规则的要求进行评级作业，不严格遵守其公开披露的评级流程和方法，那么就很难保证评级结果的独立性和公正性。因此，目前需要加强评级机构内部合规管理、增强其自我约束能力，继而提升评级行业整体合规水平。

第二节 证券资信评级行业发展方向

一、信用风险揭示和识别能力将加速评级机构优胜劣汰

自“11 超日债”成为信用债违约的首只债券以来，信用风险事件暴发愈加频繁。2016 年，我国债券市场发行人主体级别和评级展望下调次数共计 275 次，涉及企业共计 221 家，主体级别下调次数与家数达到历史最高。随着债券违约事件的接连出现，市场参与各方对于揭示信用风险的真实需求日渐凸显，也更加凸显出评级机构为市场投资者准确、客观揭示信用风险的功能和价值。尽管我国信用评级行业起步较晚，但是在交易所债券市场实现跨越式发展的背景下，信用评级作为债券市场的基础性制度安排应成为市场运行框架中的重要内容并发挥重要作用，而这一切都需要拥有一批专业素质过硬、执业经验丰富的评级机构从业人员作为基础。虽然当前各家评级机构都已加强了自身建设和不断提升信用评级质量和公信力以满足市场需求，但在投资者普遍关心的评级风险预警方面，尤其是在信用风险揭示和识别能力培育方面仍显不足，这将成为未来加速评级机构优胜劣汰的重要动力。

二、跨市场风险传导将继续加大对评级结果质量检验的需求

随着公司债发行的持续扩容，越来越多的发行人进入交易所债券市场融资，其中也包括大量已在银行间债券市场发行过非金融企业债务融资工具的发行人。由于发行人的重叠或业务、资金的交叉，原本仅在一个市场内的风险极有可能快速扩散至另一个市场，并导致整个债券市场系统性风险明显上升。当前，加强银行间、交易所两个市场的互联互通既是大力发展债券市场以及监管部门加强监管协调的客观需要，更是监测跨市场风险传导和防范债券市场系统性风险的重要前提。在这一互联互通过程中，跨市场发行、跨市场交易使得债券市场发行人主体和债项的有效样本数量不断增加，不仅有利于评级机构对发行利差和交易利差进行有效检验，也有助于评级机构对违约率和级别迁徙的统计分析。因此，在进一步强化信用评级风险定价功能的同时，跨市场风险传导将对评级机构的评级结果质量检验持续产生新的需求。

三、监管趋同下的跨市场协调将促进评级机构依法合规经营

尽管我国评级行业仍处于多头监管的状态，由国家发改委、中国人民银行、中国证监会、中国保监会等分别在各自领域归口管理，但是监管趋同带来的跨市场协调变化需要评级

机构加以适应，并将促进评级机构依法合规经营，避免监管套利。当前，由于交易所债券市场与银行间债券市场监管部门对评级机构的要求不同，导致同一个企业被不同评级机构在不同市场评出不同的信用等级，或同一个评级机构在同一市场对差异很大的企业给出相同的信用等级等怪象。因此，加强对评级机构的监管，尤其是监管部门之间的合作，监管趋同下的跨市场协调，有利于促进评级机构更加依法合规经营。

专题报告

专题报告之一：
2016 年证券行业履行脱贫攻坚社会责任综述

第一章
2016 年证券公司“一司一县”结对帮扶倡议落实情况

2016 年是脱贫攻坚首战之年，党中央把脱贫攻坚摆到了治国理政的突出位置。2016 年 3 月，为贯彻落实《中共中央 国务院关于打赢脱贫攻坚战的决定》和中央扶贫开发工作会议精神，中国人民银行、中国证监会等七部门联合印发《关于金融助推脱贫攻坚的实施意见》；2016 年 9 月，中国证监会出台《关于发挥资本市场作用服务国家脱贫攻坚战略的意见》（以下简称《脱贫攻坚意见》），提出充分发挥资本市场作用，服务国家脱贫攻坚战略。

中国证券业协会坚决贯彻落实中央及中国证监会的决策部署，发挥行业协会的引导作用，凝聚行业力量，助力脱贫攻坚。2016 年 8 月 4 日，中国证券业协会在新疆乌鲁木齐组织召开证券公司扶贫工作座谈会，与会代表一致同意向全行业发出倡议，开展“一司一县”结对帮扶行动，每家证券公司至少结对帮扶一个国家级贫困县，通过组建金融扶贫工作站、管理人员挂职等方式与当地政府建立长效的帮扶机制，发挥专业优势帮助县域内企业规范公司治理，以产业扶贫为主导，提高贫困地区利用资本市场促进经济发展的能力；结合当地建档立卡贫困户实际，采取多种措施，帮助解决当地贫困户就业就学就医等实际困难。截至

2016年12月30日，已有82家证券公司确定对口帮扶125个国家级贫困县（见附表），在证券公司数量（母公司口径①）中占比已达85%。

一、帮扶积极性逐步提高

2016年9月9日，中国证券业协会发布证券公司“一司一县”结对帮扶第1号公告，首批11家证券公司率先响应，短短4个月，发展到82家公司投身进来，其中35家公司增至“一司多县”。结对帮扶数量最多的为华林证券，共结对帮扶6个贫困县；其次为国信证券，共结对帮扶5个贫困县；4家证券公司（财富证券、东北证券、光大证券、长城证券）结对帮扶4个国家级贫困县；3家证券公司（华金证券、申万宏源、长江证券）结对帮扶3个国家级贫困县；26家证券公司结对帮扶2个国家级贫困县；其他47家证券公司各结对帮扶1个国家级贫困县。

二、帮扶覆盖面不断扩大

82家证券公司结对帮扶的125个国家级贫困县，帮扶范围覆盖了22个仍存在扶贫开发工作重点县的省、自治区、直辖市，不少证券公司积极克服距离远的困难，结对西藏、新疆、贵州等边疆省份及江西赣州等革命老区（见图专1－1）。

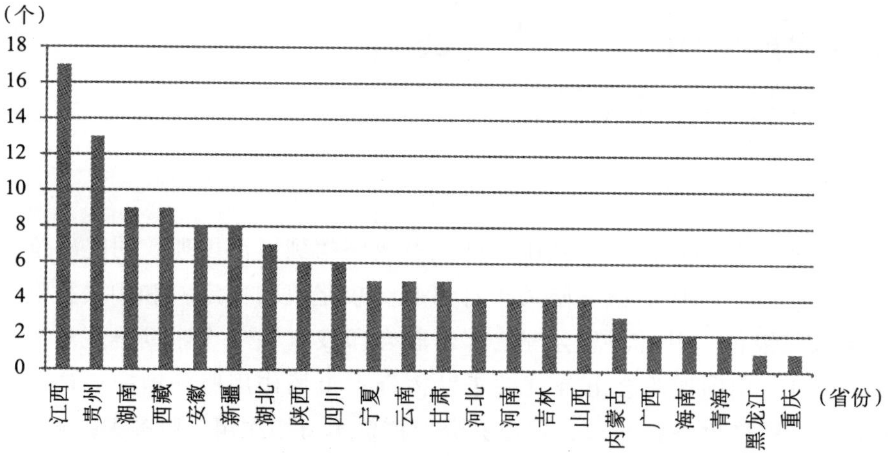

图专1－1　结对帮扶贫困县分布情况

① 截至2016年12月底，证券公司合计129家，其中，母公司97家，全牌照子公司2家，证券经纪子公司3家，证券投行子公司11家，证券资产管理子公司16家。

三、帮扶机制因“县”制宜

各证券公司因“县”制宜，通过设立扶贫工作领导小组、派驻挂职干部及建立金融扶贫工作站等多种方式，初步建立长效帮扶工作机制，加强双方的沟通协作，确保具体扶贫项目落到实处。20 余家证券公司已派驻挂职干部 40 余人，14 家证券公司设立金融扶贫工作站 23 个。

2016 年，证券公司积极发挥行业优势，从产业扶贫、金融扶贫、消费扶贫、智力扶贫、公益扶贫等几个方面对贫困县开展精准扶贫，证券行业结对帮扶工作取得良好开局。

第二章
2016 年证券公司精准扶贫具体情况

2016 年，证券公司在结对帮扶的基础上，深入贯彻落实中国证监会《脱贫攻坚意见》精神，在支持贫困地区融资、产业扶贫、公益扶贫、智力扶贫等各方面都取得了积极进展，并涌现出了一批优秀典型。

一、加大贫困地区融资服务力度

中国证监会《脱贫攻坚意见》指出，要优先支持贫困地区企业利用资本市场资源，拓宽直接融资渠道，提高融资效率，降低融资成本，不断增强贫困地区自我发展能力。据不完全统计，证券公司发挥专业优势，全年帮助贫困地区企业融资 446.57 亿元。其中，通过主板首次公开发行股票并上市、股票定向增发、并购重组 3 个项目，为贫困地区企业融资 42.33 亿元；通过全国中小企业股份转让系统开展股权融资项目 31 个，为贫困地区企业融资 34.33 亿元；通过区域性股权市场开展融资项目 40 个，融资 49.75 亿元；为贫困地区企业发行债券融资项目 39 个，融资 286.20 亿元；为贫困地区企业发行资产管理计划 12 个，融资 33.96 亿元（见图专 1－2）。

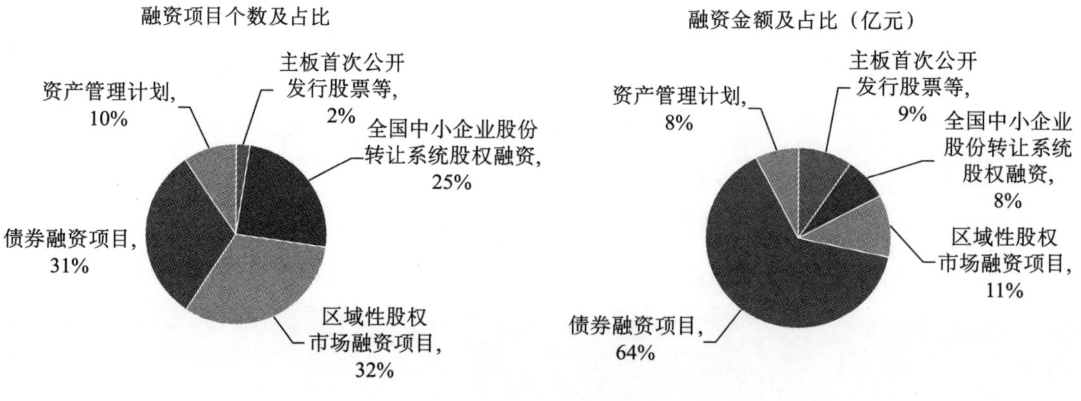

图专 1－2　证券公司帮助贫困地区融资情况

期间，证券公司结合贫困地区不同产业、不同企业的差异化金融需求，创新融资手段，实现贫困地区企业与资本市场的有效对接，着力解决“融资难、融资贵”问题。2016年7月，华林证券发行“云南文产巴拉格宗景区入园凭证资产支持专项计划”，融资8.4亿元，还款来源为香格里拉大峡谷——巴拉格宗国家AAAA级风景名胜区未来的门票、观光车、漂流设备的销售收入。该计划充分挖掘巴拉格宗风景区丰富的旅游资源，探索贫困地区利用自然旅游资源创新融资手段的路径。2016年9月，国开证券、华西证券发行第一期“泸州市易地扶贫搬迁项目收益债”，融资金额5亿元，还款来源为易地扶贫搬迁项目使用城乡建设用地增减挂钩收益。该债券的成功发行创新了易地扶贫搬迁融资模式，开创了以债券形式支持扶贫开发的先例，为国家脱贫攻坚行动探索了新的融资路径。2016年9月，招商证券成功发行牧原集团可交换公司债，融资总额21.5亿元，债券的票息低于同类纯债，探索利用可交换公司债的形式降低企业融资成本。

二、提升贫困地区产业发展能力

产业扶贫是实现扶贫方式由“输血”救济到“造血”自救的根本性转变，是贫困地区彻底摆脱贫困的根本举措。证券公司深入调研，找准路子，通过培育特色产业、推广特色产品、设立产业基金等方式，帮助贫困地区走上产业发展之路。期间，根据精准脱贫阶段的新形势新特点，创新了不少帮扶模式。

一是找准症结，因地制宜制定产业发展规划。东方证券对帮扶县内蒙古自治区莫力达瓦达斡尔族自治旗菇娘产业发展状况以及菇娘的产品特色进行实地调研走访，就菇娘的销售渠道、仓储、质量检测、品牌推广等事项与专注于农产品品牌塑造的相关电商进行详细探讨，确定了“盘活菇娘产业链、打造优质品牌”的产业发展方向，并完成初步方案设计。中金公司对帮扶县湖南省古丈县进行实地考察和调研，撰写了《脱贫致富，从“产、城”破局——古丈县调研报告》，为古丈县的经济发展献计献策。

二是对症下药，大力培育特色产业。华龙证券联合甘肃省甘南藏族自治州舟曲县果耶乡，成功打造绿色健康农产品品牌——“藏乡荞麦”，提高当地农户的“造血”功能。所有销售款全部汇入华龙证券“垄上人家”爱心基金，用于后续贫困地区扶贫项目，探索产业扶贫与公益扶贫相结合的方式。浙商证券为盘活安徽省岳西县的林业资源，推动华东林业产权交易所设立华东林业交易所皖西南中心，通过将当地农户和企业的林地及农产品挂牌交易、开展碳汇交易等方式，以林权交易为基础，帮助农户、农业企业从合作银行获得贷款，实现林业与金融互通对接，实现林业“资源变资产变资本”、“叶子变票子”，践行习近平总书记提出的“绿水青山就是金山银山”的理念。光大证券出资200万元在湖南省新田县实施了红六军团小源会议旧址等修缮工程，引进“红色、绿色、古色”旅游资源，打造红色旅游新模式。

三是拓宽销售渠道，推广特色产品。为切实解决贫困地区产品销路问题，证券公司在帮助贫困地区企业及农户加强质量把关、改善产品包装的基础上，挖掘贫困地区特色产品及卖点，各展神通，通过公司自身消费、利用营业网点展示推广、发掘客户及员工消费潜力、与“中证普惠”消费扶贫平台及其他第三方平台合作等方式，推广贫困地区特色产品，帮助贫困县农户稳定增收。自结对帮扶行动启动至今，已推广销售贫困地区特色产品2 200余万元。

四是设立产业基金，助力产业发展。长江证券、东海证券、华创证券、国盛证券4家证券公司探索设立产业基金，主要投资于贫困地区支柱产业及拟扶持产业，带动关联企业发展，促进地区经济建设。截至2016年底，产业基金已募集金额26亿元，并将通过联合投资扩大投资规模。

三、普及资本市场发展理念

2016年，证券公司通过发挥营业网点带动作用、开展资本市场培训教育活动等，着力提升贫困地区对资本市场的认识，增强利用资本市场促进自身发展的能力。共在贫困地区开展资本市场教育培训活动近200场，4万余人次接受教育培训。教育培训内容涵盖多层次资本市场发展现状、多层次资本市场功能定位和上市（挂牌）条件以及理性投资、远离非法证券活动等金融知识。各证券公司在增加教育培训数量的同时，注重提升活动质量，树立活动品牌，活动影响力逐步扩大。方正证券以“扶贫先扶智、致富奔小康”为目标的“智·富大讲堂”在河南省新县启动，至今已举办5期，为当地培养了一批“带不走”的懂金融的干部、懂市场的企业家，也带给贫困县领导干部和企业家更宽广的视野，受到贫困地区政府及企业的欢迎和称赞。

四、广泛开展各项公益帮扶

证券公司在发挥自身专业优势，帮助贫困地区利用资本市场发展的同时，还积极开展公益捐赠，为贫困地区群众解燃眉之急。2016年，向贫困地区捐款捐物金额达8 984万元，公益项目涵盖教育、基础设施建设、医疗等各方面。

教育扶贫：国信证券启动“金色人生”培养计划，将25个贫困县作为定向捐资助学地区，为优秀学子提供教育经费，自2010年起，已累计资助学生1 117人次，总资助金额322.35万元。为改进基础设施，改善教育环境，2016年，兴业证券出资2 000万元，借助兴业慈善基金会，与云南省彝良县政府共同发起设立“彝良县革命老区教育扶贫专项基金”，通过“兴青年计划”、“兴视野计划”、“兴未来计划”推动老区教育事业发展。申万宏源证券捐赠600万元在新疆喀什地区麦盖提县新建幼儿园。新时代证券捐资100万元，用于援建新疆库库力村双语幼儿园暨新时代小学教学点。安信证券出资199.5万元修建贵州省罗甸县罗甸二小学生宿舍楼，出资22万元修建学生浴室，并出资50万元改善云南省绿春县波依小学基础设施。此外，为加强贫困地区师资队伍建设，太平洋证券每年投入80万元，资助云南省贡山县乡村教师参加培训，对优秀教师进行专项补贴，通过各方努力，使贡山县乡村教师教学水平稳步提高，职业吸引力明显增强。

医疗扶贫：华林证券向中国儿童少年基金会捐赠人民币1 100万元，用于“儿科医师专项培训”与“倾听花开声音——春蕾女童夏令营”项目，帮助贫困地区儿童铺就健康之路、求学之路。

基础设施建设：安信证券出资72万元修建贵州省罗甸县4.5公里的机耕道，出资157万元建设罗甸县大亭社区农贸市场，出资30万元建设罗甸县大亭电商服务中心，受益群众2 372户、10 675人，其中贫困户353户、985人。红塔证券援建云南省漾濞县清河村3公里的“红证河福渠”，解决100余亩农作物灌溉用水问题。华信证券开展“点亮乡村”公益扶贫项目，为江西省吉安县86个贫困村安装1 720盏太阳能路灯，解决村民夜间出行照明问题，并把环保概念带进农村。华西证券向四川省北川县凤阳村捐赠100万元，用于贫困户房屋风貌改造建设；向北川县通坪村捐赠160万元，用于143户村民危房改造项目。

第三章
2016 年中国证券业协会定点扶贫情况

2013 年以来，中国证券业协会在国务院扶贫办和中国证监会的正确领导下，在行业和山西省扶贫办、山西证监局的大力支持下，严格按照《中国证券业协会定点扶贫工作方案》、《证券行业扶贫专项基金使用流程》等制度，持续稳定、踏实有效地开展定点帮扶工作，做到真扶贫、扶真贫、真脱贫。

一、扶贫工作开展情况

2016 年，中国证券业协会在隰县、汾西县开展了 17 项帮扶项目，包括金融及产业扶贫类 8 项、公益扶贫类 9 项，共投入资金 348.8 万元，取得了一定成效。

（一）金融及产业扶贫类方面

一是加强对隰县当地龙头企业京润泽农业科技开发有限公司的上市培育和孵化力度，引入晋能集团为企业注资 1 500 万元，邀请山西高新普惠资本投资服务有限公司对京润泽农业科技开发有限公司等企业进行调研，制订并购重组方案，对其升级改造，提升管理能力和竞争力，积极推动在新三板挂牌，现已进入尽职调查阶段。二是立足隰县旅游资源禀赋，推进旅游产业建设，积极推进与中国扶贫基金会合作，将善行者徒步筹款活动、美丽乡村项目引入隰县石马沟等景区，通过改善村民居住条件、生活条件，提高景区知名度，吸引投资，建设一批贫困人口参与度高的产业基地，带动脱贫。三是继续加大对隰县品牌农产品“玉露香梨”的推介营销力度，重点建设农产品网上销售平台，巩固扩大“玉露香梨”的产业基地建设，目前相关平台已完成调研或进入试运营推介阶段。四是依托自然资源，联系山西证券股份有限公司引入资金在汾西县永安镇太阳山村建设 63 座 5 000 瓦光伏电站，精准对接建档立卡贫困户。五是通过举办金融知识培训班，为当地金融干部及企业负责人进行第二期金融知识培训，开展“金融诚信进校园”等活动，普及金融知识，倡导金融诚信。

（二）公益扶贫方面

一是开展资助贫困生，捐建梦想中心、图书馆、新长城自强班、乡村小学图书馆等多项捐资助学教育扶贫活动，加大对贫困家庭学生的救助力度，改善部分学校的基本办学条件。二是开展多项医疗救助活动，邀请各地医学专家在隰县人民医院义诊和培训医务人员，捐赠医学期刊及网课网卡、人民医院耳鼻喉诊疗工作站整套设备等，积极促进医疗诊治和保健咨询服务向贫困地区延伸。

二、主要成效

三年来，中国证券业协会坚决落实党中央、国务院和中国证监会关于扶贫开发工作的一系列方针政策，积极开展定点帮扶工作，取得了显著成效。

（一）扶贫项目开展扎实有效

2013—2016年，中国证券业协会共在隰县、汾西县开展扶贫项目30项，投入资金700多万元，在产业扶贫、公益扶贫方面做了大量工作，为当地产业发展、经济提升、农民增收、贫困人群脱贫致富做出了贡献。

（二）资本行业优势发挥突出

中国证券业协会通过挂职干部的协调联络、全力服务、主动作为，一方面引进企业和资金，为本地企业的升级改造、管理提升提供保障，另一方面推动企业合并重组，积极准备上市，极大地解放了思想，提高了企业竞争力，有力地推动了贫困地区经济社会的快速发展。

（三）挂职干部能力显著提升

中国证券业协会先后选派挂职干部4名，分别由协会和中信建投证券、山西证券派驻隰县和汾西县任副县长职务，既推进了中国证监会定点帮扶工作的有效开展，又全方位、多岗位地培养锻炼了一大批挂职干部，使其能力素质得到了较大提升。

第四章
中国金融扶贫综合服务平台建设情况

中国金融扶贫综合服务平台又称“扶贫平台”，是中证机构间报价系统股份有限公司（以下简称“中证报价”）在中国证券业协会指导下，依托机构间私募产品报价与服务系统（以下简称“报价系统”）建立的互联网扶贫综合服务平台，旨在汇集行业资源，促进贫困地区产业发展，为金融机构开展扶贫工作提供支持和服务；同时，通过推动贫困地区产业资源与资本市场对接，促进贫困地区资源优势产业化，推动贫困地区经济发展。

扶贫平台于2016年9月12日正式上线运行，首期上线的业务主要分为四大板块：信息展示与对接、县域特色产品销售、扶贫政策与证券行业扶贫案例宣传、证券行业扶贫信息共享机制。

一、信息展示与对接

信息展示与对接是扶贫平台为实现贫困地区与资本市场对接而开发的功能。按照展示信息内容的不同，扶贫平台将信息展示与对接细分为两个栏目。

（一）县域信息展示

在县域信息展示栏目中，贫困县政府可自行或委托相关机构通过扶贫平台展示县区基本情况、自然资源、特色资源、经济发展状况、基础设施及社会事业发展情况、区县创意策划、项目开发状况、优惠政策、县区企业经营状况与融资需求等多方面的信息，即贫困县域通过扶贫平台展示县域相关信息，提升县域知名度，以加深金融机构对贫困地区的了解，发现贫困地区投资资源，并为其下一步投资打下基础。

2016年，扶贫平台已为中国证监会定点帮扶县、山西临汾的贫困片区以及新疆、西藏等民族地区建立专门的展示板块。除此之外，大部分证券公司结对帮扶县域以及其他贫困县域也通过扶贫平台进行了县域信息展示。

（二）项目融资信息展示

帮助贫困地区企业融资是扶贫平台促进贫困地区经济发展的重要举措。扶贫平台开设项目融资信息展示栏目，供贫困地区企业展示项目融资信息，即贫困县域企业通过扶贫平台展示其特色产业项目与融资需求，招揽有意向的资金方关注。贫困县域企业可通过平台展示企业概况、融资需求、项目进展、融资方式等，依托扶贫平台丰富的金融机构资源，实现投融资双方对接。

根据项目来源与内容的不同，项目融资信息展示栏目下，又分别设置融资项目、项目融资需求以及证券公司帮扶项目等子栏目。

二、县域特色产品销售

县域特色产品销售又称消费扶贫，是扶贫平台在促进贫困地区产业发展方面所做的另一种尝试，意图通过互联网方式帮助贫困县域销售其特色产品，对贫困地区经济发展提供支持与帮助。

三、扶贫政策与证券行业扶贫案例宣传

此板块包含两个栏目，其中，扶贫政策主要是宣传国务院、各部委以及中国证监会最新发布的扶贫政策，为各机构了解最新扶贫政策提供权威窗口；证券行业扶贫案例展示则是证券公司宣传其扶贫最新动态的窗口，其他机构可通过这一窗口了解行业扶贫新模式，交流扶贫先进经验。迄今为止，扶贫平台共更新 63 条扶贫政策及行业扶贫动态信息，其中扶贫动态新闻 40 条、扶贫政策 7 条、结对帮扶 5 条、扶贫典型 7 条、扶贫问答 4 条。

四、证券行业扶贫信息共享机制

为了解行业扶贫的整体态势，按照扶贫工作模式的不同，中证报价按照结对帮扶、公益扶贫、产业扶贫、消费扶贫等项目对现有行业扶贫数据进行分类，并开发了证券公司扶贫业务信息报送系统。证券公司可通过具有专门权限的报价系统参与人账户登录系统进行扶贫业务信息的报送，并对相关信息进行持续更新。报价系统根据证券公司定期报送的扶贫信息，整理扶贫报告，供中国证券业协会及监管部门参考。迄今为止，共计收到 102 家证券公司报送的 1 227 条信息。

在不断完善系统功能的同时，中证报价也在努力推动各项扶贫业务的实践，2016 年与山西省临汾市在扶贫工作上开展了系列合作，山西证券、中信建投证券、大同证券三家证券公司确定对山西省临汾市贫困县域结对帮扶，并在产业扶贫、消费扶贫、金融扶贫等方面与扶贫平台一起合作，推动扶贫工作在临汾市贫困县域落实。

第五章
证券行业扶贫工作存在的问题及 2017 年展望

一、存在的困难与问题

目前，证券行业服务脱贫攻坚机制初步建立，但实践中，由于扶贫时间短、扶贫经验不足等原因，证券行业扶贫工作仍存在扶贫对象不够精准、对接建档立卡贫困户有效需求不够精准、扶贫效果不够明显等不足。“坚持精准扶贫、精准脱贫，重在提高脱贫攻坚成效”，习近平总书记在中央扶贫开发工作会议上的重要讲话，是脱贫攻坚必须把握的思路和方法，也是做好新时期扶贫开发工作的重要方法论。证券公司扶贫任重道远，必须解决好怎么扶的问题，扎实开展调查研究，找准症结，“靶向治疗”，才能切实提高扶贫成效，做到真扶贫、扶真贫。

二、2017 年展望

2017 年是打赢脱贫攻坚战关键之年。证券公司应进一步找准支持贫困地区经济社会发展和贫困农户脱贫致富的着力点，做到四个精准：一是扶持对象精准，对建档立卡贫困户在就医就学等方面开展精准帮扶；二是项目选择精准，发挥产业带动作用，重点支持贫困地区主导产业、重点客户和关键项目，从根本上解决贫困问题；三是提供服务精准，积极对接中国证监会相关扶贫政策部署，因地因产业制定差异化服务政策，精准创新适应贫困地区需求的特色金融产品；四是保障措施精准，强化组织领导，加大资源倾斜，建立激励约束机制，提升服务能力。

中国证券业协会将在中国证监会的指导下，不断总结行业扶贫经验及优秀典型，做好推广、交流及宣传；着力完善信息共享、考评激励等机制，激发行业扶贫内生动力；继续引导证券公司用“抓铁有痕、踏石留印”的工作作风将结对帮扶工作落到实处；团结全行业人员，众志成城，真情服务贫困地区及贫困群众，为打赢脱贫攻坚战做出更大贡献。

附表

证券公司“一司一县”结对帮扶情况汇总表

（截至2016年12月30日）

序号	公司名称	已结对帮扶贫困县名称	批次
1	爱建证券	湖北省英山县	第6批
2	安信证券	贵州省罗甸县	第5批
3	渤海证券	陕西省略阳县	第5批
4	财富证券	湖南省安仁县	第5批
		湖南省沅陵县	第5批
		湖南省安化县*	第5批
		湖南省邵阳县*	第5批
5	财通证券	四川省剑阁县	第4批
		甘肃省甘谷县	第4批
6	川财证券	四川省雷波县	第6批
7	大同证券	山西省隰县	第3批
8	德邦证券	江西省莲花县	第5批
9	第一创业	湖南省平江县	第4批
10	东北证券	吉林省大安市	第4批
		吉林省和龙市	第6批
		吉林省靖宇县	第6批
		吉林省汪清县	第6批
11	东方证券	内蒙古自治区莫力达瓦达斡尔族自治旗	第4批
12	东莞证券	湖南省江华瑶族自治县	第6批
13	东海证券	湖南省汝城县	第3批
14	东吴证券	贵州省石阡县*	第2批
		贵州省松桃苗族自治县	第3批
15	东兴证券	湖南省邵阳县*	第5批
		新疆维吾尔自治区尼勒克县*	第6批
16	方正证券	湖南省安化县*	第3批
		江西省石城县*	第5批
17	光大证券	湖南省新田县	第2批
		江西省万安县	第6批
		宁夏回族自治区西吉县	第6批
		江西省兴国县	第6批
18	广发证券	海南省五指山市	第3批
19	广州证券	贵州省水城县	第5批
		江西省石城县*	第6批
20	国都证券	河北省围场满族蒙古族自治县	第4批

续表

序号	公司名称	已结对帮扶贫困县名称	批次
21	国海证券	广西壮族自治区资源县	第 6 批
		江西省赣县	第 6 批
22	国金证券	四川省九寨沟县	第 5 批
23	国开证券	陕西省汉滨区	第 3 批
		湖北省蕲春县	第 4 批
24	国联证券	四川省平昌县	第 6 批
		安徽省宿松县*	第 6 批
25	国融证券	内蒙古自治区武川县*	第 3 批
		内蒙古自治区敖汉旗	第 5 批
26	国盛证券	江西省横峰县	第 6 批
		江西省寻乌县	第 6 批
27	国泰君安	江西省吉安县*	第 3 批
		四川省普格县	第 6 批
28	国信证券	新疆维吾尔自治区麦盖提县*	第 1 批
		贵州省三都水族自治县	第 6 批
		贵州省织金县	第 6 批
		新疆维吾尔自治区英吉沙县	第 6 批
		新疆维吾尔自治区塔什库尔干塔吉克自治县	第 6 批
29	国元证券	安徽省寿县	第 1 批
		安徽省太湖县	第 4 批
30	海际证券	贵州省石阡县*	第 6 批
31	海通证券	安徽省利辛县	第 4 批
		江西省宁都县	第 6 批
32	红塔证券	云南省漾濞彝族自治县	第 1 批
33	华安证券	安徽省宿松县*	第 4 批
34	华宝证券	云南省江城哈尼族彝族自治县	第 6 批
35	华创证券	贵州省独山县	第 4 批
		贵州省西秀区	第 4 批
36	华福证券	河北省阳原县	第 4 批
37	华金证券	内蒙古自治区武川县*	第 3 批
		广西壮族自治区巴马瑶族自治县	第 6 批
		贵州省黔西县	第 6 批

续表

序号	公司名称	已结对帮扶贫困县名称	批次
38	华林证券	西藏自治区堆龙德庆区	第5批
		西藏自治区达孜县	第5批
		西藏自治区定日县	第6批
		西藏自治区南木林县	第6批
		西藏自治区拉孜县	第6批
		西藏自治区江孜县	第6批
39	华龙证券	甘肃省舟曲县	第2批
		甘肃省武山县	第2批
40	华融证券	江西省瑞金市	第2批
41	华泰证券	安徽省金寨县	第3批
42	华鑫证券	贵州省剑河县	第4批
43	华信证券	江西省吉安县*	第6批
44	华英证券	贵州省赫章县	第6批
45	九州证券	青海省祁连县	第4批
46	开源证券	陕西省汉阴县	第2批
47	联储证券	安徽省阜南县	第6批
48	联讯证券	江西省余干县	第5批
49	民生证券	江西省南康区	第5批
		新疆维吾尔自治区阿克陶县	第6批
50	民族证券	河南省新县	第3批
51	南京证券	宁夏回族自治区同心县	第3批
52	平安证券	河北省平泉县	第6批
53	山西证券	山西省汾西县	第1批
54	申万宏源	新疆维吾尔自治区吉木乃县	第1批
		新疆维吾尔自治区麦盖提县*	第1批
		甘肃省会宁县*	第1批
55	世纪证券	江西省于都县	第6批
56	首创证券	河北省丰宁满族自治县	第6批
57	太平洋证券	云南省贡山独龙族怒族自治县	第1批
58	天风证券	湖北省房县	第1批
		四川省苍溪县	第6批
59	万和证券	海南省保亭黎族苗族自治县	第6批
60	五矿证券	贵州省六枝特区	第5批
61	西部证券	陕西省白水县	第6批
		陕西省延长县	第6批

续表

序号	公司名称	已结对帮扶贫困县名称	批次
62	西藏东方财富	西藏自治区嘉黎县	第 1 批
		西藏自治区曲水县	第 4 批
63	西南证券	重庆市城口县	第 1 批
64	湘财证券	山西省天镇县	第 6 批
		青海省泽库县	第 6 批
65	新时代证券	新疆维吾尔自治区阿图什市	第 5 批
66	兴业证券	云南省彝良县	第 3 批
67	银泰证券	湖北省咸丰县	第 5 批
68	长城国瑞	陕西省陇县	第 4 批
69	长城证券	湖北省团风县	第 4 批
		新疆维吾尔自治区尼勒克县*	第 4 批
		江西省遂川县	第 4 批
		宁夏回族自治区盐池县	第 5 批
70	长江证券	湖北省红安县	第 2 批
		湖北省郧阳区	第 3 批
		宁夏回族自治区海原县	第 6 批
71	招商证券	安徽省石台县	第 3 批
		河南省内乡县	第 3 批
72	浙商证券	江西省上饶县	第 4 批
		安徽省岳西县	第 5 批
73	中国银河证券	甘肃省静宁县	第 1 批
74	中航证券	江西省井冈山市	第 2 批
75	中金公司	湖南省古丈县	第 4 批
76	中山证券	云南省永仁县	第 4 批
		贵州省普定县	第 6 批
77	中泰证券	新疆维吾尔自治区疏勒县	第 5 批
		宁夏回族自治区原州区	第 6 批
78	中投证券	甘肃省会宁县*	第 1 批
79	中信建投	山西省吉县	第 3 批
		江西省安远县	第 6 批
80	中信证券	西藏自治区申扎县	第 2 批
81	中银证券	黑龙江省延寿县	第 5 批
82	中原证券	河南省兰考县	第 3 批
		河南省固始县	第 3 批

注：按证券公司名称拼音排序。

* 表示该县有两个及以上证券公司结对帮扶。

专题报告之二：
2016 年柜台市场和区域性股权市场发展综述

第一章
2016 年中国证券公司柜台市场发展综述

我国资本市场不仅包括主板、中小板、创业板、新三板等场内市场，还包括区域股权市场和证券公司柜台市场等场外市场。在 2014 年中国证券业协会发布的《证券公司柜台市场管理办法（试行）》中，定义证券公司柜台市场为证券公司为与特定交易对手方在集中交易场所之外进行交易或为投资者在集中交易场所之外进行交易提供服务的场所或平台。目前，我国证券公司柜台市场交易的产品主要包括经国家有关部门或其授权机构批准、备案或认可的在集中交易场所之外发行或销售的基础金融产品和金融衍生产品，交易方式主要包括协议交易、报价交易及做市商交易。

2012 年 12 月 21 日，中国证券业协会发布了《证券公司柜台交易业务规范》，标志着证券公司柜台市场试点工作正式启动。先后共有 4 批合计 42 家证券公司获准开展柜台市场业务试点。经过 4 年的发展，证券公司柜台市场产品规模稳步增长，监管制度逐渐完善，有望从试点逐步转向常规化。证券公司柜台市场对于完善资本市场结构、振兴实体经济、满足企业与客户的多元化投融资需求都有着十分重要的现实意义。柜台市场的发展也为证券公司提供了新的业务增长点，为证券公司的创新、转型奠定了良好的基础。

第一节 证券公司柜台市场的开展情况[①]

2016年证券公司柜台市场制度及系统进一步优化与完善，产品线进一步丰富，有效释放了证券公司的业务空间，再造及整合了证券公司的基础功能。

一、开展柜台市场业务试点证券公司数量维持稳定

2012—2014年先后有4批共计42家证券公司获准开展柜台市场业务试点。2016年度试点公司数量保持稳定，柜台市场业务稳步推进。已获柜台市场业务试点资格证券公司见表专2－1。

表专2－1　　已获柜台市场业务试点资格证券公司

第一批	国信证券、国泰君安、海通证券、申银万国、兴业证券、广发证券、中信建投
第二批	中信证券、长江证券、银河证券、中国国际金融、招商证券、齐鲁证券、中银国际、山西证券
第三批	华泰证券、平安证券、浙商证券、安信证券、西南证券、国元证券、中投证券、方正证券、南京证券、东方证券、渤海证券、华创证券、华融证券
第四批	东兴证券、国金证券、华龙证券、江海证券、东北证券、西部证券、恒泰证券、中原证券、华林证券、财通证券、财富证券、东吴证券、长城证券、第一创业

二、柜台市场产品和投资者账户情况

中证机构间报价系统股份有限公司数据显示，2016年证券公司柜台市场累计发行16 277只产品，累计发行金额约11 897.01亿元。代销产品累计9 484只，代销金额累计为12 842.61亿元。截至2016年12月底存续可转让产品共计1 084只。2016年共计转让产品数量2 879只，转让交易金额337.71亿元（见表专2－2、表专2－3、表专2－4、表专2－5）。

表专2－2　　柜台市场发行、代销产品数量　　（单位：只）

产品类型	2015年		2016年	
	发行数量	代销数量	发行数量	代销数量
资管计划	505	388	800	401
收益凭证	6 515	3	7 679	0

① 本节所使用数据均来自中证机构间报价系统股份有限公司，采集时间2017年4月15日。

续表

产品类型	2015年		2016年	
	发行数量	代销数量	发行数量	代销数量
基金专户	56	66	1	96
私募基金	101	215	0	451
银行理财产品	104	309	0	1 274
信托计划	1	51	0	15
债券	455	442	29	2 505
其他	70	81	7 768	4 742

注：各年发行、代销数量为该年度1月1日至12月31日期间发行、代销的产品数量。

表专2－3　　柜台市场发行、代售产品规模　　（单位：亿元）

产品类型	2015年		2016年	
	发行规模	代销规模	发行规模	代销规模
资管计划	2 376.7440	2 296.597	3 431.87	939.30
收益凭证	4 154.1894	18.5	2 315.96	0.00
基金专户	72.7520	77.422	0.24	72.77
私募基金	80.6250	192.794	0.00	183.37
银行理财产品	94.1700	120.492	0.00	278.20
信托计划	4.0000	71.798	0.00	31.58
债券	979.1400	866.14	284.22	4 916.08
其他	74.6760	49.504	5 864.72	6 421.31

注：各年发行、代销数量为该年度1月1日至12月31日期间发行、代销的产品规模。

表专2－4　　柜台市场可转让产品情况　　（单位：只）

产品类型	2015年	2016年	截至2016年12月31日存续可转让产品数量
资管计划	459	485	485
收益凭证	1 035	531	531
基金专户	9	0	0
私募基金	2	68	68

注：柜台市场可转让产品情况：各年度统计值为各年度1月1日至12月31日期间新增可转让产品的数量。

表专2－5　　柜台市场产品转让交易情况（数量及金额）

产品类型	2015年		2016年	
	转让数量（只）	转让金额（亿元）	转让数量（只）	转让金额（亿元）
资管计划	1 397	151.70	2 554	324.48
收益凭证	106	29.13	288	11.07
基金专户	10	1.24	10	0.35
私募基金	2	1.64	27	1.81

注：（1）转让数量：各年度内实现转让交易的产品数量。
（2）转让金额：各年度内实现转让交易的金额。

2016 年度证券公司柜台市场产品相比 2015 年有较大发展。从发行产品情况来看，2016 年度证券公司柜台市场发行产品数量相比 2015 年增长了 108.49%，发行规模增长了 51.82%。资产管理计划及收益凭证仍是柜台市场的主要产品，但占比明显下降。收益凭证类产品发行数量相比 2015 年度增长 17.87%，但发行规模下降 44.25%。2016 年其他类产品的发行数量及规模已占到整个柜台市场的 50% 左右。其他类产品主要包括：公募基金（在柜台完成申赎的部分）、资产证券化产品、保险理财产品、私募股权等。从代销产品情况来看，2016 年证券公司柜台市场代销产品数量相比 2015 年增长了 509.9%，代销规模增长了 247.73%。除了其他类产品外，银行理财产品和债券类产品的代销数量及规模增长较快，其中银行理财产品代销数量增长 312.3%，代销规模增长 130.89%；债券类产品代销数量增长 466.74%，代销规模增长 467.58%。而资管计划类产品代销数量虽略有增长，但代销规模下降了 59.1%。从产品转让情况来看，2016 年证券公司柜台市场新增可转让产品数量相比 2015 年下降了 27.97%，主要源自可转让收益凭证产品的减少。2016 年转让产品数量相比 2015 年增长 90.03%，转让金额增长 83.83%。资管计划类产品是主要转让标的，2016 年占整个柜台市场产品转让数量的 88.71%。

中证机构间报价系统股份有限公司数据显示，截至 2016 年 12 月底，证券公司柜台市场投资者账户数量 12 703 490 户，相比 2015 年增长 104.67%，其中机构投资者账户 11 779 户，增长 54.64%，个人投资者账户 12 691 711 户，增长 104.73%。从账户数量上来看，机构投资者账户占比从 2015 年的 0.12% 下降到 0.093%（见表专 2－6）。

表专 2－6　　2015 年、2016 年各年度柜台市场投资者账户开立情况

	2015 年		2016 年	
	个人	机构	个人	机构
累计户数	6 199 254	7 617	12 691 711	11 779
新增	5 595 794	4 112	6 885 817	4 654
销户	2 001 689	116	368 922	305

注：（1）累计户数指截至各年 12 月 31 日存续的账户数。
（2）新增、销户指各年内（1 月 1 日—12 月 31 日）新增和销户的数。

从证券公司柜台市场账户的集中度来看，存续账户集中度较高，排名第 1 位的公司存续账户为 4 546 030 户，占柜台市场账户总数的 35.79%。排名前 3 位的公司存续账户为 10 312 243 户，占柜台市场账户总数的 81.18%。2016 年新增账户数量排名第 1 位的公司新增 1 984 409 户，占 2016 年柜台市场新增账户总数的 28.8%，排名前 3 位的公司新增 5 559 807 户，占新增账户总数的 80.69%（见表专 2－7）。

表专 2-7　　2016 年度柜台市场投资者账户集中度

2016 年存续账户数量排名	存续账户（户）
排名第 1 位的试点公司	4 546 030
排名前 3 位的试点公司	10 312 243
排名前 5 位的试点公司	11 847 112
2016 年新增账户数量排名	**新增账户**
排名第 1 位的试点公司	1 984 409
排名前 3 位的试点公司	5 559 807
排名前 5 位的试点公司	6 358 058

注：（1）2016 年存续账户数量排名：截至 2016 年 12 月 31 日试点公司存续账户规模的排名。
（2）2016 年新增账户数量排名：2016 年 1 月 1 日—12 月 31 日试点公司新开立账户排名。

三、试点公司制度与系统建设情况

经过 4 年的发展，证券公司柜台市场业务试点公司除针对产品引入、产品评估、产品销售、后继服务及风险控制等环节建立相对健全的制度流程外，还将自主研发与代销相结合，开发定制化产品。与之对应的 OTC 系统也得到大力开发，打造集证券公司交易、托管结算、支付、融资和投资等基础功能为一体的综合平台。根据业务需要，相关系统功能不断完善。2016 年证券公司柜台市场制度及系统进一步优化与完善，产品线进一步丰富。

第二节　证券公司柜台市场存在的主要问题与发展建议

经过 4 年时间，我国证券公司柜台市场试点公司业务稳定开展，柜台市场已经初具规模，柜台系统逐渐完善，监管制度体系逐步确立，但仍存在一些问题。

相比国外成熟市场而言，证券公司柜台市场在我国仍是创新业务，需要处理好创新发展与防范风险的关系。2016 年是证券公司柜台市场监管从严的一年，去杠杆力度明显。中国证监会、中国证券业协会、中国证券投资基金业协会陆续出台了《私募投资基金信息披露管理办法》、《关于进一步规范私募基金管理人登记若干事项的公告》、《私募投资基金募集行为管理办法》、《证券期货经营机构私募资产管理业务运作管理暂行规定》、《关于进一步规范证券基金经营机构参与场外衍生品交易的通知》等规定及管理办法。私募产品目前是柜台市场上最活跃的交易标的，相应监管办法的健全有效遏制了私募市场无序发展的现象，规范了私募基金非法集资、违规募集等乱象。就证券公司而言，在以市场为主导、以提高市场服务能力和效率为目标的同时，证券公司需要强化风险防范，把风险监测、预警和处置贯穿于柜台市场创新发展全过程，建立完善的引入、销售以及投后管理体系，严防各阶段风险。我国资本市场发展还不完善，我国投资者还不成熟，在发展证券公司柜台市场的同时，需要处理好投资者风险自担与强化投资者保护的关系。证券公司需要加强投资者教育、引导投资者培育理性投资理念，自担风险、自负盈亏，增强风险意识和自我保护能力；严格按照《证券期货投资者适当性管理办法》将柜台市场的产品销售给适合的投资者。与此同时，监管机构须健全投资者特别是中小投资者权益保护制度，保障投资者的知情权、参与权、求偿权和监督权，切实维护投资者合法权益。

证券公司柜台市场的运行已趋于稳定，但我国相关的法律法规尚未明确此类证券市场的法律地位，对证券公司柜台市场的发展缺乏顶层设计和统一规划，缺乏法规性的指导条款。现行《证券法》对市场体系的规定主要立足于交易所市场，缺乏对多层次场外市场的整体设计。证券公司柜台市场交易制度的法律依据不足。虽然中国证监会、中国证券业协会、中国证券投资基金业协会出台了一系列管理办法与规定，但证券公司在开展柜台市场业务时仍面临法律制度供给不足的困境，相关指导性的制度和法律规则法源效力缺乏基础保障，证券公司在实务操作中面临无法可依的尴尬局面，也给证券公司带来了法律风险。

经过几年的发展，证券公司柜台市场已取得了一定的成绩。柜台市场产品种类逐渐丰富；交易机制逐渐完善，个别证券公司已在柜台市场引入转让、做市等交易机制。但整个柜台市场体系不够完善，各证券公司的柜台市场各自为战，形成一个个的信息孤岛，缺乏互联互通，市场投资者和各证券公司间相互割裂，市场效率低下。此外市场缺乏统一的登记平台，投资者仅能购买自己开户的证券公司的柜台产品，可投资品种有限，投资和流通需求难以得到全面满足。从销售层面来讲，证券公司柜台市场缺乏有效的公共销售平台，证券公司没有渠道将适合的产品通过公共销售平台转让，产品的流通性和流通价值得不到体现。机构间私募产品服务与报价系统的出现，在一定程度上打通了证券公司柜台市场间的壁垒，但证券公司的参与程度还有待提高。报价系统挂牌的产品主要为定向销售，销售群体多已线下确定，还未真正起到公共销售平台的作用。除了同业间的合作外，证券公司可与银行共同参与柜台市场，这将疏通证券和货币市场间的通道，为柜台市场的构建提供信贷支持，共享客户资源，互补业务优势，使银行和证券公司在收益和渠道方面实现双赢。

第二章
2016年中国区域性股权市场发展综述

第一节 区域性股权市场发展现状

区域性股权市场是主要服务于所在省级行政区域内中小微企业的私募股权市场，是多层次资本市场体系的重要组成部分，是地方人民政府扶持中小微企业政策措施的综合运用平台。区域性股权市场在支持中小微企业多样化融资、对小微科技型企业和创新型新兴企业的培育和孵化、推动中小微企业规范运作、增强金融服务普惠性、助推经济发展转方式、调结构和服务“大众创业、万众创新”战略等方面发挥了积极作用。当前各地方政府出于发展区域经济的需要，在财政补贴、机制建设及人才引进等方面出台了一系列扶持政策，激发了区域性股权市场服务中小微企业的动力及活力。目前各地政府对区域性股权市场的支持政策主要包括：为企业提供挂牌补贴；为企业提供融资贴息；设立政府引导基金对接区域性股权市场的挂牌企业；利用区域性股权市场进行财政资金市场化运作；支持企业通过IPO上市等。

一、区域性股权市场发展概况

我国企业数量众多，层次差别也较大，不同发展阶段的企业都有融资需求，而长期以来，作为私募性质的区域性股权市场基础薄弱。据统计，截至2016年底，全国共有40家区域性股权市场（除云南外其他省市均已设立），挂牌企业1.74万家，展示企业5.94万家，累计为企业实现融资6 896亿元。

二、区域性股权市场不断规范

2016年，各地对区域性股权市场的规范发展予以了政策上的支持。宁夏回族自治区在2月份发布《关于推进区域性股权市场建设的若干意见》，鼓励区内非上市企业在区域性股权市场挂牌，开展股权、债权融资和转让；重点支持符合国家、自治区产业政策的创新型企业、高新技术企业进场挂牌，吸引股权投资、创业投资等私募融资，促进科技成果转化和产业化。广西壮族自治区在3月29日发布《进一步促进资本市场健康发展的实施意见》，提出加快区域性股权市场建设步伐。同时提出了具体的目标：力争到2017年实现全区非上市股份制企业股权的集中登记托管，到2020年全区在广西北部湾股权交易所挂牌企业不少于1 000家。9月份，国务院总理李克强在主持召开国务院常务会议时指出，发挥区域性股权市场场所功能，促进创业投资发展。

三、区域性股权市场不断强化融资功能

实践中，区域性股权市场基本形成了以企业挂牌展示和融资配套服务为主、交易为辅的业务模式。目前，区域性股权市场的具体运作机制还在探索运行中，但部分市场已经有了很多成功实践，在推动中小微企业的金融服务方面起到了积极作用，为企业融资采取了以下措施：（1）聚集金融资源，为金融创新提供资源基础；（2）不断完善和拓展融资功能，创新推出直接融资产品；（3）推动企业股权质押融资，破解联保联贷风险；（4）推广普惠金融；（5）发挥地方政府协调作用，整合地方资源。

四、区域性股权市场推动创新创业

2016年区域性股权市场在推进“大众创业、万众创新”方面发挥了积极作用。2016年初，北京股权交易中心、上海股权交易中心等相继推出“科技创新板”，专门针对科技创业公司，以满足科技创新型企业对资本市场服务的需求。设置一个相对独立的科技创新板，在企业遴选标准、信息披露标准、产品服务体系等方面创新，可以促进科技企业规范治理、便利科技企业多元融资。9月份，武汉股权托管交易中心推出“青年创新创业板”，该板块以青年大学生创业企业和项目为主要服务对象，着力为他们提供孵化培育、规范辅导、挂牌展示、投融资对接等综合金融服务。通过引入资本市场力量，为青年大学生及青年教师初创型、成长型企业和项目提供符合其特点的融资渠道，帮助缓解青年创业融资难题。

五、证券公司参与区域性股权市场建设

截至2016年12月底，共有48家证券公司参与了28家区域性股权市场，私募债发行规模达到106.29亿元，累计完成1 457笔股权和债券挂牌（见表专2-8）。

此外，证券公司积极入股区域性股权市场，通过专业优势推动区域性股权市场发展。共有38家（47家次）证券公司入股27家区域性股权市场，出资总额为16.51亿元，其中控股17家，2016年新增1家（浙商证券通过直投子公司控股宁波股权交易中心）。

表专 2－8　　2016 年证券公司参与区域性股权市场建设情况

挂牌证券类型		挂牌数量（笔）
股权	挂牌交易	782
	挂牌展示	537
债券	挂牌交易	138
合计		1 457

资料来源：中证机构间报价系统，采集时间 2017 年 4 月 15 日。

第二节　区域性股权市场特点

目前，区域性股权市场具有以下几个特点：

一、总体布局

在总体布局上已经形成了“当地证券公司主导、有限责任公司挂牌制度、一省一市场”的格局。

二、准入条件

相比较 A 股市场上市的高门槛，区域性股权市场准入门槛低，凡是依法设立、合法存续、有完善治理结构的企业，不管是股份有限公司还是有限责任公司，均可挂牌和融资。

三、组建形式

形成了四种模式：（1）产权交易机构主导模式，如天津股权交易所是由天津产权交易中心主导成立，北京股权交易所由北京产权交易所发起；（2）地方政府主导的事业单位模式，如齐鲁股权交易托管中心由原淄博齐鲁股权交易中心和淄博股权托管中心整合成立；（3）地方国企主导模式，如上海股权托管交易中心源于上海联合产权交易所的股权托管中心，后通过增资扩股由上海国际集团控股；（4）证券公司主导模式，如前海股权交易中心前身是深圳联合产权交易所旗下深圳新产业技术产权交易所，后通过增资扩股，深圳联合产权交易所完全退出，中信证券、国信证券、安信证券共同成为前海股权交易中心主导者。

四、经营方式

分为三类：（1）以天津股权交易所为代表的行政主导方式，由产权中心直接参股主导、地方政府直接管理；（2）以前海股权交易中心为代表的“证券公司主导，公司化运作”方式；（3）以厦门两岸股权交易中心为代表的“委托经营”方式。

五、挂牌（展示）企业分布

有两种情况：一种是有异地挂牌企业，以天津股权交易所、上海股权托管中心、前海股权交易所为代表，其挂牌企业覆盖全国多个省市；另一种是无异地挂牌企业，仅服务所在行政区域内的企业。

第三节　区域性股权市场目前存在的问题

区域性股权市场已成为多层次资本市场体系的“塔基”，但各区域性股权市场目前尚未形成统一的、标准的、成批量的交易产品，总体来说，区域性股权市场存在以下问题：

一、各地业务模式与运作标准不清晰

整体上看，区域性股权市场作为中小企业的融资中心以及地方政策及资金综合运用的平台等综合性金融服务平台的功能尚未充分体现，业务体系显得单薄。主要的服务产品及手段还较为有限，目前多限于股权融资、债券融资、股权转让、培训咨询等服务。如何形成一整套契合区域发展需求的市场体系、业务模式及运作标准仍然需要进一步探索。

二、股权登记业务法律效力不明

目前，区域性股权市场开展的传统业务大致包括股权登记托管、股权转让、私募股权融资、股权质押贷款、私募债、企业展示等。而非上市公司股权登记托管机构的不明确制约了股权质押融资业务的开展。在现行法律框架下，区域性股权市场股权登记不具有对抗第三方的公示效力，在登记确权环节面临较大的风险。

三、未形成统一的资本市场税收政策体系

区域性股权市场未纳入多层次资本市场的税收政策体系，对区域性股权市场挂牌企业、投资者及交易涉及税收等情况，未形成统一的资本市场税收政策。

四、缺乏转板及退出机制

成熟市场的经验表明，资本市场的可持续发展，离不开交易资源和交易制度这两大要素，挂牌或上市资源与交易制度又互相关联，关联点就在于转板机制。目前，仅齐鲁股权交易中心形成了与新三板的批量对接机制。在转板方面，沪、深两市也做出了一定努力，试图与区域性股权市场对接，优先锁定优质企业资源。例如上海证券交易所入股了上海、浙江和辽宁股权交易中心；深圳证券交易所参股了武汉、前海、大连和北京股权交易中心。但真正的转板机制尚未形成，唯一途径是先退出区域性股权市场后重新挂牌或上市到更高层次的资本市场。

五、缺乏清晰有效的盈利模式

目前区域性股权市场在业务上一方面受到一定的地域限制，另一方面受到登记、转让的确权限制；既要为中小微企业的发展开发综合性的融资及其他服务，又要依靠自身的业务模式开发和创新盈利模式。在服务手段不足、转让不活跃、业务跨区有限制的情况下，各市场主体的生存和发展面临着不小的挑战，大部分股权交易市场主要依靠资本金维持运转。

六、人才要求较高，主要靠自主培养

对于区域性股权市场来说，各地基本围绕着中小微企业开展业务。而中国的中小微企业分布于各行各业，其发展状态不同，难以有统一的业务体系及产品来满足他们的需求，这与交易所市场统一提供的交易及盈利模式完全不同。为开发能够真正符合中小企业需求的产品，需要既全方位理解中小企业和资本市场，又了解债券、股权、登记及其他业务的全面人才。这在现有体系内难以寻找，因此目前区域性股权市场主要通过自主培养来积累人才。

第四节　区域性股权市场未来发展展望

区域性股权市场扎根于地方，服务于当地的中小微企业，服务面广、普惠性强。规范发

展区域性股权市场，在深化多层次资本市场改革中，是一个极其重要的基础环节，近年来，屡屡受到市场的关注和政府的重视，政府工作报告及相关政策文件中均多次提到要规范发展区域性股权市场。2017 年将是区域性股权市场规范发展的一年，国务院办公厅发布《国务院办公厅关于规范发展区域性股权市场的通知》，中国证监会《区域性股权市场监督管理试行办法》出台，一方面将区域性股权市场纳入多层次资本市场的监管体系，另一方面也进一步明确了统一的业务标准。“区域性股权市场的规范发展”必将成为 2017 年多层次资本市场深化改革工作的一大亮点。

专题报告之三：

2016 年机构间私募产品报价与服务系统发展综述

在中国证监会的统一指导下，中国证券业协会借鉴国际经验，建立了机构间私募产品报价与服务系统（以下简称“报价系统”），由中证机构间报价系统股份有限公司（以下简称“中证报价”）负责建设与管理。中证报价坚决贯彻中国证监会依法从严全面监管的要求，在严控业务风险的前提下稳步推进各项业务发展，坚守风险防控底线，努力更好地支持和服务实体经济发展。报价系统经历了 2014 年的市场初步建设与 2015 年的业务快速成长之后，在 2016 年，报价系统功能日臻完善，市场平稳运行，市场融资规模稳步增长，未出现产品违约等风险事件，在多层次资本市场中的地位得到提升。

第一章
报价系统的定位

报价系统以“多元、竞争、开放、包容”为发展理念，旨在发展私募证券市场，实现证券公司柜台市场等私募市场的互联互通，为证券公司等各类金融机构开展场外业务提供全方位、专业性、平台化服务，为企业融资、财富管理提供新的合法渠道，是多层次资本市场的有机组成部分，是重要的资本市场基础设施。

一、定位于私募市场

报价系统作为我国多层次资本市场的有机组成部分，定位于私募市场，按照严格区分公募和私募的指导思想，在产品发行、转让中均坚守私募底线，遵循相关法律法规在宣传推介、投资者适当性和持有人数量等方面的规定，形成了对公募市场的有效补充，完善了多层次资本市场架构。报价系统通过为各类私募产品构建一个可平行扩展、全网运行的交易平台，将现有各类私募市场通过市场化、电子化的方式予以整合，有助于防范非法证券业务，推动私募市场健康、持续发展。

二、定位于机构间市场

报价系统实行参与人制度，中国证券业协会、中国期货业协会、中国证券投资基金业协会、中国上市公司协会会员以及中国证券业协会认可的其他机构均可以注册成为报价系统参与人，并通过报价系统开展业务。参与人制度的设计符合互联网思维特点，体现了报价系统业务主体的多元化与业务需求的多样性。报价系统为不同市场、不同行业的专业机构提供信息平台、业务平台，打破了金融行业的自我封闭，可以有效推进跨界业务的发展，有利于不同行业资源、优势的集聚与共享，构建互联互通的场外市场格局。报价系统参与人不是孤立的个体，其身后大多有大量的合格投资者和产业客户，参与人本身就是市场组织者。因此，报价系统是市场中的市场，通过报价系统互联互通可以形成一个联通的、跨行业、跨领域、强互动的机构间市场体系。

2014年8月18日报价系统正式上线运行以来，报价系统作为机构间市场有效运转。截至2016年12月31日，报价系统参与人共有2 172名，除证券公司外，已覆盖了银行、私募基金、信托公司、期货公司、投资咨询以及保险等各类从事私募业务的市场参与主体。证券公司在绝对数量增长的同时，相对占比已下降至6%，银行占比上升至13%，多元化参与人结构基本形成（见图专3－1）。报价系统已建立了联接机构投资者及其合格投资者的巨大交易网络。

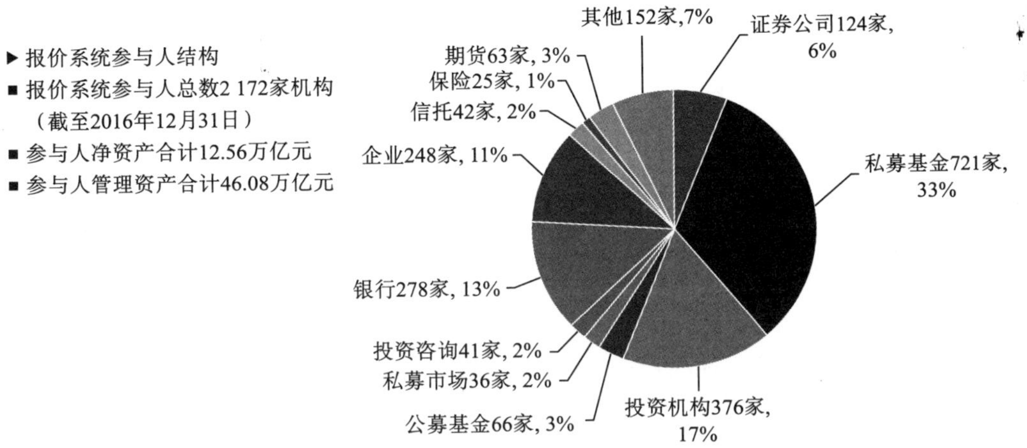

图专3－1　报价系统参与人结构

三、定位于互联互通市场

报价系统是各类私募市场的联通市场，通过打破各私募市场之间的信息隔离与交易壁垒，实现私募市场之间信息互联、交易互通、清算支付互联，促进共赢发展。报价系统不取代任何一个私募市场，而是通过搭建一个全面、高效的信息互联和报价、发行、转让平台，打通私募市场发行与转让业务的各环节，助力各类私募市场拓展业务空间，扩大产品推送范围，提高市场效率。报价系统作为证券行业基础设施还承担证券行业公共柜台职能，为未建柜台系统的中小证券公司、证券投资咨询公司和私募基金公司等提供中后台服务，节约社会成本与市场资源。

2016年报价系统发布了《机构间私募产品报价与服务系统互联互通业务管理规则（试行）》，通过互联互通，机构能够代理其客户认购报价系统的产品乃至互联互通整个市场的产品，同时报价系统能够汇集全部联通市场的报价、成交等市场信息，有利于监管部门和自律组织通过报价系统持续了解私募市场运行情况，并为私募市场监测监控提供支持。截至2016年12月31日，报价系统共与668家机构进行了互联互通测试，已上线193家，包括中证柜台、95家自建柜台和97家云柜台，同比增加47家，其中177家已发行产品。其中，自建柜台包括86家证券公司、4家区域股权交易中心、4家基金公司、1家投资机构。通过互联互通方式接入的二级投资者账户有719.18万户。

四、定位于互联网市场

报价系统充分利用互联网技术，借鉴互联网思维，力图打造场外市场的互联网金融平台，为合格投资者提供信息全面、渠道多样、投资便捷的互联网金融服务，实现“互联网+”效应。报价系统是互联网的市场组织：一是全网运营。报价系统以证联网、深证通、互联网等为链路，利用互联网技术，支持网上信息发布、网上发行、网上签约、网上报价、网上转让等业务，并实现全程电子化操作。二是提供开放式运用平台服务。报价系统为各类私募业务提供平台支持，同时各业务模块可拆分，由参与人根据业务需要自主设定，报价系统提供平台与规则支持、参与人自主开发运用。三是7×24小时不间断交易。报价系统支持每周7天、每天24小时交易，并提供互联网、移动设备等多介质、多途径的参与路径和工具，可实现市场业务活动的移动化、泛在化，摆脱时空限制，并实现数据网络留痕，统一保存，为风险控制和监管提供数据支持。目前，报价系统已构建了可支持产品发行、转让、信息展示、登记结算等功能的机构间市场，并开发了满足手机移动端投资需要、支持IOS系统和安卓系统的App，报价系统已成为互联网金融的实践基地，报价系统（3.0）建设也已列入国家发改委“互联网+”重大保障工程项目。

第二章
报价系统总体运营情况

一、参与人数量快速增长，结构持续优化

2016 年，报价系统参与人延续了 2015 年的快速增长趋势，全年新增参与人 688 家，增长幅度达 46.4%。同时，各个类型的机构在报价系统参与人中所占比重更加趋于合理，除证券公司以外，银行、信托、保险、公募基金、私募基金等各类参与人数量不断增加，进一步促进了跨行业、跨领域合作，增强了报价系统对各类资本的吸引力，为报价系统机构间合作生态体系的构建夯实了基础。截至 2016 年 12 月 31 日，报价系统参与人达到 2 172 家（见图专 3－2）。

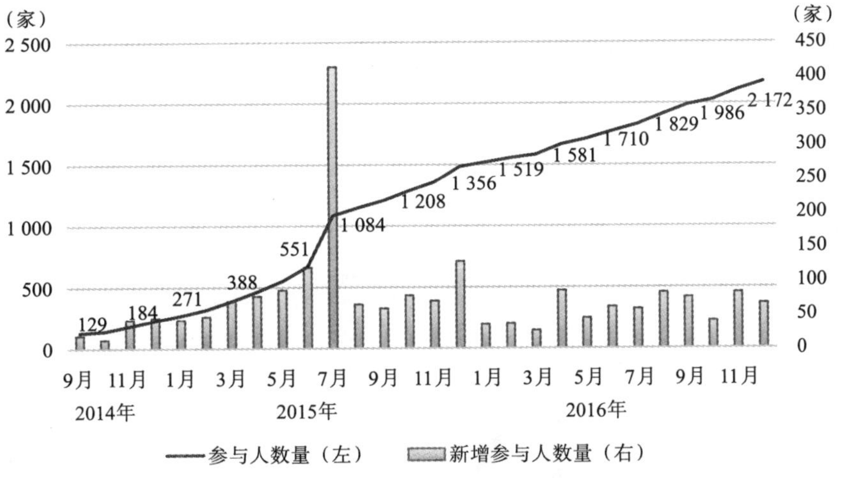

图专 3－2　报价系统参与人数量增长情况

二、私募产品发行市场稳步增长，转让交易发展迅速

（一）产品发行规模

自运营以来，报价系统产品发行数量和规模持续增长，日均发行规模、单日最大成交金

额、月度累计发行金额屡创新高。截至 2016 年 12 月 31 日，报价系统累计发行产品 6 817 只，累计募集资金 6 304. 54 亿元。从参与人认购方式看，参与人直接通过报价系统认购金额占比达 77. 20%，报价系统销售能力已初步形成。

1. 发行规模迅速增长

报价系统私募产品发行规模迅速增长，百亿元规模发行量时间间隔不断缩短，2014 年 12 月 10 日发行量突破第一个 100 亿元，2015 年 4 月 21 日发行量突破 1 000 亿元，2016 年 11 月 10 日发行量突破 6 000 亿元，报价系统发行规模稳步增长（见图专 3 – 3、图专 3 – 4）。

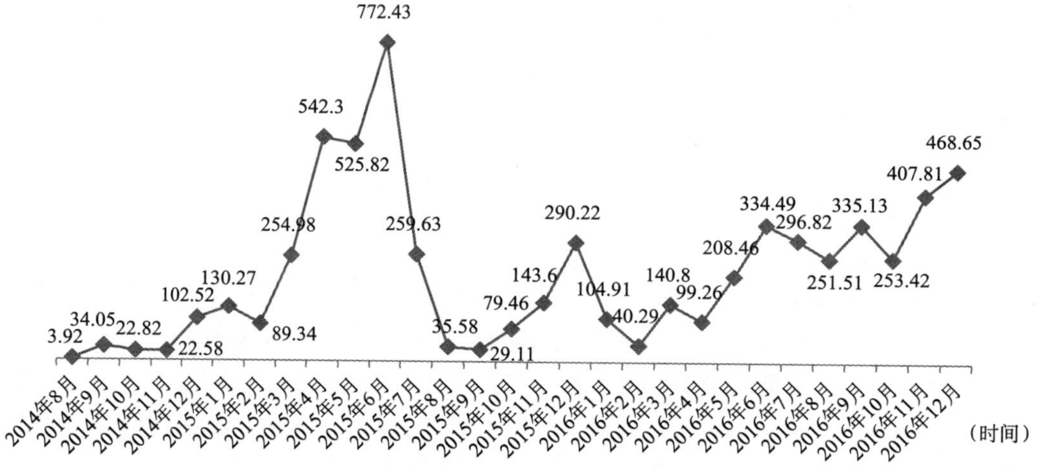

图专 3 – 3 报价系统月度发行统计（单位：亿元）

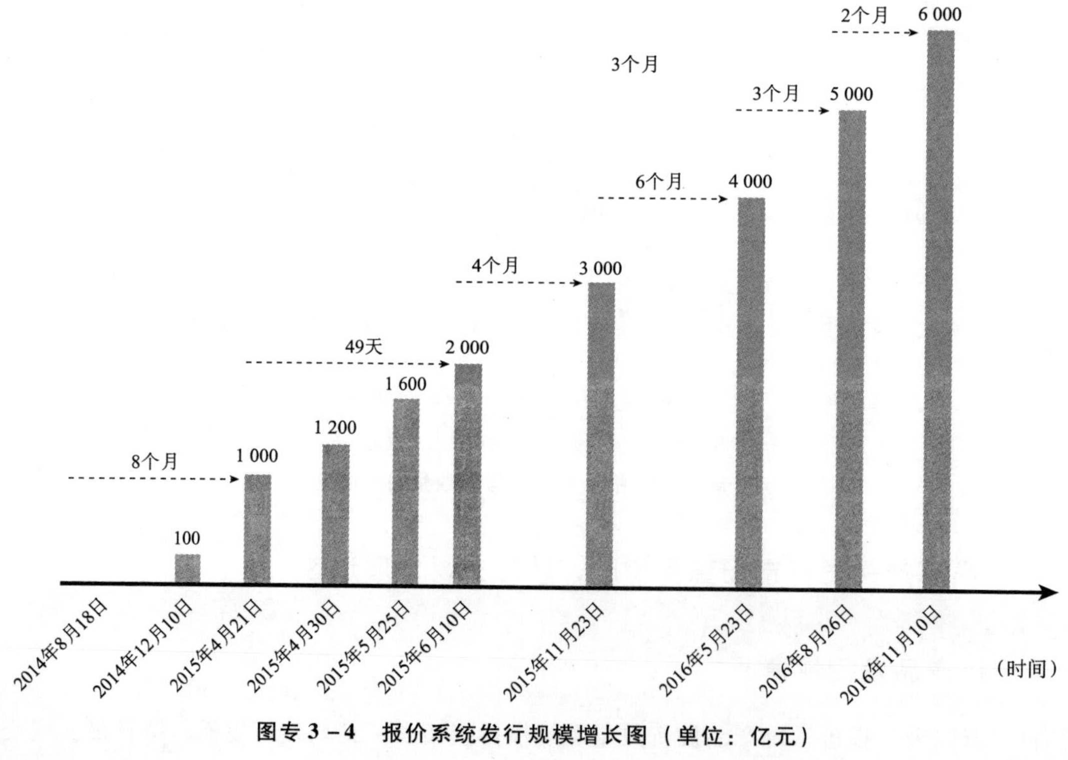

图专 3 – 4 报价系统发行规模增长图（单位：亿元）

报价系统作为行业基础设施，为中小微企业提供了私募债券、股权等工具直接融资，服务实体经济的能力不断提升。虽然起步较晚，但截至2016年12月31日，已有29只债券通过报价系统非公开线上发行，总计融资137.02亿元；101家企业通过报价系统进行私募股权融资，募集金额总计1.91亿元。

2. 产品种类逐渐丰富

报价系统正式上线初期发行的产品主要包括资产管理计划、收益凭证、次级债以及私募股权投资基金。经过两年多的建设，报价系统发行的产品类型不断丰富，已涵盖资产管理计划，收益凭证，非公开发行私募债券（含证券公司短期债、可交换债、永续债、次级债），资产支持证券，私募股权投资基金，私募证券投资基金，信托产品等多元化品种。截至2016年12月31日，共178家参与人在报价系统发行6 817只产品，其中6 493只发行成功，301只发行失败，23只处于募集期（见图专3－5）。

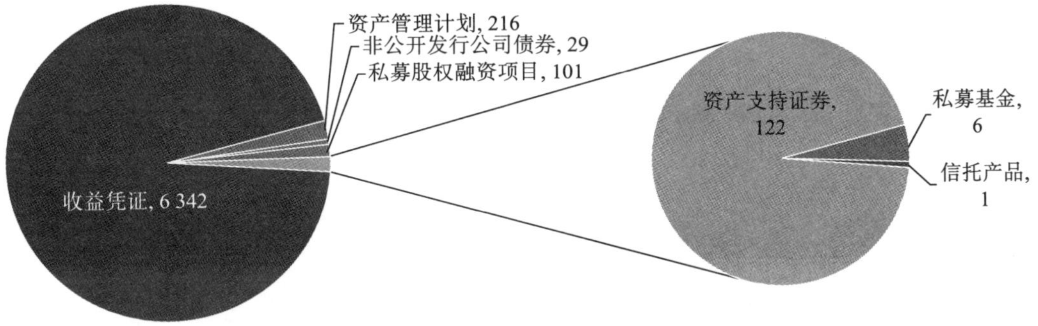

图专3－5　报价系统私募产品累计发行数量（单位：只）

其中，收益凭证作为产品发行“领头军”在报价系统发行市场大放异彩。总体来看，收益凭证在报价系统发行业务运行平稳，风险可控，广受投资者青睐，尤其是吸引了大量银行参与人在报价系统定向投资收益凭证，报价系统已成为银行等机构投资收益凭证的“指定场所”。

随着报价系统收益凭证发行规模的不断增长，为满足参与人在报价系统面向自身所代理的投资者发行产品的需求，同时兼顾报价系统跨柜交易和互联互通的功能，报价系统于2016年7月推出了收益凭证的配额发行方式，允许参与人向自身代理的投资者预留一定认购额度，剩余产品认购额度面向报价系统全部参与人发行。通过配额发行这种新发行方式，一方面能够满足参与人自身的产品发行需求，另一方面也大大促进了报价系统交易的活跃性，私募市场发展的整体利益得到支持和平衡，且进一步推动了私募市场的互联互通，实现了多方共赢。

（二）产品交易规模

为满足私募产品转让需求，提高私募产品流动性，促进私募发行，报价系统积极构建一个基于互联网的开放式、全网运行的报价转让平台，为私募产品提供了丰富的转让方式以及质押融资交易机制。

1. 转让市场交易增速明显

报价系统支持证券公司资产管理计划、私募基金、非公开发行公司债券、收益凭证、私募股权等私募产品转让，提供协议转让、做市转让、拍卖竞价和标购竞价等多元化转让方式。2014 年转让规模较小，交易金额仅为 310.01 万元；2015 年报价系统转让交易规模快速增长，交易金额共计 49.23 亿元；2016 年转让交易额再创新高，全年转让交易金额达到 262.68 亿元。

从产品类型上来看，截至 2016 年 12 月底，共 1 265 只私募产品（包括 1 050 只收益凭证、14 只资产管理计划、5 只私募股权、93 只非公开发行公司债、103 只资产支持证券）在报价系统挂牌转让，其中非公开发行公司债产品转让成交金额达到 84.34%，成为报价系统转让交易最为活跃的产品（见图专 3－6）。

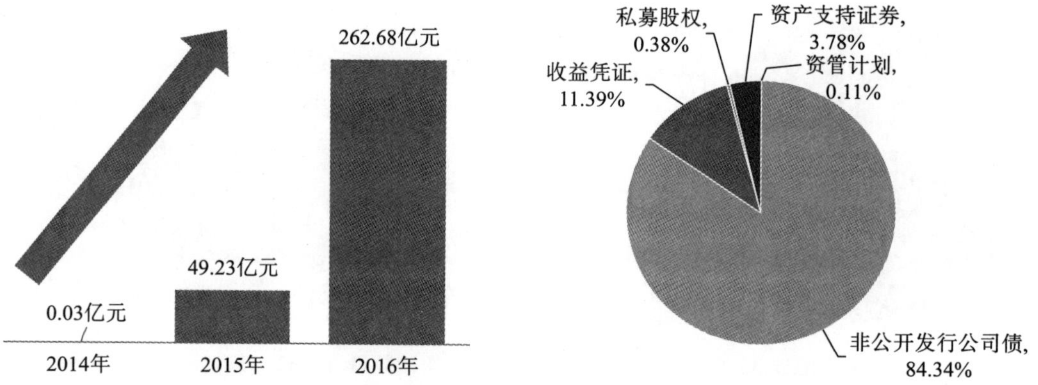

图专 3－6　报价系统年度转让交易金额与各类产品转让成交金额占比

2. 完善做市商机制，提供流动性支持

为进一步提高报价系统私募产品流动性，满足投资者交易需求，中证报价积极推进报价系统做市商机制建设，着力培育私募产品做市商队伍。报价系统支持做市商采用双边报价做市、回应询价做市等做市方式。截至 2016 年 12 月底，共有 13 家证券公司获得报价系统做市商资格，其中已有 7 家做市商在报价系统对收益凭证、资产管理计划等产品提供双边报价，做市交易累计成交 167 笔，交易金额 3 402.48 万元。

3. 申购与赎回

截至 2016 年 12 月 31 日，共计 120 只产品在报价系统进行申购与赎回。报价系统共收到申购申请 255 笔，申购金额共计 28.20 亿元；共收到赎回申请 3 302 笔，赎回金额共计 18.76 亿元。

（三）创新交易机制

1. 建设私募产品质押融资交易机制，满足参与人资金需求

为活跃报价系统产品交易，满足报价系统参与人融资需求，报价系统为参与人提供了私

募产品质押融资交易机制，参与人及投资者可以将收益凭证、资产管理类产品、非公开发行公司债券、资产支持证券以及私募股权等产品为质押标的在报价系统进行质押融资。此外，参与人可以采用协议成交与回购竞价等方式达成交易，并通过报价系统实现资金管理等全流程服务。通过在报价系统开展质押融资业务，有利于联通报价系统各类参与人，满足不同投资者需求，盘活私募产品，提高资金利用率。截至 2016 年 12 月底，报价系统质押式回购交易累计成交 2 笔，该笔交易的质押品分别为收益凭证、非公开发行公司债，回购期限分别为 7 天与 14 天，质押品折算比例分别为 97% 与 99%，融资金额分别为 970 万元与 3 077 万元。

2. 单次资产转让平台上线运行，有效促进资产流通

为进一步促进各类资产尤其是金融资产的高效和有序流转，2016 年 4 月报价系统发布《机构间私募产品报价与服务系统单次资产转让业务指引（试行）》，单次资产转让平台于同年 6 月上线运行。单次资产转让平台是与报价系统相对独立的资产转让平台，支持非报价系统登记、托管的资产进行转让交易，为多种类型的资产提供报价发布、交易支持、资金冻结与交收等服务，涉及的资产移交和过户则由转让双方自行办理。截至 2016 年 12 月 31 日，单次资产转让平台已经实现了 4 笔交易，其中有 3 笔私募基金，1 笔期货资产管理产品份额转让，交易金额共计 839 万元。

三、固定收益业务蓬勃发展，服务实体经济再上台阶

（一）非公开发行公司债券发行规模实现快速增长[①]

2016 年报价系统债券业务规模迅速增长，截至 2016 年 12 月 31 日，报价系统已受理非公开发行公司债券超过 1 200 亿元，累计发行债券 110 只，总规模达 680.03 亿元。2016 年新增发行债券 77 只，新增发行规模较 2015 年增长 266%。

（二）资产证券化业务快速成长[②]

2016 年报价系统资产证券化业务快速成长，具体表现在：一是发行规模快速增长。2016 年发行资产证券化产品 35 单，发行规模 651.47 亿元，此外，已出具无异议函待发行项目规模约 365 亿元。发行规模较 2015 年增长了近 9 倍，市场影响力显著提升。二是服务实体经济发展能力增强。报价系统积极探索利用资产证券化业务服务实体经济发展，并有一批符合国家政策导向的项目在报价系统落地，包括绿色 ABS 以及基础设施证券化项目。

四、股权市场建设稳步推进，应用场景不断丰富

2016 年，报价系统围绕中小企业实际需求，依托展示、报价、融资、转让四大功能，

① 非公开发行公司债券发行规模包含线下发行数据。
② 资产证券化业务发行规模包含线下发行数据。

根据不同应用场景打造了一系列内容丰富而又各具特色的私募股权市场板块。经过近两年的发展，报价系统目前已初步形成“以报价为基础、以估值为核心、以融资为目的”的私募股权市场架构。

（一）完善私募股权市场功能，开展场外股权报价业务

估值问题一直是制约场外股权业务开展的瓶颈问题之一。为提高场外股权流动性，报价系统积极探索了私募股权报价业务。通过组织专业的第三方机构，为企业提供报价、估值等服务，着力解决私募股权估值难、专业估值机构少等问题，奠定了场外股权估值体系的基础，为场外私募股权融资、转让、质押等业务的开展提供价格参考依据，有助于私募股权市场功能的完善。报价系统私募股权报价业务于 2016 年 8 月 18 日正式上线，截至 2016 年 12 月 31 日，已有 39 家机构为 87 家企业提供了报价服务。

（二）助力中小企业发展，丰富企业直接融资渠道

私募股权融资是报价系统私募股权市场的重要功能之一，自 2015 年 1 月 28 日正式开展业务至今，通过两年多的探索，逐步形成了完善的服务体系，为中小企业对接资本市场提供了有效途径，通过股权融资的方式，助力中小微企业发展。报价系统结合企业所处的不同阶段、企业自身需求及特点，针对不同行业组织专场路演及论坛活动，推动平台上线项目与投资机构进行对接。截至 2016 年 12 月 31 日，累计上线项目 103 个，推荐机构 57 家，线上融资金额近 2 亿元。

（三）服务青年创新创业，提供“双创”综合金融服务

为响应党中央、国务院“大众创业、万众创新”的政策号召，中国证券业协会与共青团中央合作，依托报价系统搭建了中国青年创新创业金融综合服务平台，为青年创业企业提供信息展示、项目宣传、创业融资、孵化培育、信用评级等服务。“双创”服务平台于 2016 年 10 月 15 日在“全国双创周”上正式启动，截至 2016 年 12 月 31 日，“双创”服务平台共有展示企业及项目 41 个，融资项目 22 个。

（四）推动证券行业精准扶贫，切实履行社会责任

为落实国家及中国证监会相关扶贫政策，推动证券行业发挥自身优势开展扶贫工作，报价系统搭建了中国金融扶贫综合服务平台，为贫困地区及行业扶贫提供宣传展示、产业扶贫、消费扶贫等服务，该平台于 2016 年 9 月 12 日正式上线运行。金融扶贫平台与中国证监会定点帮扶县、证券公司结对帮扶县、山西临汾等贫困片区建立联系，集中为贫困片区提供资本市场服务。同时在中国证券业协会指导下，报价系统依托金融扶贫平台搭建证券行业扶贫信息报送系统，及时跟踪、汇总各证券公司扶贫工作进展，适时总结典型案例，为证券行业履行社会责任提供数据依据。为了进一步推动贫困地区的特色农产品销售，中证报价子公

司中证互联股份有限公司搭建了消费扶贫平台，通过中证普惠App实现移动互联网运行。

五、场外衍生品市场基础功能持续优化，交易规模持续稳步提升

（一）场外衍生品市场基础功能持续优化

2016年报价系统场外衍生品市场已建立覆盖交易前、中、后全流程的服务体系，系统整体功能框架完整，符合国际成熟市场发展电子化交易的发展趋势。报价系统场外衍生品市场的服务覆盖交易的前、中、后全流程，主要包括询价报价、在线签约、双边清算、交易报告四大基本功能。

（二）场外衍生品交易快速增长

截至2016年底，报价系统衍生品在线签约平台共签署主协议411笔，参与主协议在线签约的参与人共191家，签署交易确认书共1 038笔，参与交易确认书签约的参与人共123家；累计初始名义本金为231.35亿元。其中，权益类收益互换632笔，累计初始名义本金154.75亿元，未了结交易372笔，未了结名义本金93.12亿元；场外期权406笔，累计初始名义本金76.6亿元，未了结交易69笔，未了结名义本金16.50亿元。

（三）场外衍生品服务实体经济能力增强

场外衍生品交易标的逐步丰富，由沪深300指数、上证50指数、中证500指数、个股等，逐步拓展至螺纹钢期货、玉米期货、焦炭期货等相关商品指数，场外衍生品交易密切贴近实体经济领域。在报价系统平台上涌现“农业保险+期权”等新兴业务模式，进一步提升了场外衍生品交易服务实体经济能力。

六、场外市场登记结算体系日益完善，运行平稳

2016年报价系统登记结算运营管理能力不断提升，为各类业务的开展提供了坚实的基础与保障。一是逐步完善以登记结算业务规则为核心的报价系统登记结算制度体系，为登记结算业务的开展奠定了制度基础。二是稳步推进账户管理、参数管理及清算交收等工作。截至2016年12月31日，报价系统累计为参与人开立产品账户1 746个、资金结算账户2 322个；累计收到参与人报送的合格投资者账户信息7 191 828个；累计为6 551只产品提供登记结算服务，募集资金合计6 304.54亿元。三是持续推进中证TA系统、资金结算系统等各类技术系统相关功能的不断优化。四是持续拓展资金结算渠道，报价系统于2016年先后开通了中国工商银行、中信银行、交通银行、上海银行、浙商银行、平安银行、中原银行等结算渠道。截至2016年12月31日，报价系统结算渠道共计14家，包括12家结算银行、1家三方支付机构以及中国证券登记结算有限公司深圳分公司。

第三章
报价系统风险控制情况

风险管理是报价系统建设和发展的重中之重，报价系统全面推进并完善“上下一致、全员参与”的全方位、立体式风险控制体系，从完善全面风险管理机制、强化参与人准入与管理、严控重点业务风险等方面强化业务管理与风险管理工作。目前报价系统整体运行平稳，未发生违约风险。

一、实行全面风险管理

中证报价实行分级分层的全面风险管理，搭建了贯穿董事会、执委会及下属风险管理委员会、风险管理部门、其他各部门及控股公司的全面、独立、垂直的风险管理组织架构，建立了较为完善的风险防控机制：由业务部门负责具体业务的一线风险管理；注册管理部门负责产品与业务复核；风险管理部门对前述部门风险管理进行监督并组织实施风险管理工作；风险管理委员会负责组织领导全面风险管理工作，受理风险报告、统筹风险应对与处置；执委会负责公司风险管理战略的执行，搭建和完善全面风险管理体系。

在全面风险管理制度体系方面，中证报价逐步建立了“由上至下、层次清晰、全面覆盖”的风险管控制度体系，按照“总体风险管理办法、应急管理体系、三信体系、常规风险控制流程与业务操作指引”这四个层次对产品或业务准入、事中跟踪、舆情监测、压力测试、风险预判、风险应对与处置等各个环节进行风险管控；同时依托参与人制度，由参与人负责其发行、管理或推荐的产品的风险评级、风险管理、风险对冲，并负责控制、处置由此引起的风险。

在全面风险管理文化建设方面，根据公司全面风险管理的要求，为全面落实全员参与的风险管理文化和配套机制，各部门和控股公司设立风险管理岗，并初步建立了一套针对风险管理岗的岗位建设及管理机制；为促进风险管理文化的形成，公司开展了一系列针对风险管理文化的学习及培训，加强对监管新规的学习和理解。

二、规范参与人业务准入

中证报价要求在报价系统开展场外证券业务的各类机构遵守中国证监会相关规定、中国证券业协会自律规则和相关业务所涉监管机构的要求，并取得相应业务资格核准或业务备案。根据《机构间私募产品报价与服务系统管理办法（试行）》（以下简称《管理办法》），中证报价对报价系统参与人开展场外证券业务实行权限管理，包括展示类权限、投资类权限、创设类权限、推荐类权限与代理交易类权限。《管理办法》针对每类权限均设置了相应的准入标准。在业务权限管理的基础上，中证报价还对每类产品的权限应用进行了规定，如开展债券发行业务需要有债券承销资格，开展资产证券化产品发行业务需要有资产管理业务资格等。此外，中证报价对参与人业务资格进行持续管理，对不再符合标准的参与人予以终止相应业务权限。

三、加强产品与业务注册管理

中证报价对私募产品发行与转让进行注册管理。为把好“准入关”，切实维护参与各方的合法权益，中证报价对产品进行注册审查时重点关注四个方面：一是发行人是否按照法律法规和自律规则要求建立健全投资者适当性管理制度，是否根据投资者的风险承担能力向其推荐适当的私募产品；发行人制作的营销材料是否客观简明，符合产品的实际情况。二是发行人是否建立完善的内部授权体系和内控制度，申请注册的私募产品是否符合有关法律法规和自律规则对其创设程序的规定，报价转让及登记托管结算安排是否符合报价系统的合规性要求。三是对于部分产品和项目实行预沟通审查机制，在产品注册发行前参与人提前与中证报价进行业务沟通，提供产品材料或者交易结构、基础资产情况等，中证报价及时向参与人反馈意见，确保产品发行符合相关法律法规和自律规则的规定，防范风险。同时，中证报价在全面梳理监管/自律要求和现有实践的基础上不断推动业务一线风险识别的标准化和规范化，编制标准化审核底稿，提高审核效率和审核质量。在业务推进过程中充分重视档案管理工作，不断提升业务档案管理水平。四是发行人是否严格履行信息披露义务，真实、准确地向相关投资者和当事人披露该私募产品的基本信息、产品特征及投资风险。

四、严控重点业务风险

结合各类产品和业务特点，中证报价形成了事前预防、事中控制和事后监督的全流程风险管理机制。事前由两个独立的部门对产品申请材料的完备性及合规性进行审查，业务部门负责具体业务的一线风险管理，注册管理部门负责产品与业务复核，风险管理部门对各类新产品、新业务的首单业务进行风险控制审核，并负责协调各部门在业务预沟通等环节风险控制意见不一致的事项。事中通过构建舆情监测机制，对项目重要参与方的信息进行动态监测，同时为有效控制报价系统产品积累风险，根据产品的不同特性，初步建立了收益凭证、非公开发行公司债券及资产支持证券三类产品的风险控制指标与模型体系。事后建立违约信息诚信档案，明确违约处置程序和报告制度。对于重要业务加强信息共享和协同监管，例如根据中国证监会下发的《公司债券日常监管工作规定》要求，建立报价系统公司债券监管信息系统，共享高风险及违约债券相关信息。

五、通过“私募账户一户通”账户体系防控风险

账户体系是风险控制的基础。统筹考虑私募产品个性化特点和场外业务开展需要，中证报价建立了具有场外市场特色的报价系统账户体系，通过统一的账户编码规则管理账户，实现场外业务一户通。报价系统采用“3 +9”（3 位机构码 +9 位账户号码）的编码模式，初步实现了投资者通过一个产品账户便可完成在各互联互通市场的交易，这种账户体系即私募账户一户通。在便利交易的同时，私募账户一户通还可以实现看穿投资者在各互联互通市场上全部交易的作用，进而支持全面监控业务风险，并促进投资者适当性管理工作更好落地。

六、建立报价系统信用支撑体系

为提高市场效率，缓释业务风险，中证报价以报价系统产品和业务为基础，搭建了报价系统信用支撑体系，通过征信和增信等工具和手段防范信用风险，并在业务开展过程中不断优化。主要思路如下：一是充分利用征信，对发行人进行资信核实，为参与人提供征信信息对接及报价系统业务征信服务，辅助参与人判断风险；二是鼓励和引导业务增信，引入信用缓释工具在报价系统发行与转让，缓释基础资产风险。结合外部监管与市场现状，目前中证报价正逐步引入增信、担保、保险等机构作为报价系统风险缓释机构在报价系统提供外部风险缓释工具，并结合现有监管与市场环境，做好增信产品业务落地的准备工作，同时建立并每周定期更新市场交易主体违约、监管处罚等损失数据库。

七、建立诚信管理机制

中证报价根据报价系统业务开展情况，及时关注各类参与主体的信用情况以及在报价系统是否存在违约情形，建立报价系统诚信管理机制：一是对业务过程中发现的发行人、产品管理人、推荐机构、融资方等各类业务主体的重大违法违规事项、处理情况等，建立记录与报告机制；二是建立对违约参与人在报价系统范围内采取通报批评、暂停或终止其部分或全部业务权限等管理措施的机制。

八、加强适当性管理

中证报价高度重视投资者适当性管理机制建设工作，按照中国证券业协会《证券公司投资者适当性制度指引》，将投资者适当性管理标准贯穿于各项业务之中，建立了报价系统

投资者适当性管理机制，严守私募底线，从产品分类机制、风险等级评估、合格投资者标准、客户匹配流程控制等多个方面进行投资者适当性管理。一是报价系统作为机构间市场，参与人均是符合私募产品适当性要求的机构投资者。二是对于开展代理交易的参与人，严格要求参与人做好投资者适当性管理，确保代理的客户符合相关产品的投资者适当性标准，履行投资者适当性管理义务，并承担相关责任。三是在管理手段方面，中证报价以合规为前提、投资者适当性管理为基础，支持“买者自担风险、卖者承担责任”，除了要求销售机构做好投资者风险评估、风险测评和风险揭示，中证报价还要求投资者自身进行适当性申明，确立投资者自身的适当性管理责任。四是中证报价严格按照产品有关法律法规和自律规则的规定，执行投资者适当性管理标准。

九、为场外证券业务领域提供监测监控服务

根据《场外证券业务备案管理办法》和《非公开发行公司债券备案管理办法》等自律规则的规定，中证报价接受中国证券业协会授权委托负责管理场外证券业务报告系统。场外证券业务报告系统提供存储和管理相关场外证券业务相关数据的服务，同时为监管部门对市场进行监测监控提供数据的统计分析服务。场外证券业务报告系统业务涵盖场外证券的销售与推荐、场外衍生品、收益凭证、非公开发行公司债券等领域。中证报价与中国证券业协会联合对外发布《场外证券业务开展情况报告》，披露证券公司开展场外证券业务的总体情况，2016年全年对外发布12期。

第四章
报价系统的发展展望

2016年9月16日，国务院发布了《关于促进创业投资持续健康发展的若干意见》（国发〔2016〕53号），明确支持报价系统开展直接融资业务。11月29日，国务院发布了《“十三五”国家战略性新兴产业发展规划》（国发〔2016〕67号），提出探索推进报价系统建设，支持战略性新兴产业创业企业发展。

展望未来，报价系统将坚持稳中求进的工作总基调，规范发展“四大市场”，提高报价系统支持国家发展战略、服务战略新兴产业和实体经济的能力；健全细化“七大中心”；推动报价系统3.0建设，巩固报价系统作为行业基础设施地位。

一、规范发展“四大市场”，提高报价系统直接融资服务能力

报价系统积极响应党中央、国务院号召“双创”、“扶贫”战略，大力支持供给侧改革，支持国家战略新兴产业、实体经济发展，2017年将进一步规范发展私募股权、私募债券、场外衍生品、普惠金融四大市场发展。依托报价系统各项基础功能，全力推进建设“以报价为基础，以估值为核心，以融资为目的”的私募股权市场。结合有关部委、地区、行业和机构的不同需求以及政策支持体系，建立健全“双创”服务平台、金融扶贫平台、医创平台等特色应用场景。完善私募债券市场规则体系，丰富产品类型；完善转让、做市、质押式回购等功能，提高市场流动性。推动场外衍生品市场建设，完善市场结构；完善系统功能，加强业务和市场风险管理，夯实报价系统在场外衍生品市场的核心地位。加大消费扶贫业务开发力度，完善平台功能；完善投资者教育功能，推动行业文化、责任建设；积极探索拍卖、大宗商品物流平台等新业务。

二、健全细化“七大中心”，巩固行业基础设施地位

推动客户的深度服务与开发，加强柜台、互联互通机构支持工作。加大产品开发力度，推动重点产品开发落地，做好产品组织工作，完善报价系统生态体系。建立产品注册管理制

度体系，推动相关系统建设和功能优化，提高电子化程度，提升产品审核及注册效率。优化报价系统发行、转让等功能，丰富交易工具，推动估值商、报价商、做市商业务开发，不断提高市场流动性。加强报价系统登记结算业务运营管理，完善清算交收业务流程，逐步提高清算效率，探索扩大登记结算服务范围。推进报价系统数据管理，完善场外证券业务报告系统，加强场外证券业务的监测监控服务。以单个产品风险管控为基础，以市场风险计量与评估为核心，以风险缓释为最终目的，加强风险控制制度体系建设，完善风险控制指标体系，提高产品审核规范性，加强风险排查与监督检查，建立立体式风险控制体系。

三、完善系统架构，大力推进报价系统3.0建设

完善报价系统3.0架构设计，基于“一个系统、两个中心”的架构，实现报价系统异地热备。提升报价系统基础设施的可靠性和安全性，为交易清算等关键业务应用提供技术保障。探索将现有的运营管理模式从“集中式”改造为“分布式”。完善“七大中心”功能，建设并丰富“四大市场”应用场景。加强业务运营渠道和监管服务渠道的统一建设，合理规划门户网站、中证报价App、专业版客户端的服务定位，完善数据服务、模板服务、实时查询服务、询价报价服务等特色功能，提升客户体验，增强参与人使用黏性。依托衍生品报告库和场外证券业务报告库，面向中国证监会、各地证监局、中国证券业协会等监管用户，开设统一的服务窗口，巩固报价系统作为场外交易报告库的基础设施地位。

专题报告之四：2016年中国证券公司合规与风险管理发展综述

第一章 2016年中国证券公司合规管理概况

第一节 2016年证券公司合规管理基本情况

2016年，证券公司普遍建立了完善的合规管理制度体系和组织架构，各项合规管理工作有效推进，“合规从高层做起、全员合规、合规创造价值”的基本理念初步树立。2016年整个行业合规管理工作进一步深化，在防范、发现、处理违法违规行为、提升合规经营水平方面发挥着重要作用。

中国证监会以证券公司风险管理能力为基础，结合公司市场竞争力和合规管理水平，对证券公司实施分类监管。2016年参加中国证监会证券公司评价的公司共125家，其中30家公司与其母公司合并评价，共计95家单位参与评价。评价结果为A类的公司占比37.89%，比2015年下降43.75%，其中AA级公司8家，A级公司28家；B类公司数量占受评公司总数的53.68%，比2015年上升70%，其中BBB级、BB级和B级公司分别为40家、7家和4家；C类公司共8家，占比8.42%，比2015年上升700%，其中CCC级公司6家、CC级公司

1家、C级公司1家。2016年证券公司评价结果无D类和E类公司（见图专4－1）。2016年度，部分往年评级为A类的公司降为B类甚至C类，致使A类公司比例明显下滑，B类和C类公司占比明显上升。

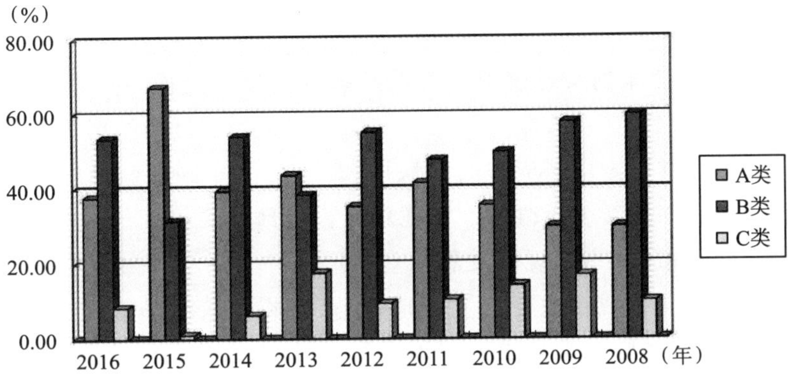

图专4－1　证券公司分类评价结果对比图

根据2016年底中国证券业协会组织的行业调查，在证券公司合规管理部门设置情况方面，约70.8%的证券公司设立了专职的合规部门，远远多于将合规部门与风险管理部门合并设立的公司（38.46%）。同时，大多数证券公司（76.99%）已将法律部门与合规部门合并。

从证券公司合规管理人员情况来看，截至2016年底，公司专职合规管理人员数量在全体员工中平均占比为1.57%，专职与兼职合规管理人员总数平均占比为4.65%。其中，行业内证券公司均配备了专职合规管理人员（平均为25人），有利于确保合规工作的独立性；87.61%的证券公司采取在分支机构及业务条线上配备兼职合规管理人员（平均为69人）的分散化管理方式，有利于合规工作与公司业务紧密结合。从合规管理人员的知识背景看，绝大多数（99.12%）证券公司配备了具有法律背景的合规管理人员，占全体合规管理人员的比例平均为40.01%。证券行业的专业性特点对合规管理人员的业务知识水平提出了更高的要求，因此已有较多的合规管理人员具备金融或经济管理（占公司全体合规管理人员的比例平均为42.86%）、财会或审计（占公司全体合规管理人员的比例平均为30.76%）知识背景。同时，随着合规管理对信息技术支持要求的日益提高，已有73.45%的证券公司配备了具有信息技术知识背景的合规管理人员，平均占比7.54%。

从证券公司合规部门人员变动情况来看，2016年度约55.75%的证券公司合规部门人数增加，与2015年度同期相比减少6.49%；约13.27%的公司合规部门人数减少，减幅平均为17%。

第二节　行业监管规则与自律规则体系的发展情况

2016 年，中国证监会深刻反思股市异常波动教训，依法全面从严监管，持续整顿市场秩序，保护投资者合法权益，切实服务供给侧结构性改革，在复杂的形势下保持了市场稳定健康发展，为经济社会发展做出了应有的贡献①。2016 年，中国证监会迈出多层次资本市场改革与建设的新步伐，深化新三板改革，实施新三板内部分层机制②，对主办券商监管力度升级③；积极推进区域性股权市场规范发展，基本形成“一省一市场”的格局④；支持创新创业，首批“双创”公司债成功发行⑤；发布《上市公司股权激励管理办法》，完善股权激励制度⑥；修订并购重组规则，抑制投机“炒壳”，缩短上市公司停牌时间⑦；正式启动深港股票市场交易互联互通机制⑧；联合发布《股权众筹风险专项整治工作实施方案》，促进互联网股权融资规范发展⑨。同时，中国证监会发布了《证券期货经营机构私募资产管理业务运作管理暂行规定》，加强对私募资产管理业务中风险问题的规范⑩。此外，2016 年中国证监会修订并发布了《证券公司风险控制指标管理办法》及配套规则⑪；起草《证券基金经营机构合规管理办法》并公开征求意见⑫，促进证券公司进一步提升合规风险控制管理能力和水平。2016 年，中国证监会在中小投资者权益保护上有了新成效，发布了《证券期货投资

---

① 中国证监会：“2017 年全国证券期货监管工作会议在京召开”，http：//www.csrc.gov.cn/pub/newsite/zjhxwfb/xwdd/201702/t20170210_310621.html，2017 年 2 月 10 日。

② 全国股转公司：“关于正式发布创新层挂牌公司名单的公告”，http：//www.neeq.com.cn/notice/3021.html，2016 年 6 月 24 日。

③ 《全国中小企业股份转让系统主办券商执业质量评价办法（试行）》（股转系统公告［2016］1 号）、《全国中小企业股份转让系统主办券商内核工作指引（试行）》（股转系统公告［2016］32 号）。

④ 中国证监会：“姜洋副主席在第九届中国·武汉金融博览会暨中国中部（湖北）创业投资大会上的讲话”，http：//www.csrc.gov.cn/pub/newsite/zjhxwfb/xwdd/201611/t20161122_306304.html，2016 年 11 月 22 日。

⑤ 中国证监会：“证监会支持创新创业　首批‘双创’公司债成功发行”，http：//www.csrc.gov.cn/pub/newsite/zjhxwfb/xwdd/201610/t20161028_305125.html，2016 年 10 月 28 日。

⑥ 《上市公司股权激励管理办法》（证监会令［第 126 号］）。

⑦ 《关于修改〈上市公司重大资产重组管理办法〉的决定》（证监会令［第 127 号］）、《关于修改〈关于加强与上市公司重大资产重组相关股票异常交易监管的暂行规定〉的决定》（证监会公告［2016］16 号）、《关于修改〈关于规范上市公司重大资产重组若干问题的规定〉的决定》（证监会公告［2016］17 号）。

⑧ 中国证监会：“深港股票市场交易互联互通机制正式启动”，http：//www.csrc.gov.cn/pub/newsite/zjhxwfb/xwdd/201612/t20161205_307176.html，2016 年 12 月 5 日。

⑨ 中国证监会：“证监会等 15 部门联合公布《股权众筹风险专项整治工作实施方案》”，http：//www.csrc.gov.cn/pub/newsite/zjhxwfb/xwdd/201610/t20161013_304504.html，2016 年 10 月 13 日。

⑩ 《证券期货经营机构私募资产管理业务运作管理暂行规定》（证监会公告［2016］13 号）。

⑪ 《关于修改〈证券公司风险控制指标管理办法〉的决定》（证监会令［第 125 号］）、《证券公司风险控制指标计算标准规定》（证监会公告［2016］10 号）。

⑫ 中国证监会：“证监会就《证券基金经营机构合规管理办法》公开征求意见”，http：//www.csrc.gov.cn/pub/newsite/zjhxwfb/xwdd/201612/t20161202_307072.html，2016 年 12 月 2 日。

者适当性管理办法》，标志着我国资本市场投资者合法权益保护的基础制度建设又向前迈出了重要一步[①]；修订并发布《证券投资者保护基金管理办法》，完善我国证券投资者保护基金制度[②]；修订上市公司定期报告信息披露内容与格式准则，进一步强化上市公司信息披露监管，切实维护广大投资者合法权益[③]。与此同时，2016年中国证监会强化依法从严全面监管，持续对各类违法行为保持高压态势，全年处罚数量和罚没金额创历史新高，市场禁入人数达到历史峰值。除信息披露违法、内幕交易、操纵市场等传统案件外，还显著加强了对中介机构未勤勉尽责、编造传播虚假信息等违法违规行为的处罚追责力度，全面深入推进私募基金行业和股转系统领域的执法，对违法违规行为形成了强有力震慑，为资本市场的健康稳定保驾护航[④]。

与此同时，自律组织也持续加强了对证券公司业务的规范和指导。2016年1月，中国证券业协会为配合《证券发行与承销管理办法》修订实施，发布了规范首次公开发行股票承销业务活动、网下投资者参与首发股票询价、网下申购业务活动的三项自律规则[⑤]。当月，为规范融资担保公司证券市场担保业务行为，中国证券业协会发布了《融资担保公司证券市场担保业务规范》[⑥]。同月，《中国证券业协会证券纠纷调解工作管理办法》及《中国证券业协会证券纠纷调解规则》发布，完善了证券行业调解工作，进一步保护投资者合法权益[⑦]。4月，中证机构间报价系统股份有限公司发布修订后的《机构间私募产品报价与服务系统发行与转让规则》和《机构间私募产品报价与服务系统私募股权融资业务指引（试行）》，进一步促进机构间私募产品报价与服务系统业务规范开展。8月，按照打击非法证券活动工作新形势、新要求，中国证券业协会发布《证券经营机构参与打击非法证券活动工作指引》，指导证券经营机构参与打非工作，保护投资者和证券经营机构合法权益[⑧]。12月，中国证券业协会发布了《证券公司私募投资基金子公司管理规范》及《证券公司另类投资子公司管理规范》，要求证券公司应当明确各类子公司的经营边界，充分发挥证券公司作为母公司的管控作用和各子公司的自我约束作用，切实防范系统性风险[⑨]。

---

① 《证券期货投资者适当性管理办法》（证监会令［第130号］）。

② 《证券投资者保护基金管理办法》（证监会令［第124号］）。

③ 中国证监会："证监会修订上市公司定期报告信息披露内容与格式准则"，http：//www.csrc.gov.cn/pub/newsite/zjhxwfb/xwdd/201612/t20161216_307926.html，2016年12月16日。

④ 中国证监会："证监会2016年行政处罚情况综述"，http：//www.csrc.gov.cn/pub/newsite/zjhxwfb/xwdd/201612/t20161230_308832.html，2016年12月30日。

⑤ 《关于修改〈首次公开发行股票承销业务规范〉的决定》、《关于修改〈首次公开发行股票配售细则〉的决定》、《首次公开发行股票网下投资者管理细则》（中证协发［2016］7号）。

⑥ 《关于发布〈融资担保公司证券市场担保业务规范〉的通知》（中证协发［2016］11号）。

⑦ 《关于发布〈中国证券业协会证券纠纷调解工作管理办法〉与〈中国证券业协会证券纠纷调解规则〉的通知》（中证协发［2016］12号）。

⑧ 《关于发布〈证券经营机构参与打击非法证券活动工作指引〉的通知》（中证协发［2016］156号）。

⑨ 《关于发布〈证券公司私募投资基金子公司管理规范〉及〈证券公司另类投资子公司管理规范〉的通知》（中证协发［2016］253号）。

第二章
2016 年中国证券公司合规管理职能的履行情况

根据《证券公司合规管理试行规定》，合规管理是指证券公司制定和执行合规管理制度、建立合规管理机制、培育合规文化、防范合规风险的行为。证券公司合规管理主要通过以下十项职能的履行得到实现。

一、合规咨询与合规审查

在合规咨询方面，2016 年证券公司普遍在所属各部门和分支机构开展业务和内部管理过程中出现规则适用和规则理解困惑时，由合规部门在合规总监的领导下为各部门提供合规咨询意见，确保在公司范围内法律、规则与准则被准确理解与适用。证券公司合规咨询的内容主要包括对法律法规、协会规则等自律组织规则、公司规章制度的理解和具体适用；法律法规及规则、公司规章制度未规定的业务性质的认定等方面。同时，2016 年各证券公司普遍通过多种渠道，就监管规定与自律规则的理解与证券监管机构和行业自律组织进行了良好互动，咨询结果及时有效地指导了证券公司合规管理工作。

在合规审查方面，2016 年证券公司普遍根据监管规定，就公司内部管理制度、重大决策、新产品和新业务方案、监管机构要求公司报送的应经合规总监审查的材料及其他事项进行合规审查，综合评估合规风险，并出具书面合规审查意见。同时，证券公司注重从新业务、新产品设计环节起就参与新业务、新产品方案的论证，出具专项书面合规意见。2016 年证券公司合规审查涵盖 PB 业务、资产证券化、场外金融衍生品、OTC 业务、沪港通及深港通业务、互联网证券业务、金融产品代销等多项创新事项。合规审查作为证券公司对业务事前、事中的合规管控，确保了公司各业务条线经营管理的合法合规。

二、合规监测

2016 年度，中国证监会持续对从业人员违法买卖股票、利用未公开信息交易、私下接受客户委托买卖证券等违法违规行为保持高压态势，处罚了一批相关案件[①]。对此，证券公司普遍加强了员工执业行为合规监测工作，主要采取了从业人员股票交易行为合规监测，办公网络及办公设备电子通讯信息合规监测，以及相关的调查处理、教育培训、合规提示和责任追究等一系列措施。

在从业人员股票交易行为合规监测方面，证券公司为防范员工利用本人账户违规进行股票交易，一般要求从业人员报备证券账户，指定交易或托管到公司营业部，公司对从业人员账户进行监控；或者定期提供交易记录，公司对交易记录进行审查。同时，证券公司为防范员工借用他人账户交易、代客理财，一般还对公司配发办公设备上发生的股票交易行为进行合规监测，主要通过监测办公电脑 MAC 地址、办公电话在本公司集中交易系统中的交易记录来实现。

在办公网络及办公设备电子通讯信息合规监测方面，证券公司主要开展了重点敏感岗位办公电话的录音留痕和监测；办公邮件收发归档留痕和监测；办公网络即时通讯信息的系统留痕和监测等工作。

三、法律、法规和准则跟踪

2016 年，在行业监管规则和自律规则不断推陈出新的情况下，各证券公司合规部门密切关注最新监管及行业动态，安排人员检索政府部门、监管部门、自律组织等的门户网站，汇总和梳理证券行业法律、法规、规章及其他规范性文件、行业规范和自律规则以及行业公认并普遍遵守的行为准则等的颁布及修订情况。同时，证券公司合规部门也积极保持与当地监管部门、自律组织的定期联系，了解最新的法律、法规、准则。

同时，证券公司对本年度新增及变化的证券行业法律、法规、准则进行解读并评估影响，并通过公司内部网站发布、编制成册等方式传达至全公司员工，使公司上下掌握最全、最新的规则；分解和传递到业务部门和业务条线，指导其对内部相关规定或业务流程进行改进，确保修订后的政策和程序符合法律、法规和准则的规定。

四、信息隔离

2016 年，行业内证券公司按照 2015 年修订后的《证券公司信息隔离墙制度指引》，先后修订了内部信息隔离墙制度并予以落实，普遍采取了物理、人员、资金、账户、系统等基础隔离措施，以及观察名单管理、限制名单管理、跨墙管理等信息隔离措施，管控投资银行、证券自营、证券投资咨询、客户资产管理、直接投资、证券经纪、融资融券等可能存在利益冲突的业务之间敏感信息的不当流动和使用，防范内幕交易，管理利益冲突。证券公司

① 中国证监会："证监会 2016 年行政处罚情况综述"，http：//www. csrc. gov. cn/pub/newsite/zjhxwfb/xwdd/201612/t20161230_ 308832. html，2016 年 12 月 30 日。

信息隔离墙管理系统建设逐步成熟，电子化管理程度加深。在使用信息隔离墙管理系统的公司中，部分证券公司已实现系统与公司投资银行、自营、客户资产管理、投资咨询等业务系统的对接，提高了信息隔离墙工作的效率和准确性。同时，证券公司按照《证券公司信息隔离墙制度指引》要求，在进行业务创新或协同开展业务合作时，一般事先评估是否可能存在敏感信息不当流动和使用的风险，建立或完善信息隔离墙管理制度。此外，随着新三板业务的快速发展，证券公司开始考虑将新三板业务纳入信息隔离墙管控范围，部分证券公司已制定相关的信息隔离墙制度并逐步落实。

随着沪港通、深港通的启动以及证券公司海外分支机构和子公司的数量不断增长，证券公司国际化程度不断加深。由于境外有关信息隔离的要求更为严格，部分证券公司开始考虑逐步提高信息隔离墙工作的国际化水平，并考虑逐步在集团层面整合信息隔离工作。

五、反洗钱

2016 年是《中华人民共和国反洗钱法》颁布实施十周年。十年来，我国反洗钱工作取得了很大进步，但同时，当前国内外反洗钱和反恐怖融资形势严峻复杂，非法集资等破坏金融管理秩序犯罪和金融诈骗犯罪呈现易发多发态势，走私、涉税、贪腐、毒品等上游犯罪危害严重，国际反洗钱标准趋严形成挑战。这些对金融机构反洗钱和反恐怖融资工作提出了更高的要求①。2016 年底，中国人民银行发布了《金融机构大额交易和可疑交易报告管理办法》②，对现行《金融机构大额交易和可疑交易报告管理办法》③ 和《金融机构报告涉嫌恐怖融资的可疑交易管理办法》④ 进行修订、整合，在规章层面明确了金融机构切实履行可疑交易报告义务的新要求，有助于金融机构提高可疑交易报告工作的有效性。

2016 年，证券行业按照中国人民银行要求，广泛持续开展了反洗钱制度建设、组织架构完善、客户身份识别及客户资料保存、客户洗钱风险评估及等级划分、大额和可疑交易报告、反洗钱培训宣传等反洗钱工作。在反洗钱制度建设方面，部分证券公司根据业务发展情况，积极研究沪港通、深港通、客户保证金消费支付、境外业务等新业务涉及的洗钱风险，并制定相应的风险应对措施。在大额和可疑交易报告方面，部分证券公司依据《金融机构大额交易与可疑交易报告管理办法》，并结合行业实践及业务情况，主动着手设计大额和可疑交易标准和模型。在反洗钱宣传方面，各证券公司按照中国人民银行要求，组织开展了以“预防洗钱活动、打击洗钱犯罪、维护金融秩序”为主题的反洗钱宣传活动。证券公司通过在官网设置反洗钱提示语，发放短信、电子邮件、宣传册等，播放宣传标语及动画，利用官方微博和微信公众号宣传反洗钱信息，以反洗钱主题征文、知识竞赛等多种形式开展反洗钱

---

① 中国人民银行副行长郭庆平在 2016 年反洗钱形势通报会上的讲话，2016 年 5 月 19 日。

② 中国人民银行令［2016］第 3 号。

③ 中国人民银行令［2006］第 2 号。

④ 中国人民银行令［2007］第 1 号。

宣传活动，收到了良好的效果。在反洗钱培训方面，2016年中国人民银行反洗钱局、中国金融培训中心联合中国人民银行各地分支机构举办了多期反洗钱高级管理培训班；中国人民银行各地分支机构也多次举办了反洗钱培训，提高了证券公司管理人员、反洗钱业务人员和分支机构员工的反洗钱意识和反洗钱工作能力。同时，证券公司还大多自主开展了反洗钱培训宣传，进一步提高了员工反洗钱意识。

六、合规投诉举报和合规事件的处置

2016年，证券公司普遍通过合规举报电话和合规总监邮箱受理员工和客户的合规投诉举报，对相关事项进行调查和处理，主要涉及从业人员私下代客理财、利用他人账户买卖股票等问题。中国证监会强化依法从严全面监管，持续对各类违法行为保持高压态势，除严厉打击信息披露违法、内幕交易、操纵市场等传统案件外，还显著加强了对中介机构未勤勉尽责、编造传播虚假信息等违法行为的处罚追责力度，全面深入推进私募基金行业和股转系统领域的执法①。这些投诉举报和监管措施反映出证券公司合规管理方面需持续通过优化管理制度、规范业务流程、健全内控机制、提高对员工的培训宣导力度、加强合规监测及合规检查等措施，切实防范相关违规行为。

2016年，证券公司根据行业发展情况，重点开展了有关股票期权、沪港通、融资融券、全国中小企业股份转让系统业务、互联网金融、防范非法证券活动等方面的投资者教育工作，向投资者进行风险提示和教育，培养投资者合规交易意识和自我保护能力。证券公司积极配合交易所做好客户异常交易管理工作，对投资者异常交易行为进行及时提醒、动态监控，加强理性投资教育，防止客户从事违规股票炒作等不正当交易行为。证券公司密切跟踪媒体报道，积极关注重大突发事项，主动采取措施应对合规风险事件。

七、合规文化建设与合规培训

2016年，随着监管政策日益趋严，证券公司更加深刻地认识到合规价值观念先行的重要性，为营造积极向上、正能量的合规文化氛围，各证券公司组织开展了一系列合规文化建设活动。一些证券公司在公司内网上建设维护“合规管理平台”，将合规动态、法律法规、规章制度、合规培训等功能整合，成为员工合规学习、交流和培训的综合平台；一些公司汇总合规管理方面的媒体报道、监管信息，整理合规管理工作动态、工作经验，供广大员工学习、交流使用；一些公司整理分析典型合规案例，并据此对相关部门和人员进行合规风险提示，督促员工引以为戒、主动合规。

各证券公司普遍举办了覆盖面广、有针对性的合规培训，提高员工合规意识和合规工作

---

① 中国证监会：“证监会2016年行政处罚情况综述”，http：//www.csrc.gov.cn/pub/newsite/zjhxwfb/xwdd/201612/t20161230_308832.html，2016年12月30日。

水平。证券公司合规培训一般包括新员工入职培训，公司内部培训，监管部门、自律组织或兄弟证券公司的外部培训，网上学习，多媒体课程等多种方式。

2016 年，中国证券业协会先后举办了“证券公司风险管理高级培训班”、“《证券公司风险控制指标管理办法》培训班”，组织开展了“2016 年打非宣传月”、“加强守法合规和社会责任意识”等教育活动。通过培训和宣传教育，形成了良好的合规与风险管理体制机制，为证券公司稳健快速发展提供了有效的保障。

八、合规检查

根据监管要求、业务发展情况和合规管理工作计划，2016 年各证券公司持续开展了各类定期和不定期合规检查，包括根据中国证监会各地派出机构要求，组织实施经纪业务、投资银行业务、全国中小企业股份转让系统主办券商业务、融资类业务、资产管理业务、信息技术、互联网金融等的合规检查；积极配合中国证监会及其派出机构检查工作；主动开展各项业务合规管理等方面的检查工作；针对违规事件或突发事件，开展专项检查工作。在以上各类各项检查之后，各证券公司合规部门及时出具合规建议或向合规总监报告，对发现的问题进行后续督导，落实整改，促进被检查单位合规管理水平的提高。

九、合规考核与合规问责

在合规考核方面，2016 年证券公司普遍重视合规考核在推动合规管理工作中的作用，大多数证券公司将合规考核纳入员工绩效考核体系，强调合规考核与日常管理工作的结合。合规考核体系重点关注业务活动中的合规风险，根据风险影响程度确定不同的考评等级。一些公司将重大合规风险作为一票否决事项，列入员工考核指标体系；一些公司根据创新发展情况，研究修订合规考核指标，将新产品、新业务的合规风险管理情况纳入合规考核体系中。

在合规问责方面，2016 年证券公司大多通过完善制度和流程，明确合规问责启动的情形、程序和具体措施；对员工违反法律法规、监管要求和公司规章制度，导致合规风险，造成或可能造成公司声誉、财产等方面损失的行为进行责任追究，提高了合规管理的制度执行力。证券公司采取的合规问责方法主要包括形成问责决议、通报以及附带经济及行政处罚等多样化措施。

十、合规管理有效性评估

2016 年，证券公司积极开展合规管理有效性评估工作，涵盖合规管理环境、合规管理职责履行情况、经营管理制度与机制的建设及运行状况等方面，重点关注合规咨询、合规审查、合规检查、合规监测、合规培训、合规考核、合规问责、合规报告、监管沟通与配合、信息隔离墙管理、反洗钱等合规管理职能是否有效履行。

通过评估，证券公司普遍检视了公司高层是否重视合规管理、合规文化建设是否到位、合规管理制度是否健全、合规管理的履职保障是否充分等问题；普查了公司各项经营管理制度和操作流程是否健全，是否与外部法律、法规和准则相一致，是否能够根据外部法律、法规和准则的变化及时修订、完善等情况；纠正了经营管理制度和操作流程中有章不循、违规操作等问题。

第三章
2016年中国证券公司合规管理工作面临的问题及2017年工作展望

第一节　证券公司合规管理工作面临的问题

从整体上看，证券行业合规管理工作已经在防范、发现、处理证券经营机构违法违规行为、提升合规经营水平方面发挥了作用。但随着市场发展、行业情况和监管要求等方面的变化，证券公司合规管理工作也面临着一些问题①。

一、主动合规、全员合规的意识和理念有待加强

在证券行业竞争加剧的压力下，以及规模、利润等考核指标的驱动下，部分证券公司重业务，轻合规，仅仅把合规管理工作当作外部硬性的监管要求来落实，改进完善合规管理的主动性和积极性不够。少数机构甚至将合规负责人、合规部门作为应对外部监管的公关部门，核心合规管理职能履行不充分，主动发现、报告违规行为的较为少见，合规负责人的职能作用未能充分发挥。

在实践中，证券公司业务部门及业务人员往往将合规管理工作误解为是合规总监和合规部门的事，对自身的合规管理工作职责认识不足，证券公司全员合规的理念有待深化。

二、合规管理全覆盖有待强化

近年来，证券公司业务发展迅速，分支机构数量大幅增长、业务复杂程度大幅提升、创新层出不穷。然而，行业合规管理工作尚未完全适应这一发展形势的需要，很多证券公司没

① 中国证监会：《关于〈证券基金经营机构合规管理办法（征求意见稿）〉的起草说明》，2016年12月2日。

有将公司各部门、分支机构、子公司的合规管理统筹规划、统一部署。一些证券公司的重要业务部门和规模较大的分支机构未配备专职合规管理人员，少数分支机构合规管理失控；一些证券公司对子公司缺乏有效的合规管理，不少子公司内部合规管理薄弱，个别子公司合规管理缺失。

三、合规负责人、合规管理人员的履职保障有待提升

当前，证券公司合规负责人的薪酬待遇往往低于同级别高级管理人员，合规管理人员的薪酬待遇也与业务部门存在较大差距，导致合规管理人员缺乏，向业务部门流动的情况较为普遍。同时，部分证券公司合规负责人独立性、权威性不足，知情权得不到充分保障。

四、处罚问责力度有待加大

《证券公司合规管理试行规定》对监管措施和各方法律责任的规定较为原则。实践中，部分证券公司内部合规问责和惩处机制不健全，执行不到位，对违规事件内部处罚力度不够，惩戒效果不彰。

上述问题说明证券公司合规管理还需进一步深化，全行业还需持续不懈努力培养良性合规文化，将合规意识融入日常执业活动，真正实现从“要我合规”向“我要合规”的转变。

第二节　2017 年证券公司合规管理工作展望

在监管部门强化依法从严全面监管的背景下，证券公司应当顺应监管要求，努力克服自身面临的问题，积极提升合规管理能力。具体来说，证券公司在履行合规管理职能的过程中，需要在以下几方面有所侧重：一是坚持合规经营的基本原则，加强员工合规教育，使守法合规、勤勉尽责的经营理念让每一位从业人员刻骨铭心。二是明晰全员合规要求，厘清各方的合规管理责任，充分调动业务部门合规管理的自觉性和主动性，发挥业务部门对合规风险的一线管理作用，努力践行主动合规、全员合规的意识和理念。三是强化合规管理全覆盖，逐步统筹规划、统一部署对各部门、分支机构、子公司的合规管理，贯穿于决策、执行、监督、反馈等各个环节。四是综合运用合规监测、检查、问责等手段，强化业务合规制度的执行力。五是加强合规队伍建设，充分发挥合规管理部门在公司内部管理中的制约作用，为合规专业人员履行职责创造必要的保障条件。六是健全内部合规问责和惩处机制，加大对违法违规行为的自查自纠力度，提升内部惩戒效果。七是重视监管沟通，积极寻求重大、疑难合规问题的指导意见，主动反映行业存在的共性问题，推动法制环境进一步适应行

业发展的需要。

同时，也需要监管部门和自律组织尽快出台《证券基金经营机构合规管理办法》及配套实施细则；对行业共同面对的合规问题给予更多关注和指导；继续严格执法，对恶意破坏市场秩序、违规经营的证券公司给予及时且严厉的处罚，促使证券行业持续合规经营。

第四章 2016 年中国证券公司风险管理概况

第一节 2016 年证券公司风险管理基本情况

2016 年，行业风险管理转型不断深入，证券公司风险管理理念不断提升。在监管转型和行业发展的双重驱动下，各证券公司不断完善全面风险管理体制机制，深化落实全面风险管理各项工作，以风险控制指标为核心，以全面覆盖为目标，对证券公司经营中的市场风险、信用风险、操作风险以及流动性风险进行准确识别、审慎评估、动态监控、及时应对和全程管理，对证券公司各项业务在收入结构层次多元、业务产品形式复杂、系统风险持续加剧背景下的平稳开展形成了有力的支撑与保障。

一、升级风险控制指标体系，向“风险管理全覆盖”目标推进

为提升风险控制指标的有效性，促进证券公司持续稳定健康发展，中国证监会于 2016 年 6 月修订发布了《证券公司风险控制指标管理办法》及配套规则，并于 2016 年 10 月起正式实施。此次修订，一方面在维持总体框架不变基础上，对不适应行业发展需要的具体规则进行调整；另一方面，结合行业发展的新形势，通过改进净资本、风险资本准备计算公式，完善杠杆率、流动性监管等指标，明确逆周期调节机制等，提升风险控制指标的完备性和有效性。修订后的证券公司风险控制指标体系通过风险覆盖率、资本杠杆率、流动性覆盖率及净稳定资金率四个核心指标，构建合理有效的风险控制指标体系，进一步促进证券行业长期健康发展。

2016 年 12 月，中国证券业协会发布《证券公司全面风险管理规范》、《证券公司流动性风险管理指引》、《证券公司压力测试指引》、《证券公司风险控制指标动态监测系统指引》等系列配套自律规则，监管政策的实施进一步落地。修订配套规则中，新版《证券公司全面风险管理规范》以“提升证券公司风险管理能力，防范行业风险外溢”为目的，对原规

范进行了全面的修订，进一步提升原规范的指导性、可操作性，明确风险管理每个层级承担的职责，对首席风险官任职条件提出要求，增加对证券公司风险管理部门人员以及承担管理责任的业务部门风险管理人员的配置要求。另一重点是将子公司纳入全面风险管理的覆盖范围，提出具体的风险管理要求。明确证券公司子公司风险管理实施垂直管理的模式，同时提出子公司风险管理工作负责人的任命应由证券公司首席风险官提名，对原来只对业务部门、分支机构的风险管理要求覆盖到子公司。

从前期行业落实全面风险管理工作的情况来看，各证券公司在建立风险管理体系方面有了长足的进步，但在风险管理机制落地方面、指导资源配置与业务发展方面、实施风险绩效考核方面、集团化风险管理方面，仍处于研究、探索阶段。在风险控制指标体系调整、全面风险管理要求升级的当下，各证券公司开展专业性、全面性、主动性风险管理的要求将进一步提升。

二、完善基础设施建设，提升专业化风险管理能力

2016 年，各证券公司持续在风险管理的体制机制、人员配备方面加大投入，不断完善证券公司风险管理框架结构，满足证券公司内生发展的需要以及监管机构全面风险管理的要求。首席风险官配备方面，根据中国证券业协会 2016 年专项调研的数据，截至 2016 年末，超过 94% 的证券公司任命了首席风险官，并通过公司内部制度，要求公司确保首席风险官拥有独立的报告渠道和充分的知情权，以保障其正常履职。风险管理人员配备方面，截至 2016 年末，证券公司风险管理部门总人数约为 1 375 人，约有 61% 的证券公司在 2016 年增加了风险管理人员配备，各证券公司通过引进和培养既掌握风险管理专业知识又熟悉证券业务的复合型人员，夯实了实现全面风险管理能力的人才基础。

从风险管理部门的内部团队架构设置来看，2016 年已有 67% 的证券公司按照风险类型划分风险管理职能，进一步按风险类型划分，市场风险人数占 24%，信用风险人数占 24%，操作风险人数占 18%，流动性风险人数占 14%，按风险类型细化的内部分工提升了风险管理的专业化水平，使得风险管理精细化水平更上一个台阶。风险管理部门与其他部门衔接方面，2016 年末有 18% 的证券公司直接向业务条线派驻风险管理人员，有 13% 的证券公司直接向子公司派驻风险管理人员，其他证券公司通过指定专人、任命风险控制专员具体负责其范围内的风险管理工作，对风险管理政策和制度的执行情况进行监督、检查和报告，履行一线风险管理职责。

随着证券公司业务的多元化快速发展，对风险管理人员素质、数量的要求都成倍提升，具备风险管理经验技能及相关资质的人才紧缺；同时，资源要求与待遇水平不匹配，使得风险管理人员外流趋势更加强烈，证券公司在风险管理人员配备方面将面临更大的压力。

第二节　2016 年证券公司风险管理的新特点

一、实施风险控制指标管理新政，以资本约束证券公司规范发展

新《证券公司风险控制指标管理办法》构建起以风险覆盖率、资本杠杆率、流动性覆盖率及净稳定资金率为核心的风险控制指标体系，这一全新的指标体系与当前经济形势、行业背景相吻合，既适应证券行业盈利模式、业务产品和组织架构的多元化趋势，也提高了对复杂风险的覆盖与计量准确性。具体而言，一是公司净资本计算方式更为合理，将净资本区分为核心净资本和附属净资本，将金融资产的风险调整统一纳入风险资本准备计算，不再重复扣减净资本，回归资本本源属性。二是强调对高风险业务的资本约束，从各业务的风险资本准备比例来看，较之以前有很大变化，资产管理业务、信用交易业务的风险资本准备占比大幅上升，资本约束更趋强烈。三是弱化了分类评价结果对风险资本准备的影响，提高了指标与资本实力及实际风险水平的关联程度。

新《证券公司风险控制指标管理办法》对证券公司治理结构、内部控制机制、风险管理能力提出了新的要求，各证券公司进一步完善现有风险控制指标计算、监控、调整机制，实现对风险控制指标的动态监控，满足新《证券公司风险控制指标管理办法》的要求。监控系统方面，对原有净资本监控系统进行了全面升级，提高对各类业务条线的监控管理、业务数据的获取和整合能力及系统化处理的程度，改进、完善了新业务数据采集、集中度汇总、预警限额提示等多项功能。制度人员方面，各证券公司通过修订内部制度，完善内部分工，明确相关部门在指标管理中的职责，加强专业风险控制人员和部门一线风险控制人员的配备，确保指标监控工作顺利开展。战略配置方面，发挥新风险控制指标对公司业务战略部署的重要引导作用，建立评估机制，以新风险控制指标体系作为衡量新业务、新产品是否开展、开展时间、具体结构安排的重要标准，力求在合规的基础上实现战略与资本布局的优化安排。

二、深化落实全面风险管理，升级风险管理机制与要求

随着全面风险管理工作的不断推进，风险管理工作正在以风险控制为主向全面风险管理升级、从定性分析为主向定量管理升级、从单一项目审核及监控为主向总量控制及限额管理升级、从手工操作为主向系统及信息化管理升级等方面转变。一方面，在流程上将风险管理嵌入业务环节，推进风险管理前置。健全事前评估机制，全面梳理重点业务流程，深化内控管理；强化风险收益评估，推进风险资本管理理念，将风险和收益挂钩；加强项目集中审核，严格把控质量关，提高风险管理效率。另一方面，在范围上提高风险管理的覆盖面，逐步实现风险管

理的全面覆盖。完善风险管理组织框架，强化经营管理层风险管理职能，推行一线负责人风险管理负责制；强化分支机构风险管理，设立合规风控专员，为分支机构业务发展提供风险控制保障；加强对子公司的风险管理，通过整体部署和安排，实现对境内外子公司风险管理的全覆盖。

在行业内集团化、国际化经营趋势的背景下，证券公司普遍注意到子公司风险管理的重要性，积极研究覆盖全集团的风险管理方式，将分支机构、子公司纳入全面风险管理体系，加速推动子公司自身全面风险管理体系建设，落实各项管理机制，发挥分支机构合规风险控制专员作用，加速分支机构垂直管理落地；并以统一的风险管理理念为先导，实现风险管理的专业化，以科学完善的机制手段为核心，不断追求风险管控的精细化，以先进的信息技术系统为保障，逐步实现风险控制系统集成化、信息集中化。2016 年底，新版《证券公司全面风险管理规范》发布，以“提升证券公司风险管理能力，防范行业风险外溢”为目的，对原规范进行了全面的修订，进一步提升原规范的指导性、可操作性，各证券公司通过持续完善可操作的管理制度、健全的组织架构、可靠的信息技术系统、量化的专业风险指标体系、专业的人才队伍、有效的风险应对机制，对公司战略发展形成有效的支撑与保障。

三、开展多层次压力测试，发挥经营决策“预警线”功能

2016 年，中国证监会研究形成了证券基金经营机构常态化风险压力测试机制工作方案，要求证券基金经营机构按不少于每季度一次的频率自行开展压力测试，同时按照每半年一次的频率组织统一情景压力测试。2008 年国际金融危机以来，压力测试得到各国监管部门的重视，逐渐成为衡量特定行业抗压能力的重要工具。近年来，中国证监会逐步启动对证券公司的压力测试工作，并根据具体实践不断完善压力测试机制，要求证券公司合理设定压力测试的轻度、中度、重度压力情境，审慎评估证券公司承受各类风险的综合能力。同时，还通过开展反向压力测试，评估公司在满足监管标准的前提下开展业务规模的上限、负债规模上限，识别证券公司可能面临的重要风险点。2016 年 11 月，中国证券业协会组织证券公司及其子公司开展了统一情景压力测试，进一步将子公司纳入压力测试范围，加强行业系统风险评估，促进证券公司风险管理能力的提升。

同时，证券公司遵循全面性、实践性、审慎性、前瞻性原则，通过健全公司内部压力测试机制，将压力测试作为风险管理的有效手段。一是持续完善压力测试的相关保障工作，建立并完善压力测试的相关制度，提高压力测试内外部数据的准确性，提升在数据管理、模型开发、情景设置、测试实施、结果分析与报告等环节信息技术方面的支持程度，确保压力测试的质量和效率。二是完善压力测试流程和方法，加强压力测试方案的沟通，提高情景因子类型设定的科学合理性，提高压力测试的覆盖面，全面涵盖各类风险。三是优化压力测试报告和测试结果应用，将每年的综合压力测试结果提交审阅，作为公司制定重大经营决策依据之一，制定压力测试应急预案，以便结合自身风险承受能力，采取应对措施，定期开展压力测试工作机制检查和评估，对流程方法、压力情景、数量模型进行定期评估、及时调整。

第五章
2016年中国证券公司面临的关键风险和管理方法

第一节 市场风险

2016年，中国股票市场总体呈现箱体震荡态势，全年市场整体下跌。以上证综指为例，2016年1月初指数从高点3536.59点开始逐步走低，最低下跌至2638.30点。截至12月30日，指数收盘于3103.64点，累计跌幅12.31%；同期中小板指、创业板指跌幅分别为22.89%、27.71%。市场波动率方面，2016年股票市场波动率水平较上年末有所降低。以上交所中国波指（iVIX）为例，该指数由2015年末的27.95%开始逐步下行，截至2016年末该指数为17.22%，较年初下降了38.39%。

债券市场方面，2016年中债综合全价指数宽幅震荡下行。指数先震荡上行至3月下旬后，趋势性下跌至4月底，随后震荡盘升至10月底，接着经历大幅回撤至12月下旬，后小幅回升。中债综合全价指数年末报收117.34点，比上年末下降-1.63%；中债5年期国债到期收益率较上年末上行约15.26个基点至2.85%；中债10年期国债到期收益率较上年末上行约19.03个基点至3.01%。

目前，证券行业主要采用定性及定量相结合的方法对业务运作过程中的市场风险进行评估和分析。定性方法主要包括对资产的内在属性、投资价值、行业前景及风险来源进行评估和分析；定量方法主要包括采用风险价值（VaR）、集中度、敏感性、压力测试等量化指标，对资产价格波动可能带来的损益情况进行分析。

在风险识别评估的基础上，证券公司建立科学规范的投资决策流程，采用多元化的资产配置和投资策略，合理配置各种不同资产种类的投资比重，通过分散化实现市场风险的缓释。同时，证券公司借助期货、期权、远期、互换等衍生金融工具对已有的持仓组合进行套期保值，实现风险的转移和规避。

在业务运作过程中，证券公司对承担市场风险的投资业务或场外衍生品业务进行市场风险的日常监控，对公司整体的风险敞口、VaR等风险指标进行计算和汇总。目前，行业内的证券公司普遍采用风险限额管理方式对业务运作过程中的市场风险进行管控。主要的风险限额包括规模限额、集中度限额、VaR限额、止损限额等。此外，证券公司还建立了市场风险报告体系，通过日报、月报、年报等不同频率的风险报告向公司管理层及时报送市场风险的整体情况。

根据《证券公司全面风险管理规范》的有关要求并结合业务发展的实际情况，证券公司规范并完善了金融工具估值及模型校验的流程与方法，由风险管理部门定期对复杂的金融衍生品的估值进行确认工作，确保风险计量基础的科学性。此外，对于市场风险识别和评估过程中所使用的风险计量模型，证券公司定期组织开展模型校验和回测工作。

除此之外，行业内部分领先证券公司已开始组织实施经济资本及风险调整绩效管理。证券公司通过建立经济资本内部模型，对公司各项业务的非预期损失进行估计，以此评估资本对风险的吸收能力；同时分析评估各项业务风险调整后的收益水平，并将其作为对业务利润的考核依据，促进公司资源的合理分配。根据中国证券业协会的统计调研，截至2016年末全行业已有11.30%的证券公司开始实施经济资本或风险调整绩效管理。

第二节　信用风险

信用风险指公司融资类客户、交易对手或公司持有证券的发行人在无法履行合同义务的情况下，给公司造成损失的可能性，或者相关方信用质量发生恶化情况下给公司造成损失的可能性。

公司面临的信用风险主要涉及存放在其他金融机构的自有货币资金，经纪业务代理客户买卖证券的银行存款及保证金，为客户提供融资融券、约定购回式证券交易和股票质押式购回交易等融资类业务，债券投资、衍生品交易等自营业务。

证券公司的信用风险具备覆盖面广、影响程度大的特点，同时2016年以来在经济增速继续下行、金融领域杠杆大幅增加、债务违约高企的背景下，信用风险管理面临更大的难度和挑战。基于以上特点，2016年证券公司的信用风险管理因而更加严谨和具有前瞻性的变革。

一、健全的制度和组织架构

在管理层面，信用风险管理包含公司董事会、经理层、各部门及分支机构，重大决策前公司各级进行充分沟通，明确授权范围和授权内容，及时掌握信用风险动态，以保证信用风险管理的透明和决策效率；在操作层面，公司明确董事会、经理层、各部门及分支机构履行信用风险管理的具体职责、程序及报告路径，保障信用风险管理的有效性；业务部门保证债务人信息和相关交易要素对风险管理部门公开透明，在业务开展过程中发现风险问题，应及时主动与风险管理部门沟通，制定应对措施。

二、完善的管理流程

公司信用风险管理应与自身发展战略、宏观经济环境相适应，建立可操作的风险识别、评估、监测、应对和报告的方法和流程。

以融资类业务为例，公司从融入方准入管理、标的券管理、风险处置流程等方面建立了比较完善的制度规范。

融入方准入管理方面，明确融入方准入条件，包括融入方资产负债状况、信用记录、诉讼情况等。建立完善的尽职调查流程、制度。对融入方进行信用评估，评定融入方的信用等级，并在交易存续期内定期或不定期评估，持续关注融入方信用变化。

标的券管理方面，建立标的券管理制度，明确标的券筛选标准或准入条件、质押率上限、具体项目标的券质押率确定机制、标的券集中度管理机制等，并明确调整机制，定期或不定期对其适用性进行评估和更新。

建立实时监控系统，设定预警履约保障比例和最低履约保障比例。当履约保障比例无法达到规定标准时，要求融入方采取履约保障措施。

针对证券公司融出资产建立分类管理制度，监控资产质量并根据资产质量计提损失风险准备。

建立健全违约处置管理制度，指定专人负责违约处置事宜，并与融入方约定违约情形、处置方式等。

三、量化的风险指标体系

风险指标按照管理主体可分为监管指标和内控指标。监管指标是国家监督管理机构为加强证券公司风险监管，督促证券公司强化内部控制、提升风险管理水平、防范风险而建立的一套以净资本和流动性为核心的风险控制指标体系。内控指标是公司管理部门在监管指标的基础上，结合本公司风险特征和经营策略而制定的适用于本公司内控工作的风险控制指标体系。公司将风险指标逐级分解至各部门、分支机构和子公司，并对分解后指标的执行情况进行监控和管理。当信用风险指标超限额时，公司信用风险管理部门及时会同相关业务部门、分支机构或子公司，了解情况和原因，督促相关业务部门、分支机构或子公司采取措施在规定时间内予以有效解决，并及时向公司首席风险官报告。

四、有效的风险应对机制

建立完善重大风险事件报告机制，高度重视重大信用风险的主动应对管理，主动开展全面排查，及时报告有关情况，提前制订应对处置方案，做到“早发现，早报告，早处置”。

公司根据信用风险评估、检测和预警的结果，选择与风险偏好相适应的风险回避、风险降低、风险转移、风险承受等风险应对策略，建立合理、有效的资产减值、风险对冲、风险拨备、规模调整等应对机制。

五、可靠的信息技术系统

通过建立健全与业务复杂程度及信用风险管理体系相适应的信用风险管理信息系统，持续引进先进的信用风险管理方法和工具，对风险进行有效计量、汇总、预警和监控，实现同一业务、同一客户相关信用风险信息的集中管理。

通过建立健全信用风险管理信息系统的数据治理和质量控制体系，明确信息技术部门与信用风险管理部门的职责。同时建立健全信用风险管理信息系统的授限管理体系，确保相关授权体系运行的有效性。

六、集团化管理机制

对子公司信用风险管理工作实行垂直管理，要求并确保子公司在集团整体风险偏好和信用风险管理制度框架下，建立自身的信用风险管理组织架构、制度流程、管理体系和信息技术系统，并向公司信用风险管理部门报备；公司信用风险管理部门通过评估子公司提出的方案，保障集团信用风险管理的一致性和有效性。

七、专业的人才队伍

配备与自身业务发展和管理需求相匹配的专业人员从事信用风险管理工作，并提供相应的工作支持和保障；信用风险管理人员应当熟悉业务，具备相应的风险管理技能，并积极参与专业培训，强化队伍建设，不断提高管理水平。

第三节　流动性风险

一、进一步完善流动性风险限额体系

随着新《证券公司风险控制指标管理办法》的全面实施，流动性风险正式纳入中国证监会风险控制管理体系。2016 年，证券公司全面提高流动性风险管理能力与管理水平，流

动性风险管理的维度与量化水平再上一个台阶，流动性风险管理工具不断完善。

2016年，除了监管要求的流动性覆盖率、净稳定资金率，绝大部分证券公司均设立了内部的流动性风险管理标准，多维度度量公司流动性风险轮廓。

（一）负债结构类指标

主要包括负债集中度/渠道集中度指标、期限集中度指标、客户集中度指标等。

（二）备付类指标

主要包括最低优质流动性资产规模、备付金规模、日间流动性头寸规模等。

（三）缺口类指标

主要包括各期限的现金流缺口等。

（四）资产负债类指标

主要包括杠杆率、流动比率等指标。

（五）压力测试指标

主要包括最短生存期等。

从资产、负债、期限、融资来源等方面全方位监控公司流动性水平，度量流动性风险，证券公司平稳渡过2016年，未发生系统性流动性风险及重大流动性风险事件。

二、积极扩展融资渠道

2016年，为防范流动性风险、保障业务发展资金需求、持续满足监管要求，证券公司持续扩大融资渠道，丰富融资来源。证券公司一方面需要保有足够的优质流动性资产、长期稳定资产；另一方面又需要满足业务发展对资金的需求，给证券公司流动性风险管理带来了较大的挑战。

一是积极通过权益融资（例如IPO、股票再融资等），次级债，公司债等方式，补充公司净资本，扩大公司中长期资金负债规模，提升证券公司可用稳定资金规模，以降低流动性错配风险，提高长期资金稳定性。

二是通过积极发行收益凭证、同业拆借、转融通、短期公司债等方式，筹集短期资金，补充公司短期流动性资金来源与规模，防范短期流动性风险。

三是积极寻求新的创新融资方式，探索通过黄金租赁、境外融资、发行永续债等创新手段，进一步扩充证券公司融资渠道，丰富融资工具，增加资金来源多样性，防范融资集中度风险，提高融资稳定性。

但总的来说，当前证券公司融资渠道较为有限，融资能力受到限制。“两融”受益权、同业拆借等融资对象主要为银行，较为依赖银行等其他金融机构。

三、系统建设

2016 年，新《证券公司风险控制指标管理办法》要求证券公司定期报送流动性覆盖率、净稳定资金率，对其数据准确性、及时性提出了较高的要求。因此，证券公司加强了对流动性风险管理系统的开发建设。

借着监管力量的推动，多数证券公司已经在 2016 年基本建设完成流动性风险管理系统，基本实现了对监管指标的计算、分析、压力测试等功能。大部分证券公司实现了对监管指标的每日编制、监控，优化了压力测试的频率、深度。同时，流动性风险管理系统功能通常也覆盖了限额管理，资金管理（资金预约、资金调拨、融资管理、头寸管理），外部授信管理，压力测试等功能，为及时度量证券公司流动性风险提供支持。

第四节　操作风险

《证券公司全面风险管理规范》要求证券公司对操作风险等各类风险进行准确识别、审慎评估、动态监控、及时应对及全程管理，并建立与之相适应的全面风险管理体系。据此，证券公司开展了一系列操作风险管理体系建设活动，包括但不限于制定可操作的管理制度、健全操作风险管理组织架构、引入或开发可靠的操作风险管理信息技术系统、培育操作风险管理专业的人才队伍、形成有效的操作管理风险应对机制以及宣导良好的操作风险管理文化等。根据中国证券业协会 2016 年专项调查统计，近 66% 的证券公司设有操作风险管理人员，操作风险管理人员占风险管理人员总数的 18%。

根据新巴塞尔协议 2004 年对操作风险的定义，操作风险是指由不完善或有问题的内部程序、人员以及系统或外部事件所造成损失的风险。操作风险可以按损失事件原因类型分为组织机构操作风险、政策流程操作风险、技术风险、人员风险和外部风险等；按发生频率和严重性分为高频低损、低频高损、高频高损、低频低损四类。操作风险的损失可能来自内部人为操作失误、内部流程不完善、信息系统故障或不完善、交易故障等，也可能来自公司外部的欺诈行为等。

证券公司进行操作风险管理的依据主要为财政部、中国证监会、审计署、中国银监会、中国保监会于 2008 年印发的《企业内部控制基本规范》（财会［2008］7 号）和中国证券业协会于 2014 年发布的《证券公司全面风险管理规范》。根据《企业内部控制基本规范》，证券公司应当建立内部控制体系，不断强化各业务条线和管理职能领域的内部控制机制，坚持事前、事中、事后管理。具体而言，在事前，证券公司应建立合理的制度流程体系，规范业务操作流程，加强业务操作系统化和标准化，控制操作风险；在事中，证券公司应通过构建信息隔离墙制度体系，规范从业人员执业行为，防止内幕交易的发生，同时建立技术防范体系，完善实时监控系统，对业务风险进行实时监控和风险预警；在事后，证券公司应加强业务检查稽核力度，保证各项制度、流程和风险管理措施有效执行，同时加大对员工的合规培训，宣传推动合规文化，提高员工合规意识和风险管理能力。

根据《证券公司全面风险管理规范》，证券公司应当建立健全与公司自身发展战略相适应的操作风险管理体系。操作风险管理体系包括可操作的管理制度、健全的操作风险组织架构、可靠的操作风险管理系统、量化的操作风险指标体系、专业的操作风险人才队伍、有效的操作风险应对机制以及良好的操作风险管理文化。通过操作风险管理体系的建立，进而实现对操作风险的准确识别、审慎评估、动态监控、及时应对和全程管理。

2016 年，证券市场波动剧烈，对证券公司风险管理能力提出了更高、更全面的要求。经调查，行业内已有证券公司成立了专业的操作风险管理团队，并采用风险与控制自我评估（RCSA）、损失数据收集（LDC）、关键风险指标（KRI）等工具对操作风险进行管理，取得了一定成效。

第六章
2017年中国证券公司风险管理展望

第一节　实施子公司风险垂直管理，开展并表监管试点

业内证券公司综合化经营发展趋势明显，形成的金融集团规模庞大，跨业经营多个金融服务领域，具有相对复杂的治理结构和组织结构，增加了集团内部控制和风险管理的难度，并使金融风险的传导效应急剧放大。2016年末《证券公司全面风险管理规范》的修订，对证券公司开展全面风险管理提出了更高的要求，特别是将子公司纳入全面风险管理的覆盖范围，明确证券公司子公司风险管理实施垂直管理的模式，对原来只对业务部门、分支机构的风险管理要求覆盖到子公司。

后续证券公司将致力于建立子公司垂直管理体系，完善风险管理组织架构，配备相应子公司风险管理人员，落实对子公司风险管理实行垂直管理要求。建立子公司风险负责人任命、履职、考核机制，要求子公司由母公司首席风险官提名，任命一名高级管理人员负责公司的全面风险管理工作，在母公司首席风险官指导下开展风险管理工作，并向首席风险官履行风险报告义务，由母公司首席风险官对其进行考核。通过完善子公司风险限额体系、风险应对机制、建立子公司风险管理信息系统等，逐步达到纳入全面风险管理体系的目标。

另一项重要的监管措施是并表监管。为全面涵盖证券集团业务风险控制指标，加强对证券集团监管，监管部门将启动并表监管试点。要求试点公司按照并表要求逐步建立并完善覆盖境内外全部母子公司风险敞口的评估、监测体系，并向中国证监会报送全面风险监管报表。在此基础上，试点用内部模型法等风险计量高级方法计量、评估证券公司风险。

所谓并表监管，是指监管机构在并表基础上对金融集团的风险暴露进行全面而持续的监管，从集团层面识别、计量、监测和控制金融集团经营过程中的风险，以确保金融集团的稳健经营。金融体系具有对一国资金进行配置的重要功能，其监管制度变迁是一国提升金融竞争力的重要手段。纵观全球金融体系的发展变迁，各主要经济实体都不同程度地经历了由分业经营到综合经营交叉变迁的发展历程。在当前跨境、跨业、跨市场的金融活动日益频繁和

普遍的今天，并表监管与管理已成为国内外金融监管机构普遍关注的问题，也是金融集团加强自身整体风险管控能力的重要方式，对提高监管有效性、维护金融体系安全性具有重要意义。

对证券公司而言，集团化、国际化程度的提升为风险管理工作的开展带来许多新的挑战，如何适应证券公司集团化、国际化战略，如何有效对接子公司风险管理，母子公司对业务的理解和数据标准如何统一都是实际工作中面临的现实问题。并表管理的实施将通过数据与指标的统一管理，对集团风险进行整体衡量，为有效识别、评估、计量、监测和控制证券集团总体风险状况打下坚实的基础。

第二节　夯实风险管理基础，提升风险管理核心竞争力

新发展机遇给证券公司风险管理部门带来新的挑战，投资业务范围拓宽，投行承销保荐制度面临重大改革，资产管理业务不断扩张，金融产品代销形式繁杂。业务不断发展，风险管理能否跟上？证券公司风险具有系统重要性和风险外部性的特征，在作为市场参与者的同时，也同时承担着风险管理的角色。风险管理是证券公司持续发展、基业长青的基础，证券行业的深入发展，越来越离不开有效地识别、应对和管理风险。

未来证券公司分类监管相关规则中，将提升风险管理能力作为重要的考量因素。应厘清风险管理能力指标与合规类指标的界限，修订风险管理能力评价指标，使之与当前相关监管制度相适应。一方面，避免在过去的评价体系中，证券公司在风险管理维度得到的评价结果趋同，无法体现不同证券公司风险管理能力的差距；另一方面，重新定义风险管理能力各项指标的评价标准和评分方法，定性评价与定量评价相结合，真正体现证券公司的风险承受能力与风险管理能力的高低差别。

为此，证券公司将继续在组织架构、人员团队和风险文化方面，促进合规意识和风险管理水平的提升，提升风险管理核心竞争力。

一是优化风险管理组织架构，构建全员参与的全面风险管理体系。应当明确董事会、监事会、经理层、各部门、分支机构及子公司履行全面风险管理的职责分工，建立多层次、相互衔接、有效制衡的运行机制。各业务部门作为第一道防线，是风险所有者和直接责任人，负责对本业务单元的风险进行动态监控、评估、报告并及时采取应对措施；风险管理职能部门作为第二道防线，负责对公司整体风险进行汇总计量、评估和报告；内审部门作为第三道防线，负责对风险管理体系运行有效性进行独立评价。

二是优化风险管理团队，提高风险管理人员专业化水平。在履职保障方面，应为风险管理人员履职和开展风险管理工作提供充分支持与保障，实施岗位分离，不得兼任与风险管理职责相冲突的职务，保障风险管理人员的薪酬待遇，为其独立开展风险管理工作提供支持。

在团队专业能力方面，应优化风险管理团队配备，面向国际化、专业化风险管理需求，充实风险管理专业人才，增加具有工作经验的岗位配置，确保风险管理团队人员、结构与公司业务规模相适应。

三是持续培育风险管理文化，推行稳健的风险文化。金融危机的爆发充分说明风险管理是一项长期的系统工程，风险管理文化的建立也是一个长期沉淀的过程，在经济危机来临时，先进的企业之所以能迅速摆脱经济危机的影响，就是因为先进企业的风险管理文化比落后企业更适应竞争的要求，更具有生命力。实践已经证明通过逐步积累完善、贯彻风险管理文化理念，能够形成与企业相适应的风险管理理念、价值准则、职业操守，建立培训、传达和监督机制，为企业创造更大的价值。

第三节　以风险管理数据及信息系统为支撑，提升风险管理专业化水平

全面风险管理的提速最终必须借助完善的信息系统，从风险的识别、计量、预警、评估到最终形成风险报告，都需要更为完善的风险管理数据以及风险管理信息系统作为支撑。

风险管理数据涵盖两方面内容：一是指证券公司为满足风险管理需求所获取的交易数据、市场数据、参考数据和财务数据；二是为确保数据可用性、数据质量、一致性和安全性所建立的数据标准和配套管理措施。巴塞尔委员会在其“有效风险数据收集和风险报告原则”中确定了风险管理数据治理框架、风险数据质量和风险报告的原则性要求。风险数据管理要求至少涵盖以下功能领域：数据质量管理、元数据管理、数据标准管理、数据安全管理和主数据管理。国外投行非常重视数据管理，通过建立专门的数据管理部门及责任高管建立起数据治理架构，并通过制定数据标准和实施数据质量监控，不断提高数据质量。

风险管理信息系统是全面风险管理体系的重要组成部分，为风险计量和监测以及风险应对措施的实施提供了必要的技术基础。《证券公司全面风险管理规范》要求，证券公司应当建立与业务复杂程度和风险指标体系相适应的风险管理信息技术系统，覆盖各风险类型、业务条线、各个部门、分支机构及子公司，对风险进行计量、汇总、预警和监控，并实现同一业务、同一客户相关风险信息的集中管理，以符合公司整体风险管理的需要。国外投行非常重视系统建设，每年对系统建设投入大量的人力物力。例如高盛风险管理很大程度上取决于其自行开发的风险管理系统，该系统集风险计量、风险报告和实时监控为一体，具有高度的灵活性和延展性，可以快速适应新型金融工具与产品，支持风险管理和风险决策的需要。

综上，风险管理基础设施建设是风险管理的重要载体，也是一项基础工作，与国际投资银行相比，国内证券公司在这一领域投资不足，迫切需要对风险数据管理建立数据管理团队，开发数据标准，并通过建立风险数据集市有效整合风险相关数据；系统开发方面，需要

建立统一的系统建设规划，在应用外包系统的同时，逐步提高自主开发能力，为未来专业化的风险管理打下基础。

从目前来看，未来风险管理系统应用方向主要集中在以下三个领域：一是金融工具估值，需要依托信息技术系统的支持，对估值方法、模型和流程进行进一步完善以及开展模型检验，不断提升风险计量的科学性；二是风险计量的高级法，目前国内商业银行已开始使用高级计量法进行风险资本计量，无一例外是依靠内部数据积累与计量系统开发，为精确计量风险水平打下坚实基础；三是风险绩效评估与考核，通过系统化方法将风险调整收益指标纳入业绩评估，用于分析和评估各项业务每单元经济资本所产生的收益，将其作为事前对业务风险收益的评估及事后对业务利润考核的依据，促进风险资源更为合理的分配。

专题报告之五：

2016年证券公司互联网证券发展综述

2016年，中国证监会主要对证券经营机构参与P2P业务情况及股权众筹发展情况进行风险排查。在“互联网+证券”发展方面，随着4G技术的发展以及智能手机的快速普及，移动互联网开始打破时间和空间的限制，在证券行业的渗透率快速提升。此外，金融科技与互联网证券的结合开始起步，未来可能为客户提供更优质的证券服务体验。

第一章
互联网证券监管政策

目前针对互联网金融的整个监管体系正在逐步建立和完善之中，这有助于培育良好的市场生态环境，也将很好地规范互联网证券的发展。2016 年 3 月，中国互联网金融协会在上海成立，标志着互联网金融从野蛮生长向有组织、有纪律的态势迈出关键一步。4 月起，中国证监会对私募基金和证券期货经营机构参与 P2P 业务情况进行风险排查，并要求证券期货经营机构对与互联网企业合作开展业务情况进行全面自查整改。10 月，国务院办公厅公布了《互联网金融风险专项整治工作实施方案》，明确了互联网金融风险专项整治工作的目标、原则、重点、职责，主要立意在于防范金融风险，保护投资者权益，完善监管长效机制。中国人民银行等 17 个部门也联合印发《通过互联网开展资产管理及跨界从事金融业务风险专项整治工作实施方案》，重点整治 P2P 借贷、股权众筹、互联网保险、第三方支付、互联网资产管理等领域。另外中国证券登记结算公司也将“一人可开二十户上限”调整为“一人可开三户”，一方面既有利于保护投资者合法权益，也有利于调动证券公司提高服务水平。

第二章
证券公司互联网开户及理财产品销售情况

经过近几年的发展，证券公司各业务模块与互联网融合进度各不相同，其中以“互联网开户”以及“构建理财账户、借助互联网进行理财产品销售”两项业务进展最为明显。为了解证券公司互联网开户和产品销售的情况，促进互联网证券业务的健康稳健发展，中国证券业协会于2016年6月发布证券公司开展互联网证券业务情况调查问卷。调查问卷统计结果显示，证券公司在互联网开户及理财产品销售方面整体能做到合法合规，通过制度流程进行投资者适当性管理和利益保护。但由于证券业务与互联网的结合尚在探索阶段，新技术、新模式都会有导致风险的可能，调查问卷统计结果显示，有少部分证券公司在风险揭示、信息宣传、佣金约定等方面存在瑕疵。

一、行业整体情况

（一）绝大多数合法合规

证券行业互联网开户及产品销售绝大多数能够做到合法合规，保障投资者利益。

（二）证券公司与互联网合作平台呈现多元化趋势

随着互联网开户业务的逐步深入，证券公司互联网合作平台也更加多元化。经统计，参与调查的76家证券公司与超过20家主流互联网平台进行对接。其中搜索引擎、互联网平台、App应用市场是导流效果最为明显的三类平台：一是互联网平台，如同花顺、东方财富、大智慧等，此类平台用户属性相对集中在金融领域，证券公司通过此类平台导流效率最高。2016年1—8月通过上述互联网平台获取的开户量占互联网导流开户总量的47%。二是App应用市场，2016年1—8月通过上述互联网平台获取的开户量占互联网导流开户总量的24%。三是搜索引擎，此类平台借助大数据，为证券公司提供类似效果营销、精确导流等服务，2016年1—8月通过搜索引擎获得的开户量占互联网导流开户总量的5%（见图专5-1）。

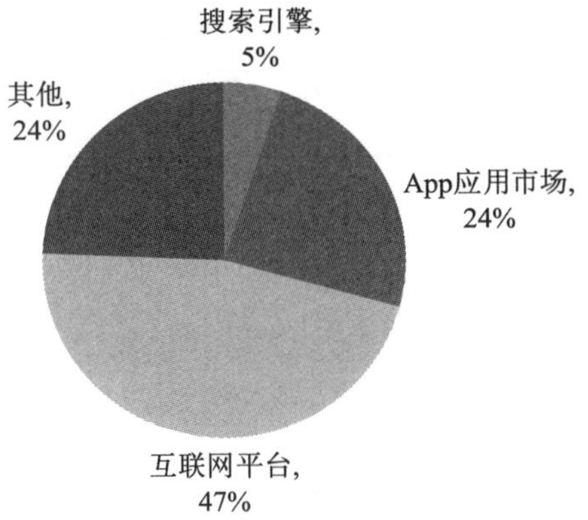

图专 5-1　行业通过各类流量入口导流情况

资料来源：中国证券业协会 2016 年调研情况。

（三）行业存在互联网开户有效户率偏低问题

据统计，参与问卷调查的证券公司互联网导流开户平均成本为 124 元/户，其中万元有效户占比较低，平均值为 9%。未来证券公司应在单纯导流的基础上，深入探索如何用产品和服务激活用户，真正做到为更多投资者提供金融服务。

二、试点证券公司在互联网理财产品销售业务方面占据绝对主力

借助互联网方式，证券公司理财产品销售业务打破了时间、空间限制，理财账户开设数量获得快速增长，产品种类也更加多元化，包括资产管理产品、投资顾问产品、收益凭证、货币基金等。

经统计，截至 2016 年 8 月，证券公司理财账户开户数为 262 万户；参与问卷调查的 76 家证券公司理财产品销售累计规模达到 2 998.7 亿元，其中 37 家试点证券公司理财产品销售规模累计达到 2 995 亿元，占比达到 99.9%，试点证券公司在互联网理财产品销售业务方面占据绝对主力①（见表专 5-1）。

表专 5-1　　截至 2016 年 8 月，各类理财产品累计及存量销售规模　　（单位：亿元）

规模＼产品	资产管理产品	投资顾问产品	收益凭证	货币基金	其他产品	合计
累计规模	1 309.37	1.08	115.09	963.68	609.48	2 998.7
存量规模	952.63	1.07	20.40	189.82	223.58	1 387.5

资料来源：中国证券业协会 2016 年调研情况。

① 资料来源：中国证券业协会 2016 年调研情况。

从产品种类来看，资产管理产品和货币基金产品占总规模比重较大，投资顾问产品和收益凭证产品规模较小，产品种类还不够多元化，不同产品规模也存在不均衡现象。未来全行业在通过互联网销售理财产品业务方面还有很大的拓展空间。

第三章
移动互联网在证券行业的应用

近年来，在移动互联网思维和技术的推动下，资本市场原有的业务模式、准入门槛、信息传播机制、监管难度都在不断发生变化。移动互联网背景下证券行业格局正在重构。移动互联网从企业发展、组织架构、跨界合作、传统业务、合规风控、技术研发等多个方面都对证券公司产生了全方位的、深层次的影响。移动证券是丰富证券行业服务渠道、创新金融产品和服务模式、发展普惠金融的有效途径和方法。发展移动证券有利于实现普惠金融，提升金融效率，降低融资成本，助推实体经济。当意识到同花顺、大智慧等互联网金融公司迅速成长并掌握绝对长尾客户流量优势后，不少证券公司纷纷开始打造自己的移动端 App，并且日趋完善与多样化。

一、移动互联网战略规划

为全面了解移动证券的发展现状，客观反映行业发展趋势，中国证券业协会发布了专题调查问卷。调查问卷统计结果显示，除少数几家尚未出台明确规划外，大部分证券公司均形成了具有自己风格的互联网金融发展战略，有近 10 家证券公司还出台了具体的发展规划。各规划的发展思路基本一致，指出未来的互联网发展方向是全面推进线下业务线上化，以移动端 App 为依托，创新产品，优化运营，提升技术，整合资源，拓展新的获客渠道，努力提升客户体验和公司效益。

在战略布局上，各证券公司都选择了多元化的移动互联网布局模式，大部分以移动 App 为主，根据自身情况协调布局了微信公众号、微博、网站、展业平台等多种模式。

二、移动互联网平台建设方式

在平台建设方式方面，由于证券公司信息技术能力普遍不足，除少数证券公司如华泰、国信证券为完全自建外，其余证券公司多采用合作开发或完全外包方式进行。证券公司选择的合作机构也较为集中，主要是几家互联网证券解决方案提供商。就总体趋势而言，证券公司在移动端的布局规划基本是以合作外包起步，逐步积累经验与资金条件后转向完全知识产权的自主开发模式，这也体现出证券公司作为金融机构，在从传统金融模式向移动互联网模式转型过程中所遇到的困难和挑战较为普遍。与此同时，部分证券公司正在着力引进优秀互联网技术人才，尤其是从国内互联网巨头 BAT 等进行挖掘，以期尽快提升公司的移动互联网自主研发能力。

三、移动互联网平台功能模块

在移动互联网平台的功能模块上，各证券公司的布局各具特色。除一般都具备的开户、行情、交易、资讯、网上营业厅等基础模块外，还根据自身优势推出了一些带有特色的个性化客户服务，如安信证券、国海证券等公司的投资者视频培训服务，财通证券、国都证券等公司的投资顾问服务等。

四、移动互联网平台建设投入

在移动互联网平台建设投入方面，各证券公司由于公司的财务情况、战略部署等原因存在着较大差异。恒泰证券、广发证券等在移动互联网方面的投入近 1.7 亿元，部分公司仅投入 300 万—500 万元。可见移动互联网在各证券公司发展战略中所处的位置依然不一而足，一般而言，传统大型证券公司或主要业务部署在一线城市的证券公司在移动互联网业务方面的投入更为积极。

五、移动互联网平台业务贡献

由调查统计可以看出，互联网平台在证券公司业务中的贡献也在逐步提升。在网络开户占比方面，绝大多数受访证券公司均在 90% 以上，有些甚至达到 99%；在交易占比方面，各证券公司间差异较大，大部分在 30%—50% 之间，占比较高者如财通证券、西南证券已接近 90%，也存在占比较低者，如联储证券、山西证券等仅在 10% 左右；在互联网平台佣金占比方面，证券公司总体占比不高，仅有少数证券公司超过 50%，大部分维持在 30%—50% 之间，可见证券公司移动端的发展潜力依然很大。开户、交易、佣金占比较高的证券公司大多为大型证券公司或依托一线城市进行布局的证券公司，这些证券公司普遍客户基础较好，在地理位置、企业规模等方面具有优势。

六、移动互联网平台活跃度

各证券公司在互联网平台的活跃度方面差异也较为明显。装机量较多者如国信、银河、广发、海通等已达近千万级，而较少者如江海证券、爱建证券、中金公司等仅为数万级。在用户活跃度方面，广发、海通、国信等已达百万量级，而九州证券、天风证券、爱建证券等仅为数千至万余量级。在使用频率上，海通证券、广发证券仍居前列。

综合分析，App 市场占有率、用户活跃度较高者主要是成立时间较早、规模影响力较大的证券公司。使用频率由于证券公司间数据统计方式差异难以具体比较，但基本情况与前两者差异不大。

第四章

金融科技

金融业作为信息密集型行业，信息技术的每一次革新和大规模应用都深刻地改变着金融业的面貌，与此同时，金融业的发展也让新科技有了更为丰富的应用场景。金融科技（Fintech）本质是科技，强调的是利用大数据、云计算、人工智能等创新技术进行风险控制和平台管理，是一种运用高科技来促使金融服务更加富有效率的商业模式。对证券行业而言，Fintech 在国内的应用场景，主要集中在零售支付和消费金融等领域，对证券方面目前突破不多。未来，应该会有越来越多证券投资领域的资深人员加入 Fintech 公司，在证券登记结算、交易、资产证券化等复杂业务领域，与区块链、人工智能等 IT 技术人才相互辅助与指导，从而为客户提供更优质的证券服务体验。这有可能从根本上颠覆证券行业的服务模式，使得服务的成本和难度极大降低，证券投资服务的创新空间和覆盖领域也将极大扩展。

一、智能投顾

传统的资产管理业务是以人工为主、“一对一”服务，由于服务成本高昂，仅针对高净值人群开展，普通投资者无力消费，而这些长尾人群因为投资经验不足，恰是最需要服务的群体，这就造成了金融资源分配不公。智能投顾是把最基础的 Markowitz 资产组合理论和其衍生模型应用到产品中，低成本、快速、批量化地解决各种数据运算，再结合投资者风险偏好、财务状况与理财目标，通过后台算法为用户提供资产配置建议。智能投顾的优势在于成本低，容易操作，可以避免投资人情绪化的影响，分散投资风险，信息相对透明。智能投顾具有“一对多”的特性，边际服务成本可以忽略不计。由于中国存在数量庞大的长尾人群，智能投顾不仅可以提高服务效率，还能起到普及资产配置服务的作用，使资产管理服务的对象从高净值人群向长尾用户转移。进入 2016 年，我国众多平台推出智能投顾概念，致力于为投资者提供自动化、智能化投资服务，提升客户体验，增强客户黏性。但整体来看国内平台智能化程度参差不齐，部分平台仍处于概念化阶段，并未实现通过先进的算法来构建投资模型，而是用概念进行市场宣传，吸引用户。

二、算法交易

当前的市场波动性太强，绝对收益需要更精细化和系统化的风险管理；互联网时代数据维度增多，证券研究需要考虑如何将复杂多样的数据与投资结合起来。而基于技术进步和数据完善的量化投资，不仅使完整地描述市场成为可能，而且提供了将各种因素进行综合分析的方法。目前已有一些互联网平台能够提供量化工具。从目前国内证券行业看，大数据的应用依然处于探索阶段，随着越来越多公司加入金融科技的大潮，以大数据指数和量化投资为代表的金融科技在证券行业将持续渗透，为更多投资机构提供策略支持，并促进中国资本市场长期健康发展。

三、证券研究

近年来人工智能席卷全球，证券研究领域也不例外，各类软件及新技术都在寻找提高传统金融运作效率甚至取而代之的机会。为了避免受到冲击，传统金融公司尝试以直接投资金融科技公司的方式来抵御威胁，被高盛投资的 Kensho 就是一个例子。Kensho 公司成立于 2013 年，是一家金融数据分析服务提供商，通过自然语言搜索、可视化图形等为金融投资者提供数据分析工具等，其主要产品是一款名为“Warren”的金融数据收集、分析系统。Warren 区别于其他金融终端的特点主要表现在两个方面：寻找事件与资产的相关性；基于事件预测资产的未来价格走势。Kensho 通过扫描全世界市场上可以查询到的、直接或间接影响金融股票市场的一切因素、实时变化的各种宏观和微观大数据，诸如药物审批、经济报告、货币政策变更、社会事件等，利用及其复杂的统计学、人工智能、机器学习、大数据算法、数量经济学理论和模型，推演出与某个事件相关联的特定类型股票最可能的变化趋势及概率，最后通过人人都可以理解的自然语言表达出来。

四、生物识别技术在证券行业中的应用

近年来，生物识别技术越来越受到社会的重视。特别是人体生物特征作为先天形成的生理特征和多年养成的特征总体，具有普遍性、唯一性、稳定性、不可复制性四大特征，可以作为个人身份鉴别与识别的有效手段。而信息技术在高性能计算、人工智能、图像识别、大数据等方面的迅速发展，以及计算机硬件在图像、视频、音频等信息的采集精度、处理速度、存储容量的大幅提升，使得生物特征识别技术成为一项便捷、准确、安全的身份认证方式。近年来，在维护国家安全、社会安全、金融安全、航空安全、网络安全等领域，生物识别技术已经得到广泛应用。而在金融领域，传统的身份验证和识别方法，比如身份证、工作证、智能卡、密码、口令等存在携带不便、容易遗失或者由于使用过多或不当而损坏、不可

读和密码易被破解等诸多问题，也无法满足不断推陈出新的远程金融业务需求。因而，生物识别技术在金融领域的广泛应用是一种必然趋势。国内证券业的应用主要集中在开户方面，其他业务暂时因为合规性和技术性的关系还只是内部试点或者甚至没有开始尝试。根据2013年中国结算公司发布的《中国证券登记结算有限责任公司证券账户非现场开户实施暂行办法》，证券公司经纪业务模式在不断推陈出新。证券公司先是把单向视频见证和人脸识别技术用于网上开户，而后把应用场景拓展到移动领域。目前有超过17家证券公司支持移动端开户。

五、区块链在证券行业的应用和发展趋势

区块链技术是以密码学、全网共享账本和分布式共识机制等技术为核心，构建起一套不依赖于任何特定的第三方中心机构而运作的分布式账本系统。它有潜力改变金融业的基础架构，进而对整个行业产生深远的影响。

从目前全球的发展态势来看，区块链技术在证券行业的应用表现为两条不同的路径：一是从技术出发，以“颠覆者”的面目出现，试图彻底重构证券业的基础架构，其代表是各种类型的“去中心化交易所”；二是传统的证券业机构从现有的业务和监管环境出发，运用区块链技术来提升现有系统的功能和效率。

除了一些从技术出发的、颠覆性的应用尝试之外，传统证券交易机构也在积极探索如何利用区块链来改善现有系统。例如，纳斯达克打算把代理投票放在区块链提供的、永不更改的公开账本上，这样人们就能够使用手机来操作股东投票，并且可以永久保存记录；澳洲证券交易所正在计划使用区块链技术来升级自己的证券清算系统；而日本瑞穗金融集团（Mizuho）则正在尝试基于区块链的跨境证券结算业务。

此外，结算窗口时间也能缩短，这样能够降低交易成本，可以减少结算过程中锁定的资金，通过使资金回流市场而改善流动性。挑战在于谁能够制定出适应所有市场参与者的标准。在澳大利亚这种规模较小且垂直一体化的市场中，操作起来可能比较容易，因为他们有一个监管部门来监管所有的交易后参与机构——包括交易所、清算所、银行、投资银行以及资产管理公司。澳洲证券交易所正着手在未来几年内将CHESS基础设施迁移至更高效的区块链。

区块链技术的发展在全球范围内尚处早期阶段，各种技术方案、应用场景和商业模式等还需要进一步探索和完善。特别是在我国，区块链作为一个全新的概念和理论，人们的认知、研究和实践刚刚起步，要想在这一领域弯道超车，赶超先进，引领世界，还需要足够的重视，需要更多的投入，需要理论研究者、网络技术者、金融从业者以及政府监管部门的积极投入和勇于探索。

第五章
“互联网 +”对证券业务的影响

一、互联网对传统证券经纪业务的颠覆

随着互联网金融在证券业的日渐渗透，证券公司的业务模式和竞争格局出现了较大变局，尤其是对传统的证券经纪业务的冲击更为明显，主要体现在以下几个方面。

（一）全国竞争取代区域竞争

互联网消除了传统经纪业务的地域限制，使经纪业务的竞争由营业部网点的短兵相接演变成全国范围内的扁平化竞争格局。

（二）业务运营模式被重塑

传统的“客户临柜—柜员受理”的业务模式已向“客户网络申请—总部集中受理”的在线模式转变，营业部营销人员、现场业务办理的员工大量减少，依托互联网服务线上客户的人员则会增加。

（三）互联网投入成本升高，互联网证券持续盈利模式尚未完全建立

各家证券公司用于互联网业务的支出，有相当一部分投向了拓展经纪业务渠道，然而随着竞价成本的提高，相应的投入产品回报显著降低。从收入端来看，开户、交易乃至金融产品销售都属于标准化服务，一方面受行情影响明显，另一方面，它不具备涨价的基础。从成本端来看，证券公司支付给渠道的对价有上升的趋势，致使其净佣金率进一步降低。由于各家都在力推互联网经纪战略，全行业的互联网单客引流成本逐步推升。要维持较高的利润率并不容易，在互联网模式下，体量较大的证券公司更占优势，它们更有条件通过规模化、可复制的操作，进一步降低成本。寻求更为多元、可持续的增值服务收费模式，将是证券公司的下一个重要议题。

二、“证券用户体验至上”经营理念得到普及

“互联网+”并非在技术上给予证券公司多大冲击，更多是在“理念”上的冲击，使证券公司真正认识到客户体验的重要性，也倒逼证券公司更多从产品创设、服务模式方面探索与互联网结合，提升服务水平，逐步建立“用户体验至上”的互联网式的思维方式和经营框架。证券公司通过PC与移动终端、网上商城、微博、微信等多渠道协同推动，建立集证券交易、理财、投资咨询等功能于一体的服务平台；部分证券公司还实现了7×24小时服务，客户自助办理流程更人性化、便捷化。

三、互联网证券提出了更高的风险控制要求，同时也提供了更智能的风险控制手段

互联网服务和证券服务的发展基因不同，证券公司处于严格监管之下，在风险控制与客户体验之间，证券公司往往更关注风险。互联网证券使金融的固有风险复杂化，增加了投资者适当性管理、投资者信息安全保障的难度，这些都对证券公司风险管理提出了新的挑战。

互联网对传统证券业务风险控制的挑战体现在技术、信息及投资者信息保护这几个方面。

（一）在技术方面

随着证券交易电子化、网络化的普及，在发行、交易、清算、咨询与服务等方面，信息技术的应用深度与广度不断拓展，但同时，基础设施自身的安全性也在经受新的考验。在互联网领域，恶意攻击导致服务瘫痪，传输故障导致业务受损的情况极为常见。在金融领域，来自互联网的安全隐患或将直接导致较为严重的资金问题，甚至对市场形成影响。

（二）在信息方面

互联网创新业务在风险维度上具有传导速度快的特征，同时，不少新业务模式之所以成立，主要基于监管空白或无法认定责任，导致其隐蔽性强，证券公司对于其中隐含的风险存在认知不够或应对准备不足的情况。为寻求更高的业务周转效率，互联网创新可能会避开部分环节，而其中合规管理的缺失，将成为新的风险点。

（三）在投资者信息保护方面

互联网的介入，让更多第三方参与到证券服务环节，这对投资者信息保护提出了新的挑战，很多证券公司都面临着开完户客户信息就被泄露的风险。在互联网时代，不仅是金融服务更便捷，不法分子的手段也更高科技，这对于互联网证券业务的发展是不利的，给证券从

业者、行业监管都提出了新的挑战。近年来，金融欺诈案件数攀升，诈骗团伙通过盗取、倒卖客户个人信息，仿冒金融机构制造虚假信息误导金融消费者。有大量的非法网站通过以招揽会员或客户为名，提供证券投资分析、预测或建议的方式，非法代理客户从事证券投资理财活动，以保证收益、高额回报为诱饵招揽客户，这些都将直接或间接威胁到投资者的金融账户和财产安全。

同时，互联网技术也为证券业提供了更加智能的风险控制手段。互联网可以让证券服务的每个环节都以数据形式加以存储、便于调用。未来随着更多互联网前沿技术，如区块链的应用，金融信息除了被记录、被存储，还能够互相验证、互证真伪。总的来说，互联网可以有效弥补人工操作带来的失误和道德风险，证券服务将以一种更安全、更智能的形式存在。

四、推动证券公司完善IT系统与人才机制

（一）制约创新业务的因素

证券公司互联网人才培养及激励机制有待健全。传统证券公司与先进互联网公司相比，IT研发人员的数量、技术水平相对积累不足，在技术架构上，特别是在云技术、大数据应用等领域有不小差距。证券公司普遍选择采用外包模式来弥补技术能力的不足，快速搭建移动证券平台，但也导致目前各证券公司移动互联网平台功能和服务同质化严重，对外包供应商的过度依赖也使部分创新业务受到一定制约。

1. 缺乏复合背景人才影响移动证券业务发展

当前证券公司人员结构多以传统业务运营管理与互联网平台二次开发人员为主，目前互联网和金融两类专业人员都存在知识结构的短板，如何通过政策倾斜、考核激励、专业培训等方式，建立有针对性的复合型人才的培养机制与激励机制，将成为促使证券公司移动证券业务快速发展的首要挑战。

2. 证券公司组织架构与管理模式难以适应移动互联网业务发展

证券行业目前普遍采取单独设立网络金融部或在零售经纪部下设立二级部门的模式开展互联网金融业务。但仅仅是业务单元的设置和组织架构的微调并未解决核心问题。移动证券平台更新迭代较频繁，互联网时效性迫使证券公司必须结合移动互联网属性定制新的管理模式和运营方式，提高内部沟通效率，以及时响应对接用户需求，持续提升客户体验与满意度。

3. 证券公司互联网行业配套设施难以支持互联网证券高速发展

长期以来，IT部门在多数证券公司内部扮演着“成本中心”的角色，不少证券公司的信息技术部由原先的“电脑部”演化而来，通过运维或二次开发第三方开发商提供的业务系统来支撑其日常业务，不具备自主研发能力。由于行业的核心组件和解决方案被软件开发商掌握，证券公司通常靠采购系统来完成客户端的布局和迭代，这种情况一方面导致各家证券公司在客户服务方面的竞争实力趋同；另一方面，互联网服务所要求的敏捷迭代、持续交

付，难以通过“交钥匙”工程来实现。

（二）信息系统的不足之处

虽然证券公司的信息系统建设在短时间内取得了巨大发展，但是当前仍然存在着一些明显的不足，制约证券公司业务的创新和发展。首先，国内证券公司的IT侧重在运维，主要精力在保障系统安全稳定运行方面，忽略了自主开发能力的培养，在支持业务创新方面能力明显不足，这在很大程度上约束了业务发展。其次，重要业务系统建设，如集中交易系统、行情系统等被几家供应商垄断，证券公司选择的余地不大，证券公司缺乏对于供应商的掌控能力。再次，信息化发展战略不明确，缺少规划，IT架构相对落后。最后，在互联网配套资源和服务的整合方面，单家证券公司往往由于需求规模有限，导致议价能力弱，边际成本高，并且互联网资源和服务具有种类多、跨界广的特性，也对证券公司开发及持续运营能力提出高要求。而纵观全行业的基础设施建设，支付体系成本过高、系统运行效率低下、征信体系缺乏等问题依然显著，在这些业务的布局上，反而是互联网服务商更占据优势。

在全面实现自主研发难以一蹴而就的背景下，部分证券公司选择借助行业基础设施先行起步，进而在实践中不断积累完善的发展路径。这种方式有助于证券公司在转型阶段提高创新效率、降低试错成本。中证金通支付结算、中证互联证券公司理财平台等解决方案是对这一方式的尝试。

专题报告之六：
2016 年证券公司固定收益业务发展综述

第一章
2016 年证券公司债券持仓量的变化

第一节　证券公司是中国债券市场中重要的机构投资者

一、债券市场投资者的数量分布

目前，中国债券市场包括银行间市场、交易所市场、中证机构间报价系统及商业银行和证券公司柜台交易市场。从总量托管上来看，由于商业银行的参与，银行间债券市场是中国债券市场的主体，其债券存量和交易量占中国债券市场的 90% 以上。交易所债券市场是中国债券市场的重要组成部分，它的参与者既涵盖了各类机构投资者，又涵盖了个人投资者。交易所债券市场由两部分组成：一是实行集中撮合交易的零售市场，二是由固定收益平台和大宗交易系统构成的批发市场。商业银行柜台交易市场是银行间债券市场的延伸，也属于债券零售市场。中证机构间报价系统作为证券公司间场外衍生品交易市场，将证券公司分散的柜台交易市场联结起来。

目前在银行间市场，我国债券市场的投资者分为特殊结算会员、银行类、非银行金融机构类、非金融机构类、个人类和境外机构这六大类。截至2016年12月底，在中央国债登记结算公司（以下简称“中债登”）开立一级账户的投资者数量为15 300个，证券公司以132个占比0.86%。从投资者数量分布来看，投资者中占比位居前3位的分别为广义基金（81.74%）、商业银行（6.73%）和信用社（3.46%）。这里的基金指广义基金，包括证券投资基金、年金、基金公司、社保基金、基金会、产业基金、保险产品、信托计划、基金特定组合、证券公司资产管理计划等。

与银行间债券市场由机构投资者主导不同，交易所市场的债券投资与股票一样呈现投资者个人化的特征。交易所市场整体作为一个分托管账户存在，截止到2016年12月底，共有11 811.04万个投资者，其中自然人占绝大多数，非自然人仅有32.62万个，共持有的债券（不包括资产证券化产品）市值为70 984.55亿元。因此，与银行间市场相比，交易所市场投资者的平均债券持有量要小得多。

从柜台市场看，截至2016年12月底，柜台市场共有2 020.2万个债券投资者，较2015年底的1 829万个增加约191.2万个。

二、机构投资者在中债登持仓量占比的历史变化

我国债券托管结算体制的明显特征是其分割性，共有两类债券托管结算系统：一类是原先由中国人民银行监管、现由中国银监会与中国人民银行共同监管的中债登，以及由经财政部、中国人民银行批准成立的银行间市场清算所股份有限公司（以下简称“上清所”）。上清所由中国外汇交易中心、中债登、中国印钞造币总公司、中国金币总公司4家单位于2009年共同发起设立。中债登和上清所作为银行间债券市场的后台支撑系统，负责该市场上各类债券的托管与结算事宜。另一类是由中国证监会监管的中国证券登记结算公司（以下简称“中证登”），其下又分上海分公司与深圳分公司，分别负责上海证券交易所与深圳证券交易所包括债券在内的所有场内证券的托管清算结算事宜。

从中债登投资者持仓量结构变化看，商业银行由2011年底的67.5%下降到2016年底的56.3%，广义基金类从2011年底的7.9%上升到2016年底的21.6%，而包含中国人民银行、财政部、政策性银行等机构的特殊结算成员由2011年底的8.0%下降到2016年底的5.6%。商业银行、广义基金和特殊结算机构是2016年底中债登的前三大机构投资者，交易所作为一个整体以分托管账户存在，2016年底占比为5.2%，与保险机构并列排在第4位，不同之处在于2011年底时保险机构占比高达9.7%，是仅次于商业银行的第二大机构投资者，而交易所2011年底占比几乎可以忽略不计。这显示交易所市场在近年来获得了迅速的发展，在中国债券市场中的地位不断提高。

值得注意的是，境外机构的占比总体呈现上升趋势，由2011年的忽略不计上升到2016年底的2.5%，居第5位，显示中国债券市场的开放程度在近年来大幅提高。非银行金融机

构中信用社的占比从2011年底的2.5%下降到2016年底的2.2%，居第6位；证券公司2011年和2016年底的占比皆为0.9%，居第7位，在机构投资者中的排名高于信托投资公司、财务公司、租赁公司、汽车金融公司等其他非银行金融机构和其他非金融企业以及个人投资者的占比。

因此，从总体上看，证券公司作为中国债券市场重要的机构投资者，在中国债券市场上的实力和地位还有待进一步提高（见图专6－1）。

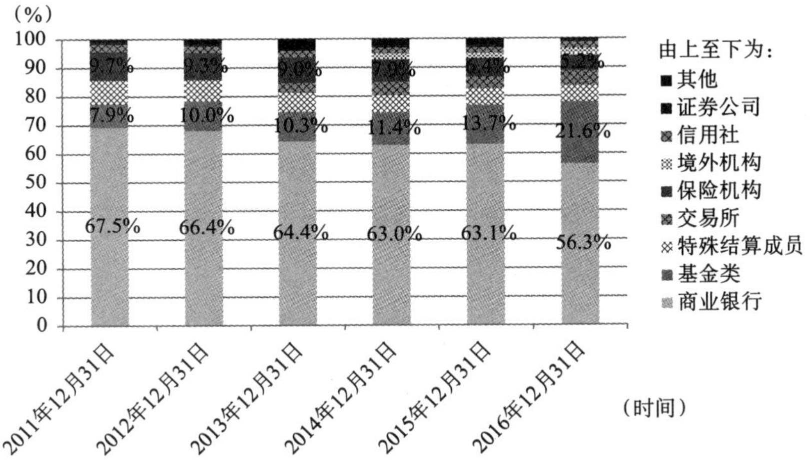

图专6－1　2001—2016年证券公司在中债登的持仓量及其占比

资料来源：根据中国债券信息网 www.chinabond.com.cn 和 Wind 有关数据整理。

第二节　2016年证券公司托管数据变化分析

一、证券公司托管债券存量分析

截至2016年12月底，证券公司持有的券种在中债登与上清所托管总量约为4 652.31亿元，较2015年底的4 719.21亿元同比小幅减少1.4%。其中，中债登与上清所托管量之比大致为3∶2，近年来由于中票到期累计量逐渐增多，上清所托管量占比有逐年增加的趋势。截至2016年12月底，证券公司在中债登托管总量共计2 753.92亿元，相较于上年同期同比小幅减少4%；在上清所托管总量共计1 898.39亿元，较上年同期同比增加2.7%（见图专6－2）。

从托管债券的类别来看，证券公司在中债登托管的债券主要包括国债、政策性金融债、企业债、商业银行债、中票等；在上清所托管的债券主要包括短融、超短融、中票、同业存单、区域集优中小企业集合票据、金融企业短期融资券、信贷资产支持证券、资产管理公司

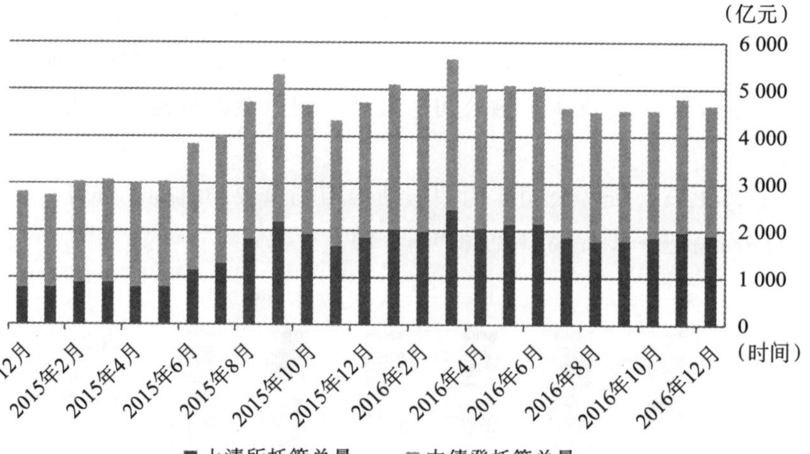

图专6－2　证券公司在中债登与上清所托管总量

资料来源：根据中国债券信息网有关数据整理。

金融债、政府支持机构债券等。其中，仅中票由于此前转托管的原因目前在两处皆有托管，但在中债登托管的中票因逐步到期因而存量逐渐减少。

从目前证券公司在中债登和上清所托管的各类债券加总量的托管存量结构（见图专6－3）来看，占比最大的依次为企业债、中票、政策性金融债、同业存单、短融、国债，其他类型券种持有量极少；利率债存量占比大约1/4，其余3/4皆为信用债。

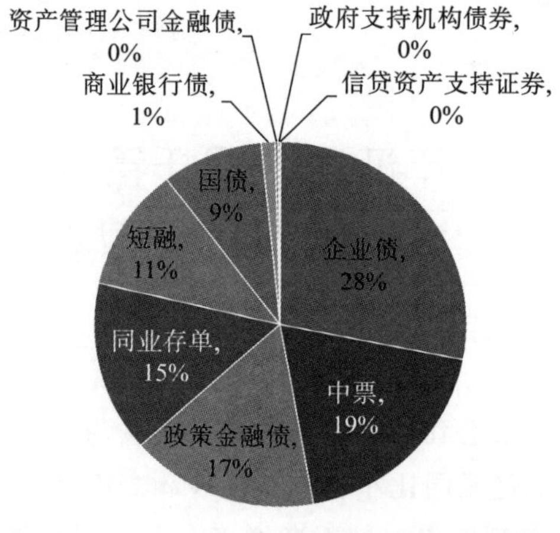

图专6－3　证券公司持有各类型债券存量结构

资料来源：根据中国债券信息网有关数据整理。

二、证券公司托管债券增量分析

证券公司托管债券增量见表专6－1。

表专6-1　　证券公司在中债登及上清所托管债券月增加量　　（单位：亿元）

日期	国债	政策金融债	短融合计	中票合计	企业债	商业银行债	同业存单
2015年1月	-39.78	-9.04	40.23	-41.47	-21.78	-0.09	6.4
2月	45.01	97.95	64.51	32.15	38.49	-0.68	13.6
3月	0.70	-61.51	-39.49	27.67	93.73	0.30	7.9
4月	24.86	93.20	-8.76	-101.20	-50.20	0.95	-34.8
5月	-9.88	35.44	-1.58	5.92	28.04	-6.00	-10.7
6月	21.73	-19.80	170.61	257.27	321.26	11.45	35
7月	51.94	157.72	-65.78	-103.32	-125.55	-9.18	260.4
8月	32.46	116.00	157.37	24.40	48.23	0.71	350.2
9月	55.38	-51.33	97.19	165.26	188.94	-3.06	127.1
10月	8.78	-69.80	-56.11	-232.43	-199.99	-2.90	-86.6
11月	-14.56	9.58	-23.87	-20.90	-63.22	4.10	-217.2
12月	-36.32	-102.85	43.35	219.09	249.25	25.10	-18
2016年1月	19.00	334.58	88.63	-125.19	-67.58	-11.00	146.21
2月	-23.52	-41.20	9.28	6.91	12.54	-12.90	-74.01
3月	43.65	-17.48	157.02	165.65	131.24	28.20	139.7
4月	-60.48	95.86	-143.38	-150.53	-137.05	-5.56	-112.6
5月	-14.25	0.92	-17.52	-22.10	-41.36	-3.54	75.3
6月	16.03	-63.33	58.82	0.69	18.26	-6.80	-56.3
7月	-2.38	-15.42	-133.59	-101.20	-126.35	11.80	-101.56
8月	14.92	17.80	-49.04	27.27	-17.65	-1.35	-70.15
9月	22.86	-73.00	-31.17	11.93	72.58	-3.10	34.16
10月	11.77	9.00	-71.32	10.61	-73.08	-0.80	117.05
11月	48.49	94.47	-55.36	-19.28	-13.87	15.90	183.95
12月	-96.45	4.53	-9.91	6.36	11.63	5.60	-70.21

资料来源：根据中国债券信息网有关数据整理。

证券公司持有债券主要以自营资金及来源于委外资金的资产管理项目为主，由于账户性质、资金收益率要求不同，因而债券持有策略较为灵活多变。证券公司为债券市场加杠杆的主要投资者之一，因而在流动性冲击中受到影响更为明显。

证券公司在2016年1—12月累计主要增持了政策性金融债（346.73亿元）和同业存单（211.54亿元），大举减持了企业债（-230.69亿元）、短融（-197.54亿元）、中票（-188.88亿元），小幅减持国债（-20.36亿元）。全年来看，证券公司对国债和政策性金融债的增持较为稳定：对国债的增持一直偏弱，对政策性金融债总体维持增加和减少逐月更替的节奏，并在7—8月利率快速下行的时候增持较多。证券公司对不同的信用债品种持有呈现分化，企业债、中票、短融的增持节奏基本一致，这三类个券或作为整体的信用债配置底仓考虑，在全年有6月、9月、12月三个增持高峰；同业存单的持仓月度波动较多，在11月大幅增加后，于年底流动性危机去杠杆时大幅减持（见图专6-4）。

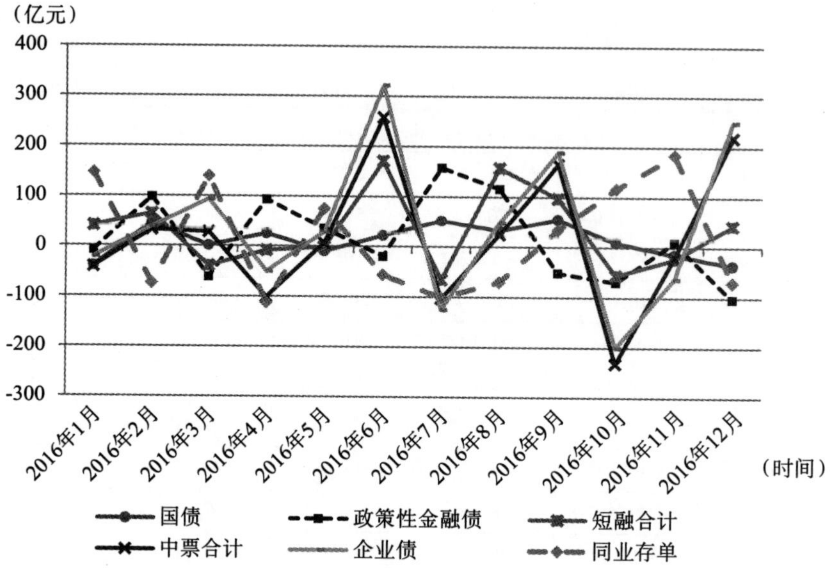

图专6-4 证券公司托管主要券种月度新增托管量走势

资料来源：Wind，第一创业证券计算整理。

第二章
2016年证券公司固定收益业务发展现状

第一节 2016年证券公司固定收益业务链概况

近年来，随着中国债券市场的不断发展，固定收益业务已经成为国内证券公司的重要业务支柱。但与国外同行明确的FICC业务线不同，国内证券公司的固定收益业务主要包括债券承销、销售交易、债券投资、债券投顾和债券研究五大内容，各家证券公司根据自身情况大多分散在各个业务部门中，业务规模悬殊，机构设置又千差万别，因而成为国内证券公司最为复杂的业务。根据中国证券业协会对2016年国内证券公司FICC业务的专项调查统计，在回收的96份问卷中，有94份是有效问卷。根据这94份问卷的不完全统计，国内证券公司有10家未设立专门的一级部门固定收益部，其中两家在分公司下设立了固定收益部，其他证券公司则设立债务融资部、债券销售部、资本市场部、资金（资产）运营部和债券销售（交易）部等，承接了固定收益线的各种业务。

2016年专项调查统计显示，在84家设立专门的固定收益部的证券公司中，有8家仅涵盖债券承销业务，有10家仅包括债券投资业务，有5家仅涵盖销售交易业务，有1家仅涵盖债券投资顾问业务。在剩余的60家中，有19家包括销售交易和债券投资业务，有36家包括债券承销（包括结构化融资）、销售交易和债券投资业务，只剩下5家的固定收益部包括全部5项业务的全业务链。

从债券做市、类固收这两项固定收益业务链上的新业务看，2016年共有24家证券公司参与了银行间市场或交易所市场的做市或尝试做市业务。做市规模方面，最大一家的做市规模近千亿元；而最小的一家只有1亿元。做市收入方面，有一家做市收入上亿元，有3家做市收入几千万元，其他均在百万元级别。从类固收业务的开展情况看，有34家证券公司在2016年从事类固收业务，其中有19家仅从事ABS的投资（承销）业务，有10家从事分级A的投资，还有信托等其他形式的投资。从FICC这一固定收益的国外衍生概念看，2016年共有15家证券公司从事大宗商品业务，只有2家涉足外汇业务，且业务规模较小。而大宗商品业务中最大的一家收入达到42亿元，有6家收入达到千万元级别，5家收入相对较少，还有3家亏损。在大宗商品业务品种中，黄金所占的业务规模最大，有5家从事黄金业务，还有6家以贵金属业务为主。

第二节 2016年证券公司固定收益业务发展概况

一、固定收益承销业务竞争总体格局

固定收益承销业务是指债券及结构化融资产品的构建、承销和财务顾问服务，客户类型涵盖了政府支持机构、金融机构、上市公司、非上市公司、地方融资平台企业等，产品范围包括金融债、企业债、公司债、非金融企业债务融资工具（PPN）和多元化的结构性融资产品等。近年来，随着债券发行量的不断增加，债券承销金额呈上升趋势。图专6-5显示，2011—2016年，全市场的债券总承销金额从2.8万亿元增加到近15万亿元。其中，银行的承销额由2011年的1.8万亿元增加到2016年的9.8万亿元；证券公司的承销额由2011年的0.95万亿元增加到2016年的5.17万亿元。随着债券承销市场的发展，2011—2016年，银行和证券公司的债券承销金额均增长4.4倍左右。

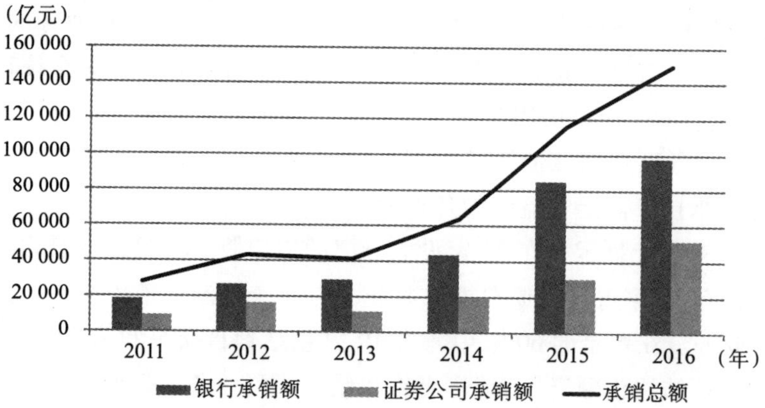

图专6-5 2011—2016年全市场债券总承销金额的变化

资料来源：Wind，第一创业证券整理。

因此，从债券承销的主要竞争者看，债券承销业务呈现银行和证券公司的两强格局，其他信托、资产管理等机构的市场份额较少。图专6-6显示，2011—2016年，银行的市场占有率在62%—73.5%之间波动，而证券公司的市场占有率在26.3%—38%之间波动。

市场集中度（Market Concentration Rate）是对整个行业市场结构集中程度的测量指标，CRn是指该行业的相关市场内前N家最大的企业所占市场份额的总和。根据美国经济学家

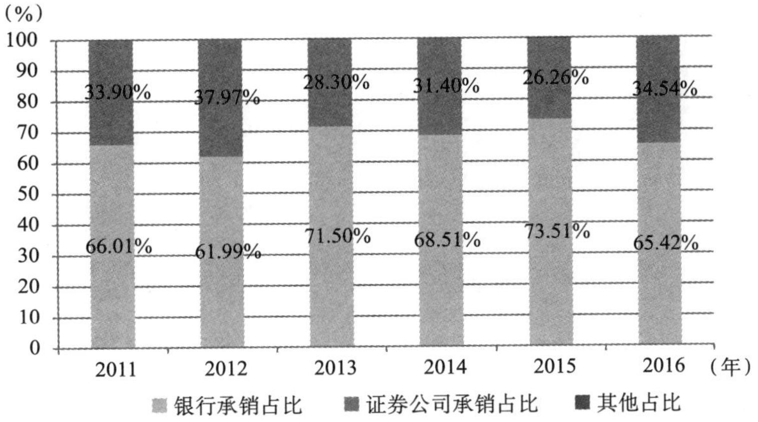

图专 6－6　2011—2016 年银行和证券公司债券承销业务的市场份额

资料来源：Wind，第一创业证券整理。

贝恩和日本通产省对产业集中度的划分标准，可将产业市场结构粗分为寡占型（$CR_8 \geqslant 40$）和竞争型（$CR_8 < 40\%$）两类。其中，寡占型又细分为极高寡占型（$CR_8 \geqslant 70\%$）和低集中寡占型（$40\% \leqslant CR_8 < 70\%$）；竞争型又细分为低集中竞争型（$20\% \leqslant CR_8 < 40\%$）和分散竞争型（$CR_8 < 20\%$）（见表专 6－2）。

表专 6－2　美国贝恩对市场结构进行的分类

市场结构＼集中度	CR_4 值（%）	CR_8 值（%）
寡占Ⅰ型	$CR_4 \geqslant 85$	
寡占Ⅱ型	$75 \leqslant CR_4 < 85$	$CR_8 \geqslant 85$
寡占Ⅲ型	$50 \leqslant CR_4 < 75$	$75 \leqslant CR_8 < 85$
寡占Ⅳ型	$35 \leqslant CR_4 < 50$	$45 \leqslant CR_8 < 75$
寡占Ⅴ型	$30 \leqslant CR_4 < 35$	$40 \leqslant CR_8 < 45$
竞争型	$CR_4 < 30$	$CR_8 < 40$

我们用 CR_4 和 CR_8 来表示在有债券承销业务的证券公司中，排名前 4 家和前 8 家的企业占有的债券承销业务的市场份额。图专 6－7 显示，2016 年排名前 4 位的证券公司的业务集中度为 29.3%，排名前 8 位的证券公司的业务集中度为 43.8%，集中度较 2015 年有较大幅度下降，更是低于 2011 年的水平。根据表专 6－2 的分类，在 2015 年之前证券公司债券承销业务属于低集中寡占Ⅳ型市场结构，2016 年有向竞争型市场结构转变的趋势。

二、固定收益销售交易业务竞争总体格局

固定收益销售业务是以客户为导向，担任代理以收取手续费及佣金收入的业务。目前，

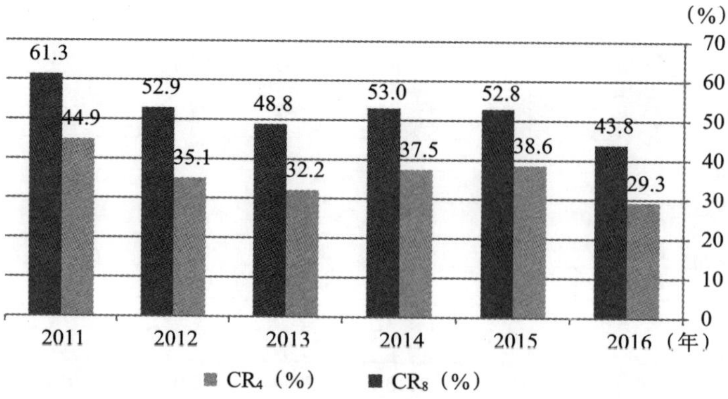

图专 6－7 2011—2016 年证券公司债券承销业务的市场集中度

资料来源：Wind，第一创业证券整理。

证券公司向客户销售各类固定收益产品，包括国债、央票、金融债、企业债、公司债、短期融资券、中期票据、私募债、资产证券化产品等，客户类型涵盖了银行、信用社、保险、基金、信托、证券公司、财务公司和企业等市场参与机构。

固定收益交易业务是以投资回报为导向进行的投资业务。证券公司使用自营资金，主动承担相应市场、信用风险，获取固定收益产品的资本利得、票息等收入。目前，证券公司可以交易的固定收益产品类型包括国债、央票、金融债、企业债、公司债、短期融资券、中期票据、私募债、资产证券化产品、可转债等，交易方式包括现券、债券远期、回购等，部分证券公司已经开展利率互换等衍生产品业务。

由于缺乏交易所市场的数据，而银行间市场又占据着债券交易业务的绝大部分市场份额，因而以中债登的债券交割量来衡量固定收益销售交易业务的竞争格局，不会有较大的偏差。2016 年，银行间市场的债券交割量达到 723 万亿元，其中现券交割量 159 万亿元。

从图专 6－8 中可以看出，2016 年现券交割量占比中，包括国有银行、股份制商业银行、城市商业银行、外资银行、农村合作银行和农村商业银行在内的银行类占比最高，达到 65.4%；其次是证券公司，占比为 22.8%；广义基金排名第 3 位，占比达到 8.7%；信用社排第 4 位，占比为 1.6%；其他公司占比均在 1% 以下。由此可见，银行类金融机构在债券交易业务中占据主导地位，但证券公司在 2016 年的占比比 2015 年提高了 6.4 个百分点。

我们用 CR_4 和 CR_8 来表示在有债券销售交易业务的证券公司中，排名前 4 家和前 8 家的企业占有的债券销售交易业务的市场份额。图专 6－9 显示，2016 年排名前 4 位的证券公司的业务集中度为 21.9%，排名前 8 位的证券公司的业务集中度为 37.1%，集中度与 2011—2015 年相比，呈现逐步下降的走势。根据对市场结构的分类，证券公司债券交易业务已经由 2015 年之前的寡占型市场结构向 2016 年的竞争型市场结构转变。

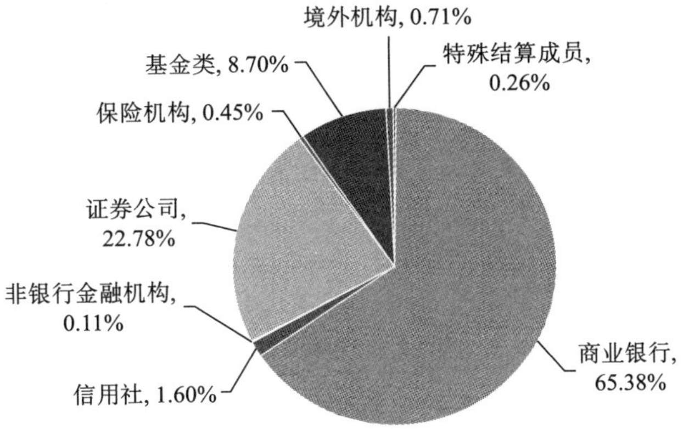

图专 6－8　2016 年证券公司固定收益业务销售交易业务的市场占有率

资料来源：Wind，第一创业证券整理。

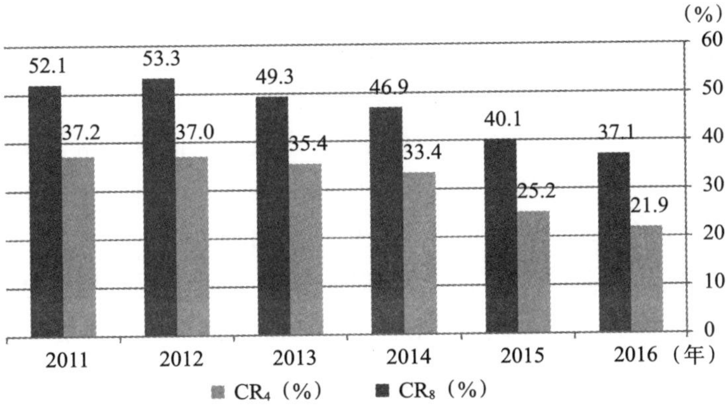

图专 6－9　2011—2016 年证券公司债券交易业务的市场集中度

资料来源：Wind，第一创业证券整理。

第三节　2016 年证券公司固定收益业务中的风险

债市风险总体上可包含市场风险、信用风险、操作风险和流动性风险等，其中市场风险和操作风险在其他投资品种中也比较常见，而信用风险以及流动性风险是近年来债市出现的较频繁的风险，值得投资者重点关注。

从 2014 年债券市场打破刚兑以来，信用违约事件频发，违约主体已经从民企扩散到央企、地方国企，违约券种从公司债扩大到中票 PPN、短融、城投；违约方式从利息违约到本息皆无力偿还，再到提前回购违约，信用风险有逐步向评级高、期限短、股东背景较强的主体演化的趋势，违约方式有向多样化转变的趋势，2016 年发生多次由信用风险引致流动性风险升级的案例，因此防范流动性风险首先要抓好信用风险防控工作。

一、信用风险

通常所说的信用风险是债券发行人到期违约的风险，但随着市场环境的创新，信用风险中的交易对手风险的重要性逐步提升，较为典型的案例是2016年底由国海证券代持事件引发的整个债市流动性风险危机。由于代持采用的是不透明的约定交易方式，容易滋生利益输送等违法违规行为，证券公司应加强从业人员及交易对手的合规管理，强化内控制度，配合监管部门，规范债券市场发展。

二、流动性风险

流动性风险从分类上来看，可以分为负债端流动性风险和资产端流动性风险。其中负债端流动性风险即融资流动性风险，主要由于市场上资金紧张，从而引起金融机构借钱难的情况，体现在资产负债表的负债端。资产端流动性风险即交易性流动性风险，主要由于资产价格下降，因而不能在市场上以估值变现，体现在资产负债表的资产端。

在信用风险爆发时，银行等债市主要参与者信心不足，使得资金融出方提供流动性的意愿不足。基金净值快速下降，很多货币型基金由于采用摊余成本法计价，当基金资产净值与市价的偏离达到或超过基金资产净值的0.5%时，基金管理人可以与基金托管人商定后进行调整，以控制风险，因而货币基金面临负债端的大幅赎回。流动性风险由资产端传导至负债端，市场上卖盘堆积、挤兑风险加剧，流动性被抽走，形成负反馈循环。

综上，信用风险和流动性风险往往会相互作用，彼此增强，需要时刻防范风险。为预防交易对手风险，应逐步完善做市商制度，形成多层次的债券场外交易市场；同时证券公司自身也应完善内控制度，防范违规违法事件发生；此外，机构不仅要加强防风险意识，更要加强风险对冲手段，加强包括买断式回购、远期利率协议、国债期货等做空机制的运用。

第三章 证券公司固定收益业务存在的问题和对策

第一节　国内证券公司固定收益业务中存在的主要问题

一、由于历史与现实原因使国内证券公司开展固定收益业务时处于不利地位

证券公司作为投资银行，有五大基础功能：支付、托管、交易、投资与融资。由于历史原因，证券公司五大业务功能除投资和融资外，支付功能和托管功能被剥离到银行，交易功能大部集中在交易所。支付功能受限、托管功能缺失和交易功能薄弱，严重影响到我国证券公司的自主创新能力，成为制约我国证券公司进一步发展的瓶颈。与国外投行相比，我国证券公司在固定收益业务方面有着先天的缺陷，使得国内证券公司在固定收益产品的设计和创新方面步履维艰。

与股票市场不同，固定收益市场上还有商业银行这样大型的金融机构。商业银行在发行承销、销售交易、客户网络、产品开发等各方面均处于主导地位，进入固定收益市场的证券公司与商业银行在各方面均存在不同程度的竞争。从目前的竞争环境来看，形势不容乐观。在以国债、政策性金融债和央行票据为主的现有利率产品市场上，商业银行凭借其强大的资金实力、长久而广泛的客户关系以及政策的支持已经占据了市场的主导地位。并且，国内固定收益市场主体是银行间市场，证券公司在银行间市场处于较为边缘的地位，能够参与的品种受到严格准入，市场占有率较低，业务话语权也较低；而证券公司能够起到主导作用的交易所债券市场还有待进一步发展。

我国证券公司负债渠道狭窄，整体杠杆率偏低，严重影响着我国证券公司固定收益业务的竞争力和交易能力。2016 年证券行业的平均杠杆值（扣除客户保证金后）仅 2—3 倍，而国际投行目前在 10 倍以上，2008 年金融危机前曾高达 20—30 倍。适当提高公司杠杆水平，可以大力发展固定收益类的资本中介型业务，在提升证券公司盈利能力的同时，解决证券公司交易能力不足的问题，有利于证券公司在银行间市场固定收益类业务经营规模迅速上升，

以及在交易所市场固定收益的交易和产品创新中真正发挥出主导作用。

二、未能形成面向顾客的组织体系和固定收益业务模块

我国证券公司的固定收益业务组织结构安排大致分为三种：一是大部分证券公司将固定收益业务设立为一级业务部门，负责固定收益业务的销售和交易业务，但固定收益的承销业务仍归属投行部门，而固定收益的投资业务有的归自营部门，有的归固定收益部门。二是把固定收益业务设为销售交易部门的二级子部门之一，称为固定收益销售与交易部，同股票销售与交易部、交易与衍生品部二级子部门并列，比如中信证券。三是如平安证券实行的事业部制，平安证券共有三个事业部，分别是投资银行事业部、固定收益事业部和资产管理事业部。

以上三种组织结构的设计是各有优缺点，但总的来看，还是按照业务属性来划分部门，由于按业务而不是客户划分部门，导致我国证券公司的固定收益业务分散在投行、销售交易、资产管理等各业务部门，使得我国证券公司未形成面向机构投资者强有力的客户关系管理，也是我国固定收益业务未能得到充分发展的重要原因。虽然我国大部分证券公司都成立了固定收益部，但由于债券承销业务、交易投资业务、零售柜台业务、资产管理业务、融资融券业务中，都有部分业务属于固定收益业务的范畴，从事固定收益的各部门间缺乏统一协调发展，固定收益各业务线仍然处于分散状态，还没有形成面向机构投资者的业务范围全面的全产业的固定收益业务链。

这与国外投行以客户需求为导向来划分业务部门和板块有着很大的区别。2010 年以后有四个业务模块：投资银行、机构客户、投资与借贷、资产管理。其中机构客户服务又分为 FICC 和股票销售与交易两大块。而 FICC 又分为固定收益业务、商品及其衍生品、外汇及其衍生品三部分。

因此，国外投行在固定收益业务上的竞争力并不体现在债券承销业务上，而主要体现在面向机构的销售和交易业务以及大宗经纪和研究咨询业务上。近年来，以高盛公司为代表的西方投行的业务模式发生了根本性变化，由传统的费用盈利模式转变为价差盈利模式。以固定收益为主的 FICC 的业务在总业务收入中占据了 40%—50% 的比例。

三、资本中介型的固定收益业务有待进一步发展

从海外投行的固定收益业务发展经验看，目前主要形成了交易驱动的资本中介业务模式。资本中介型的固定收益业务是以客户为导向，利用资本优势促使客户交易或向市场提供流动资金的业务。证券公司依托客户网络和产品设计能力，利用公司资产负债表通过产品设计和开发，为客户提供固定收益类交易做市、风险管理、财富管理、投资顾问等服务，满足客户各类投融资需求。这一模式主要是指公司利用资产负债表为客户提供产品和服务，既有

利于满足客户需求，也有利于证券公司通过提升杠杆增加收入。

资本中介业务虽然使用公司的大量资本金，但是以客户为导向，为客户提供各种金融产品、交易工具和风险管理服务，从而满足客户的需求。投行扮演的角色是市场的组织者、流动性提供者、产品与服务的设计和销售者、交易对手方、风险管理者等多重角色，而收入来源则是提供增值服务获得的佣金或提供流动性而获得的交易价差收益。国际投行固定收益业务的收入来源主要有四个方面：一是场内或场外交易业务获得的手续费收入；二是提供产品交易的流动性、做市交易的价差收入；三是根据客户风险控制、投资等需求设计相关的金融产品，从中得到的设计金融产品的销售收入；四是为客户进行风险管理的收入，识别客户资产的价格波动风险，以及所面临的利率和汇率风险，提供对冲策略和套期保值方案。

受益于2012年以来市场和行业创新，我国证券公司固定收益类资本中介业务逐渐起步并得到快速发展。借鉴海外投行的经验，国内证券公司的资本中介业务致力于构建由“客户+通道+资本”驱动、以“手续费+交易差价”实现收入的业务模式，是中国证券业摆脱同质化竞争的主要业务方向。但由于我国证券公司的销售交易能力与国外同行相比差距甚远，特别是固定收益产品所依赖的做市交易能力缺乏，导致盈利能力不足。

与海外投行以做市为主的收入结构不同，由于基础制度的原因，国内固定收益做市业务对收入贡献仍然较低。首先，沪、深证券交易所的集中竞价系统采取撮合交易模式，不需要做市商，而固定收益平台成交量较低，做市商作用不明显。其次，银行间市场虽然有做市商制度，但证券公司限于乙类结算成员资格不能代理交易，只能在自己持有的证券和资金范围内进行做市，不能利用代理客户资金和证券的混同效应，很大程度上限制了证券公司做市功能的发挥。此外，银行在国内金融体系中占绝对主导地位，风险偏好和交易需求趋同，由于缺乏需求多样化的交易对手，做市规模和动力都受到很大的制约（见表专6－3）。

表专6－3　　国内证券公司与国际投行在固定收益业务方面的主要差别

	国内证券公司	国际投行
基础功能	无托管代理服务，做市功能和产品设计功能受到制约	基础功能强大，涵盖托管、交易、支付、结算等基础性金融功能
产品范围	以利率、信用产品为主，有少量资产证券化产品和衍生产品，缺少外汇和商品	利率、信用、外汇、商品、资产证券化产品、衍生产品俱全
资本中介业务	处于起步阶段和快速发展期，但做市业务难以做大，收入贡献较低	形成了交易驱动的资本性中介业务模式，收入包括手续费收入、做市收入和金融产品设计与销售收入，做市收入是主要来源
杠杆使用	杠杆较低	杠杆较高，高盛约12—13倍

资料来源：第一创业整理。

第二节 国内证券公司固定收益业务的发展方向和建议

一、大力发展做市商业务，为固定收益产品提供流动性

对于以场外交易为主的银行间债券市场，做市商发挥着为市场提供流动性的作用，其做市的效果直接影响债券市场流动性的高低。我国做市商制度还不够健全，主要表现为：（1）报价券种较少，报价期限品种不全。从券种看，银行间债券市场中做市商报过价的券种不足总数的1/5。从期限看，做市商报过价的券种的最短期限为0.5年，最长期限为7年，10年期以上品种基本没有报价，长期债券报价缺乏使国债长期收益率缺少相应基准。（2）报价缺乏连续性，做市商影响力不足。当前每天有做市商双边报价的券种平均有7—8只，而平均每天每家做市商报价的仅有1个券种。双边报价的90只债券平均日报价频率最高为76%，最低的报价频率只有1%，平均大约为20%左右，导致做市商影响力还不够大。银行间债券市场做市商仅有15家，通过双边报价完成的交易仅占33%左右。从发达国家债券市场实践看，债券二级市场的绝大多数交易都由做市商完成，占交易总量的比例超过95%。

在培育我国多层次的做市商队伍上，可以重新拟定做市商的选择标准，对不同类型的做市商提出不同的资质要求，使更多类型的金融机构可以有机会成为做市商，并鼓励不同的做市商根据债券发行期限、发行主体、发行评级和自身情况，选择细分市场的做市品种，促进差异化的竞争和更完善的价格发现。

二、大力发展资本中介型业务

国外成熟经验表明，发展场外市场业务，必须把证券公司资本中介业务做起来。资本中介业务就是证券公司以股票、利率、汇率、大宗商品等基础资产为核心，满足客户为了避免基础资产价格波动、提高产品流动性的需求，规避市场风险和信用风险，在柜台上为其提供相应的产品与服务。这种产品与服务是非标准化的，它是证券公司核心附加值之所在，是其他金融机构无法提供的，通过资本中介业务，证券公司的基本功能得以强化。随着资本中介业务的成熟，证券公司将会成为柜台市场上的积极做市商，需要在风险可控的情况下提高杠杆率。柜台市场可通过开展基于公司信用的票据和收益凭证业务，丰富证券公司对客户的服务内容，又能以业务之长增强证券公司资本实力。

证券公司把自身的资本实力、信用成本优势、资产定价能力、风险管理能力和客户基础有效结合起来，为客户提供相应的流动性服务和风险管理服务。在开展资本中介型业务过程中，证券公司虽然使用资产负债表，但是自身并不承担过多的市场风险，主要赚取不同产品

的流动性溢价和风险溢价。资本中介型模式的核心是证券公司通过创造各种产品和充当交易对手，为客户提供流动性和风险管理的功能，满足客户不同的融资和投资需求。即我国证券公司要成为市场的组织者、市场流动性的提供者、产品和服务的设计者和销售者、交易的对手方和风险管理者。

三、大力发展全产业链 FICC 业务

固定收益的全产业链业务，即固定收益、外汇和大宗商品的销售与交易，简称 FICC（Fixed Income，Currency and Commodities），其主要服务和产品包括：（1）就基础性债务工具（如债券、货币市场工具），结构型债务工具（按揭抵押证券等），利率与信用衍生品，货币，商品及其他产品进行交易；（2）固定收益产品的承销和分销；（3）设计金融衍生产品，并达成交易；（4）帮助客户进行不良固定收益证券的投资等。

从一个完整的市场体系看，固定收益的债券或其衍生品、外汇和商品具有非常大的相关性，在国际市场上的债务工具除与利率相关外，本身就隐含着汇率风险，商品本身就是对冲通货膨胀和利率风险的主要工具，因此固定收益的债券或其衍生品、外汇和商品因其业务领域的高度相关性而构成了一个完整的产业链，成为投资银行一个重要的业务单元。

目前，我国已逐步进入以金融脱媒、利率和汇率市场化、资本项目加大开放为主要特征的金融深化过程。党的十八大提出深化金融体制改革，加快发展多层次资本市场，稳步推进利率和汇率市场化改革，逐步实现人民币资本项目可兑换，完善金融监管，推进金融创新。FICC 中的债券直接融资以及债券衍生品繁多的特性，非常有利于推动金融创新，满足丰富多样化的融资与投资需求，支持实体经济的发展；债券及其衍生品场外市场的发展，有利于多层次资本市场体系的完善；FICC 中的利率和汇率衍生品市场工具，有利于我国利率市场化和以市场供求为基础的浮动汇率制度的改革，并促进人民币国际化进程。在一个金融企业中，除 FICC 外，还很难找到一个业务体系能比较完整、系统地满足中国金融体制改革的需要。

因此，目前，伴随着人民币国际化的进程，进一步发展债券市场，完善债券市场体系和机制建设，同时充分建立和发挥证券公司在债券、外汇、大宗商品市场的做市交易功能，完善证券公司固定收益业务链，不仅是证券公司资本中介功能的重要突破口和发展方向，也是满足当前中国实体经济发展需要，建立与世界第二大经济体相适应的金融体系的现实需求，更是中国企业走向海外，中国经济更广泛地融入世界舞台的刻不容缓的迫切需要。

专题报告之七：
2016 年证券公司投资者保护发展综述

2017 年第 1 季度，中国证券业协会开展了 2016 年证券公司投资者保护工作专项调查，具有证券经纪业务资格的 102 家证券公司全部参与了本次调查。调查显示，2016 年，面对股票市场整体下跌震荡态势，大部分证券公司更加注重投资者保护工作，在建设投资者教育基地、丰富投资者教育内容与形式、开展投诉处理与打击非法证券活动等方面取得了一定成果，但仍存在投资者适当性管理工作执行不到位等问题，投资者保护工作需持续加强和深化。

第一章
证券公司投资者教育服务工作情况

2016 年，证券公司投资者教育（以下简称“投教”）经费占同期代理买卖证券业务净收入比例提升，更加重视投教平台，特别是投教基地的建设，同时增加投教岗位人员配备，丰富投教产品内容和形式，投教服务工作客户满意度得以提升。但随着非现场客户的增加，现场投教活动的投资者参与度有所下降，投教活动正向线上方式转变。

一、投教经费占比提升

2016 年，102 家证券公司投教经费总计约 6.14 亿元，比上年减少 1.66 亿元，同比下降 21.28%；平均每家公司投入约为 601.64 万元，同比下降 23.81%。投教经费相对占比提升，2016 年投教经费占同期代理买卖证券业务净收入的 0.58%，较上年增加 0.29%。

近 8 年，行业年均投教经费投入约为 5.76 亿元，平均占年度代理买卖证券业务净收入的 0.5%（其中，2011 年度统计口径略有差异，2011 年将各证券公司相关投资者信息系统建设费用计入）（见图专 7－1）。

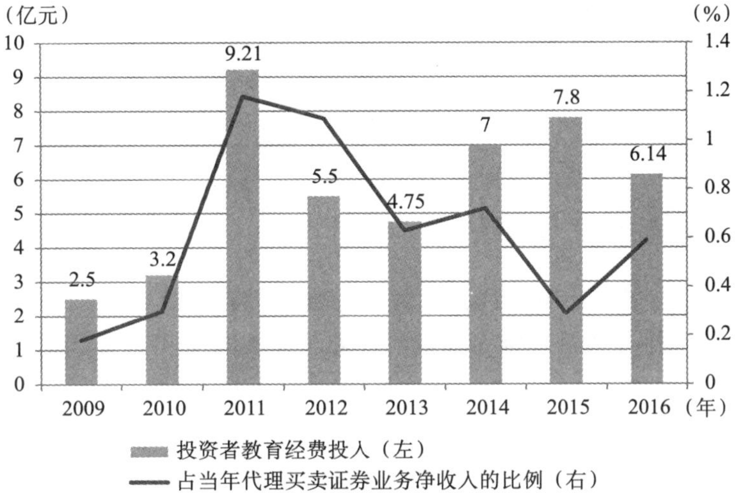

图专 7－1　2009—2016 年证券行业投教经费变化情况

2016 年，各证券公司投教经费投入差距较上年有所缩小，经费投入在 500 万元以下的公司数量从 2015 年的 58 家增至 2016 年的 68 家；经费投入在 1 000 万元及以上的有 19 家公司，较上年度减少 3 家，共投入经费 3.61 亿元，占所有公司投入经费的比例从 2015 年的 70% 降至 2016 年的 50%，不同投教经费投入规模的公司数量情况见图专 7－2。

二、投教平台建设受到重视

随着近年来证券公司非现场客户的持续增加，传统的依托营业部现场的投教形式已越来越无法满足投资者的需求。2016 年，证券公司加大了建设实体和互联网投教基地的步伐，更多地通过微信等自媒体以及投资者登录较频繁的电脑和手机交易系统开展投教服务工作，扩大投教服务覆盖面。

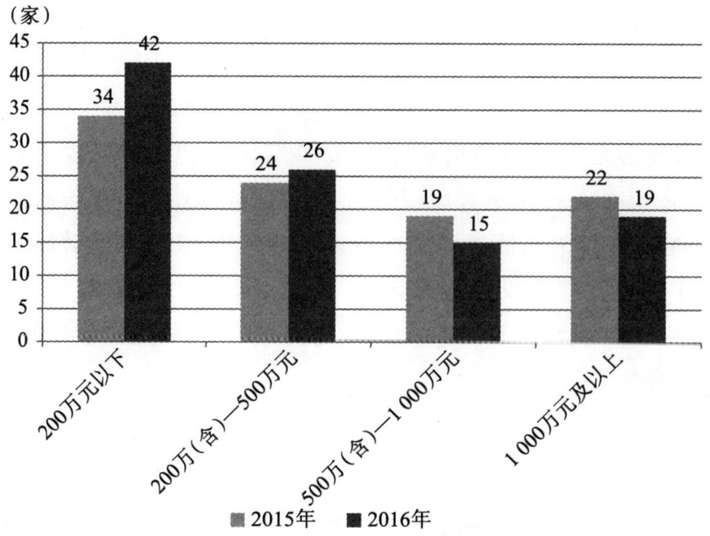

图专 7－2　2015 年、2016 年不同投教经费投入规模的公司数量比较

（一）重视投教基地建设

2016 年，证券公司根据中国证监会《关于加强证券期货投资者教育基地建设的指导意见》，积极参与筹备、申报投教基地，年内有 5 家公司在首批申报工作中获得授牌，其中包括东北证券投教基地、华福证券投教基地、华泰证券投教基地、历道证券博物馆（湘财证券）4 家实体投教基地，以及广发证券投教基地 1 家互联网投教基地；另外，有 31 家公司拟申报实体投教基地，23 家公司拟申报互联网投教基地。证券公司已授牌及已建立的实体投教基地投放投教产品近 27 000 件（册），访问人次达 10 万；互联网投教基地投放投教产品 15 万部（篇），访问人次达 1 536 万。

（二）通过多种渠道开展投教工作

2016 年，证券公司持续利用微信等社交媒体开展投教工作。96 家证券公司开通了官方微信、微博，较上年增加 4 家；粉丝数达 1 733 万人，较上年提高 44.41%。全年通过微信途径发布投资者教育、保护相关文章 3 万余篇。

2016 年，102 家公司在官方网站中设置了投教专栏或投教基地，发布相关文章 16 万篇，同上年基本持平。

2016 年，证券公司移动交易终端登录 102 亿人次，电脑交易终端登录 72 亿人次，成为投教服务的重要平台。76 家公司通过移动交易终端发布投教相关信息 1 万余条，91 家公司通过网上交易终端发布投教相关信息 60 万条。

三、投教服务岗位人员数量增加

2016 年，102 家证券公司共有投教服务岗位人员 11 773 人，比上年提高 42.88%；其中总部 451 名，比上年增加 236 人，平均每家公司总部配备 4 名以上投教工作人员；2016 年证券公司在营业部增加 2 000 家左右的情况下，营业部投教岗位人员配备 11 322 人，比上年增加 3 297 人，仍保持平均每个营业部有 1 名以上投教服务岗位人员的水平（见图专 7－3）。

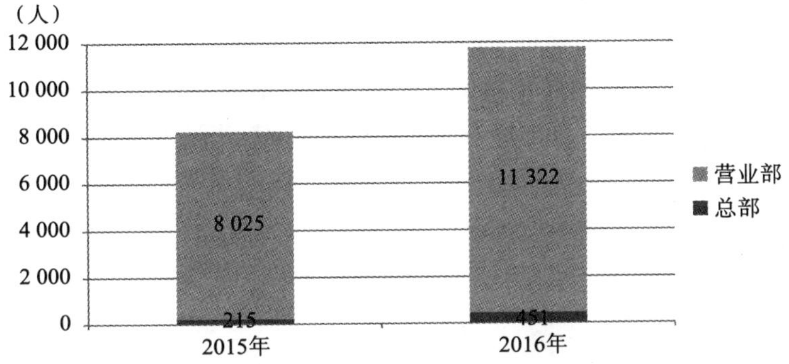

图专 7－3　2015 年、2016 年投教岗位人员数量比较情况

四、投教产品向电子化发展

2016 年，证券公司投教产品向电子化发展，制作投教产品约 3 500 个，其中电子投教产品点击量约 694 万次，比上年提高 12.84%，纸质投教产品的印刷数量约 1 167 万份，比上年降低 33.73%；视频、动画片、微电影、H5 页面、游戏等创新电子形式得到越来越广泛的使用（见图专 7－4）。

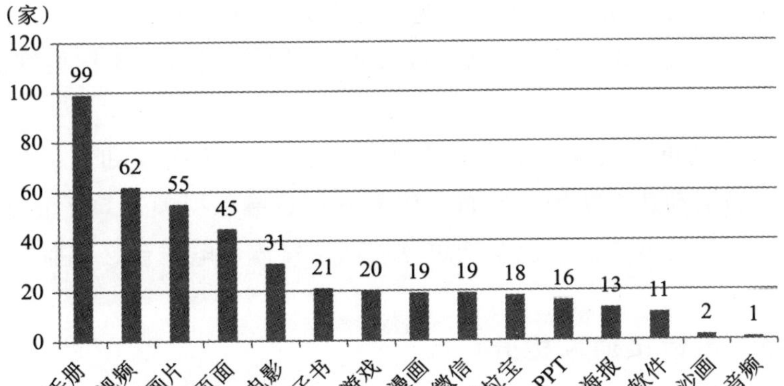

图专 7－4　使用不同投教产品形式的公司数量情况

五、投教活动向线上转型

2016年，证券公司针对私募基金、港股通、股票期权、融资融券等热点产品或业务举办了大量的投教活动，同时配合中国证监会、中国证券业协会、交易所等开展投资者风险教育、投资者权益保护等活动。

2016年，证券公司开展投教活动3 800多项，共举办10万余场次，场次同上年基本持平；参与投资者约1 021万人次，比上年减少约400万人次，投教活动参与度有一定下降。

为适应新股民年轻化、新营业部轻型化的趋势，证券公司正在转向通过互联网投教基地、微信等自媒体、交易系统、呼叫中心等线上方式开展投教活动，同时针对传统营业部客户开展报告会、知识讲座、股民学校等线下形式活动。使用不同投教活动形式的公司数量情况见图专7－5。

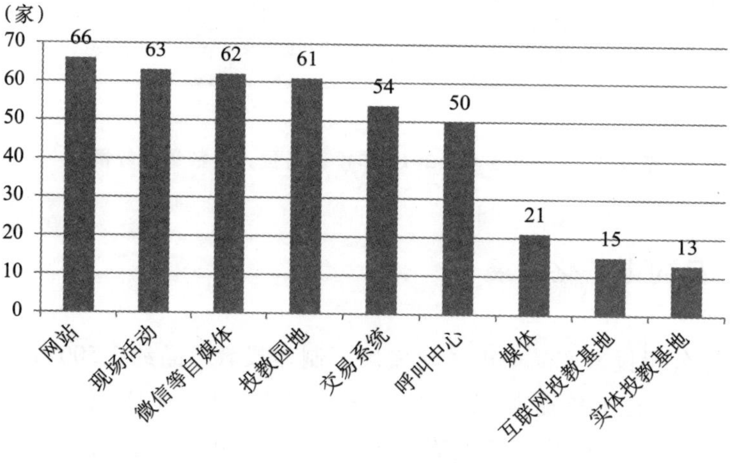

图专7－5　使用不同投教活动形式的公司数量情况

2016年，证券公司举办的投教活动主题主要涉及私募基金、港股通、股票期权、融资融券等产品或业务，以及"3·15"活动、打击非法证券活动等。不同内容的投教活动数量情况见图专7－6。

2016年，证券公司更加重视通过媒体开展投教服务舆论引导和宣传教育工作，同563家媒体合作举办投教活动达679场，发布宣传文章（音频、视频）1万余篇（部），比上年增加近3倍；合作媒体类型广泛，包括纸媒体、网站媒体、电视台、广播电台、新媒体等。

六、客户呼入电话接通率提升

相较于2015年股市异常波动期间大量客户呼入电话造成的接通率下降，2016年证券公司客户呼入电话接通率有所提升，各公司平均电话接通率约为88.31%，比上年增加了

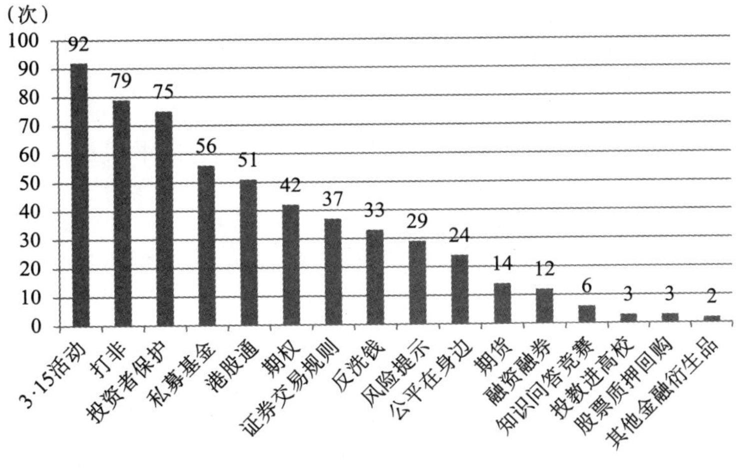

图专 7－6　不同内容的投教活动数量情况

9.81%。其中，10 家证券公司客户呼入电话接通率达到了 100%，同上年持平；57 家公司在 90%—100%（不含）之间，较上年增加 25 家，具体数据见图专 7－7。

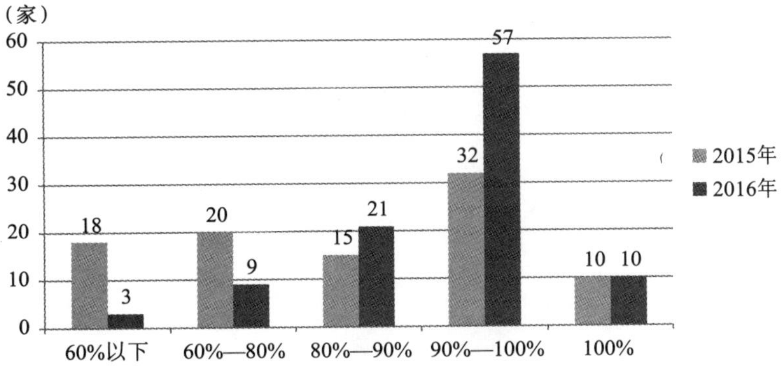

图专 7－7　2015 年、2016 年不同客户呼入电话接通率公司数量情况

七、客户回访电话接通率下降

2016 年，证券公司客户回访电话接通率略有下降。证券公司全年客户回访电话平均接通率为 59.34%，较上年减少了 5.36%，主要原因是社会电信诈骗案件时有发生，客户对陌生电话警惕性高，一些客户拒绝接听回访或调查电话，即便接通，也有些客户拒绝配合回访或调查。2016 年，证券公司联络客户的覆盖率同上年基本持平，通过电话、短信、面对面等方式至少联络 1 次的平均客户联络覆盖率为 63.1%。

八、客户满意度略有提升

2016 年，76 家证券公司开展了客户满意度调查，比 2015 年增加 14 家；调查覆盖 647 万名投资者，较上年增加 147 万人；平均满意度为 92.51%，较上年提高 0.34%。证券公司投教服务工作效果有一定提升（见图专 7－8）。

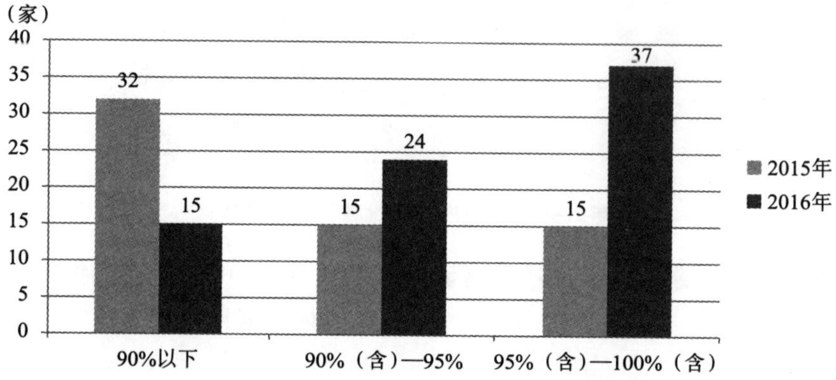

图专 7－8　2015 年、2016 年不同满意度区间的公司数量情况

第二章
证券公司投资者适当性管理工作情况

2016 年，证券公司普遍根据中国证券业协会《证券公司投资者适当性制度指引》建立了投资者适当性管理制度，了解客户方式多渠道化，产品评估制度进一步完善，五档客户分类法和五档产品分类法成为主流分类形式，适当性匹配控制方式差异化，对购买金融产品客户的回访率略有提升，金融产品销售培训与检查率提高。

一、了解客户方式多渠道化

2016 年，证券公司了解客户方式多渠道化（见图专 7 - 9），97% 的公司通过客户关系管理系统（CRM）等持续完善和管理客户动态信息。

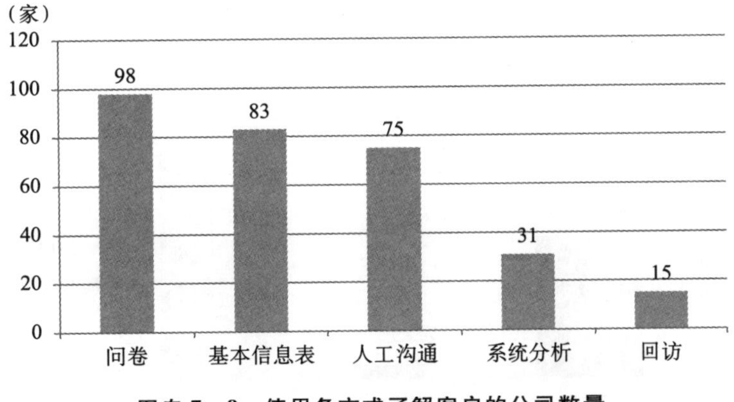

图专 7 - 9　使用各方式了解客户的公司数量

2016 年，证券公司客户风险测评率同上年基本持平，已进行风险测评客户数量占全部客户（不含休眠账户）的比例约为 86.45%，部分公司资产管理业务风险测评比例低于一般经纪业务测评比例；超过风险测评有效期（二年）的风险测评客户占全部风险测评客户数的比例约为 25.31%。

二、五档客户分类法被更多公司采用

2016 年，五档客户分类法被更多公司采用。63 家公司采用五档分类法，将客户分为低风险（保守型）、中低风险（相对保守型）、中风险（稳健型）、中高风险（相对积极型）、高风险（积极型）五种类型，比上年增加 23 家（见图专 7－10）。

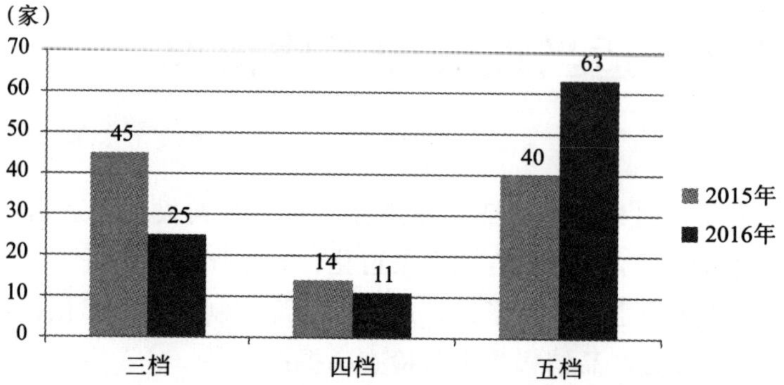

图专 7－10　2015 年、2016 年使用不同客户分类方法的公司数量比较

三、采用五档产品分类法的公司增加

2016 年，采用五档产品分类法的公司增加。61 家公司设低风险、中低风险、中风险、中高风险、高风险五档产品，比上年增加 22 家（见图专 7－11）。

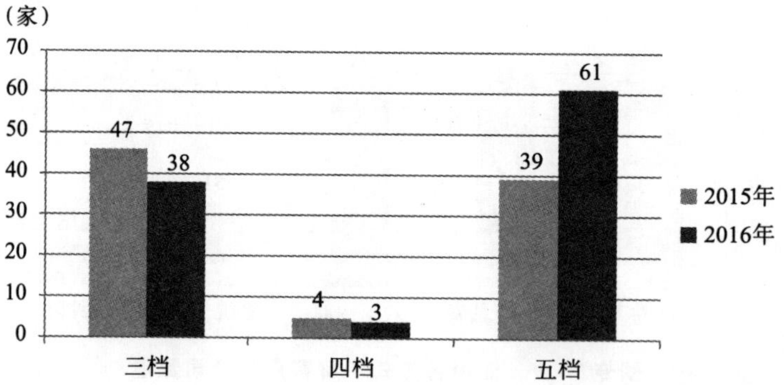

图专 7－11　2015 年、2016 年使用不同产品分类方法的公司数量比较

四、适当性匹配控制方式差异化

2016 年，证券公司适当性匹配控制方式呈现差异化趋势，对于经纪业务场内普通交易，

如创业板、股转业务、港股通业务，一般通过系统权限控制，限制客户使用高于其风险承受能力等级的服务；对于低风险产品，一般采取系统提示方式告知客户匹配结果；对于高风险产品，如私募产品，一般采取现场纸质确认书方式告知客户匹配结果；与不匹配客户 100% 签署不适当警示书的有 78 家证券公司，比上年增加 13 家。

五、对购买金融产品客户回访率略有提升

2016 年，证券公司针对购买金融产品客户的平均回访率为 75.06%，比上年增加 6.25%。其中，49 家证券公司购买金融产品的客户回访率达到了 100%，18 家公司在 60%—100%（不含）之间，28 家公司在 60% 以下（见图专 7－12）。

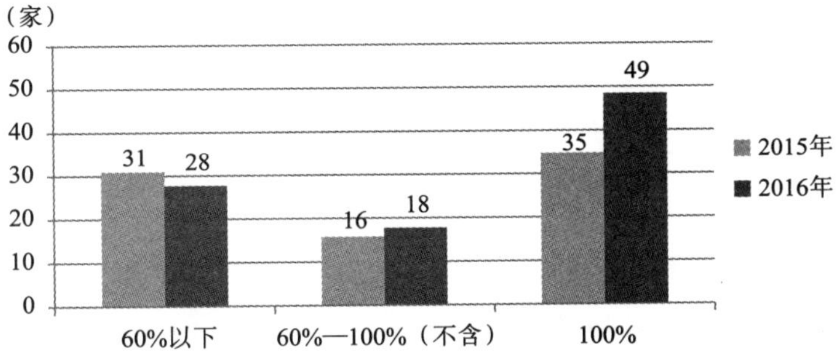

图专 7－12　2015 年、2016 年不同产品回访率的公司数量比较情况

六、金融产品销售培训与检查率提高

2016 年，证券公司更加重视金融产品销售培训与检查工作，全年组织金融产品销售员工培训 21 743 场，比上年增加 41.1%；参加培训员工达 203 万人次，覆盖全部销售人员的 83.97%，同上年基本持平。全年组织金融产品销售检查 1 452 项（次），比上年增加 116.40%，对分支机构的检查覆盖率平均 76.41%，比上年增加 4.48%。全年有 3 家公司收到 4 人次关于违规销售金融产品的客户投诉，比上年减少 1 家公司，减少 4 人次；3 家公司共 4 人次受到监管及司法部门查处。

第三章
维护投资者合法权益情况

2016年，证券公司继续推进证券纠纷多元化解机制建设，开展保障中小投资者求偿权、知情权、投票权活动及防范非法证券活动，客户投诉数量显著下降。

一、客户投诉数量显著下降

2016年股票市场较上年相对平稳，证券公司客户投诉数量显著下降，102家公司共收到客户投诉4 357件，比上年减少14 338件，平均投诉处理率94.85%，比上年减少4.06%。2016年，服务质量类投诉最多，有1 607件，处理率96.67%。2016年主要类型的投诉情况见图专7－13。

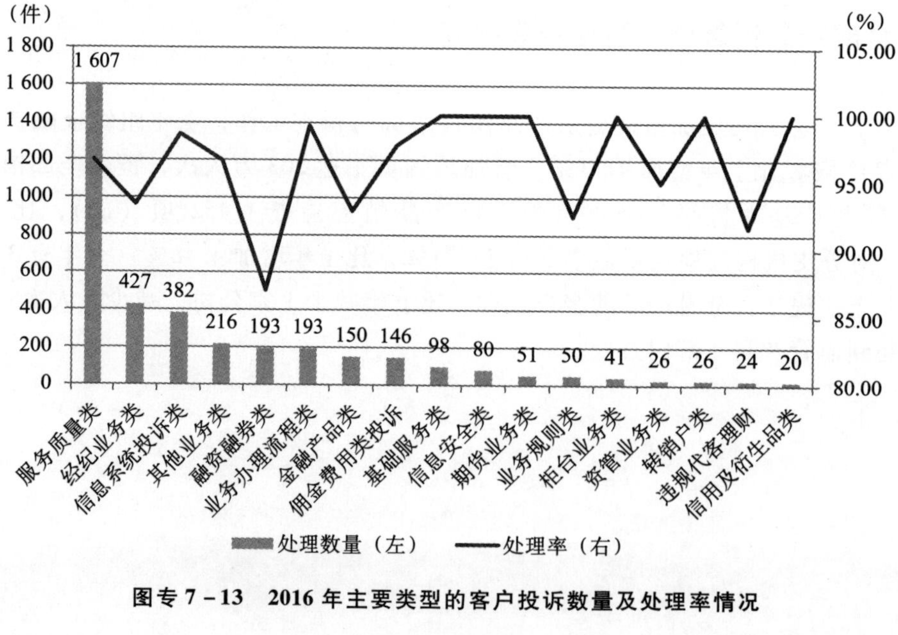

图专7－13　2016年主要类型的客户投诉数量及处理率情况

2016年，66家证券公司客户投诉处理率为100%，16家公司处理率在90%—100%（不含)，9 家公司处理率在 80%—90%（不含），2 家公司处理率在 80% 以下（见图专 7 - 14）。

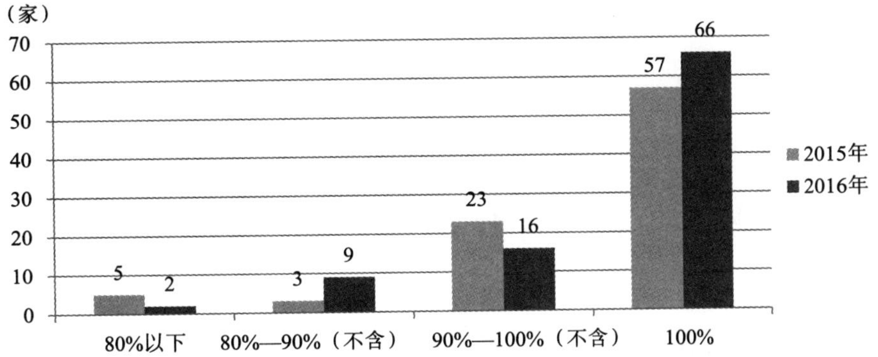

图专 7 - 14　2015 年、2016 年不同客户投诉处理率的公司数量比较情况

二、持续推进投诉处理与行业调解的对接

2016 年，86 家证券公司的官方网站链接了中国证券业协会证券纠纷调解在线申请平台，同上年基本持平；91 家证券公司在公司相关业务合同或协议中加入通过证券纠纷行业调解方式解决证券纠纷的争议解决条款，同上年基本持平。2016 年中国证券业协会通过在线申请平台受理证券纠纷调解申请 130 件，调解成功 74 件。

三、努力维护投资者知情权、投票权

2016 年，证券公司继续通过组织投资者走进上市公司等活动方式维护投资者知情权。据不完全统计，证券公司组织投资者走进上市公司 1 300 余次，参与人数 13 000 余人；为支持投资者行使投票权，证券公司组织 17 万名投资者参与上市公司表决事项投票。

四、持续开展防范非法证券活动

2016 年，证券公司继续配合各监管机构坚决打击非法证券活动。47 家证券公司发现并举报假冒本公司网站 718 起，比上年减少 484 起。

2016 年证券公司积极参与中国证券业协会组织的“打非宣传月”活动，设立打非咨询台近 5 000 个，提供相关咨询 5 815 次，累计发送短信、微信、微博 107.3 万余条，发放宣传海报、打非典型案例 11.6 万份，举办大型报告会 770 多场，组织公司员工和投资者参与“打非宣传月”全国健康跑线上活动，62 761 人参与活动。

第四章
2016年投资者保护工作中存在的难点及问题

在2016年投资者保护专项调查中，证券公司反映在投教服务、投资者适当性管理、维护投资者合法权益工作中存在一些工作难点；在行业自律管理过程中，也发现证券公司投资者保护工作还存在一些问题。

一、投教工作针对性有待提高

一是投教产品数量不足，且大部分缺乏针对性，无法满足各类型投资者的学习需求；二是对于形式枯燥的投教产品，投资者较难产生兴趣；三是非现场客户的迅速增加使得传统的、现场形式的投教工作覆盖面减少，参加现场活动的投资者数量有逐步减少的趋势。

二、投教基地建设需一步推进

一是由于投资者对投教基地的公益性、开放性缺乏了解，投教基地使用率有待提高，对投教基地的宣传工作需进一步加强；二是投教基地内容需持续充实；三是因实体投教基地运营成本较高等原因，中小型证券公司参与建设的意愿不强。

三、部分公司适当性管理工作落实不严

一是了解客户信息不全，未对客户身份信息进行细致审查和了解；二是未有效评估客户风险承受能力，客户风险等级结果未经客户确认或存在错误；三是了解产品或服务的信息不全，确定风险等级的标准不符合要求；四是投资者与产品或服务的适当性匹配不符合规定，或推荐与客户风险承受能力不匹配的产品；五是信息披露不完整，风险揭示不规范；六是适当性管理流程未覆盖全部业务。

四、投资者对适当性管理配合度较低

一是部分投资者不愿意真实、详细地填写信息，导致适当性评估结果与投资者真实情况

产生较大偏差，了解客户工作难度大；二是因某些关键信息临柜更新核实存在困难，每两年全面更新客户信息工作难以开展；三是存在客户拒绝接听电话回访或不配合回访等情况，客户回访工作难度大。

五、投资者适当性管理执行标准不统一

一是因不同业务有各自的适当性管理规定，客户在办理不同业务时需填写不同的风险调查问卷，使得客户体验较差，可能出现同一客户的不同业务风险测评结果不一致的情况；二是各公司对客户风险等级的确认标准、投资者准入要求的计算方式不统一，造成同一客户在不同公司的测评结果不一致；三是各公司对适当性管理工作违规工作人员处理标准不一，导致违规人员仍可随意流动。

第五章 加强投资者保护工作建议

为深入贯彻执行《国务院办公厅关于进一步加强资本市场中小投资者合法权益保护工作的意见》，全面贯彻落实《证券期货投资者适当性管理办法》，切实保护中小投资者合法权益，根据专项调查中证券公司提出的有关意见，建议行业从以下几个方面加强投资者保护工作：

一、加强对投教的理论、需求、有效性的研究

加强投教理论研究，对于投教的概念、原则、内容等进行深入探索，为深入开展投教工作提供坚实的理论基础；对投资者年龄结构、教育程度、行为心理、内在需求等进行广泛的调查研究，了解不同类型投资者对投教形式与内容的需求差异；对投教有效性的评估标准进行研究，以建立科学的投教评价体系，促进行业提高投教效果。

二、整合投教资源

整合行业分散的投教资源，在发挥各自优势的基础上，合理确定各自的功能定位，提供差异化的、相互补充的投教服务；根据市场特征、投资者不同的需求合理布局投教资源，有针对性地突出投教重点；收集优秀投教产品，形成投教资源库，供行业共享使用。

三、注重培养投教人才队伍

加强投教工作的业务培训、专题研讨、学习交流，针对投教人员开展投教基本理念、投教产品制作、投教活动组织等方面的培训，提升投教人员的理论修养和工作技能；建立投教工作激励机制。

四、贯彻落实《证券期货投资者适当性管理办法》

一是统一投资者分类标准，建立一站式投资者风险测评体系；二是建立投资者评估数据

库，提升各公司投资者分类的准确性与统一性，促进适当性动态评估工作落实；三是加快推进线上适当性管理工作的制度与系统建设，减少客户现场办理环节，在适应业务网络化的同时兼顾适当性管理的要求；四是加强针对投资者的投资者适当性管理宣传工作，让投资者认识到适当性管理对于保护自身权益的重要性；五是明确证券公司可采取的督促客户履行适当性义务的手段及相关责任等。

五、推进证券纠纷多元化解机制建设

加强证券公司投诉处理自律管理，促进证券公司完善投诉处理制度，提升证券公司投诉处理工作人员的业务水平；充分发挥证券公司调解工作联系人的作用，推动证券公司投诉处理工作与证券纠纷行业调解的对接；增加通过仲裁解决争议的研究与实践，在业务合同争议解决方式条款中增加仲裁选项；推进首次发行股票投资者先行赔付的工作实践与制度完善，促进证券经营机构与投资者群体主动和解。

专题报告之八：2016年中国证券投资咨询公司发展综述

第一章 证券投资咨询机构经营现状

中国证券市场在经历2015年异常波动后，2016年市场逐渐趋于平稳，在此新的市场环境下，各证券经营机构总体经营发展状况出现一定分化，部分证券经营机构业务经营出现一定下滑，而证券投资咨询机构聚焦证券咨询业务，稳中有进稳健经营。在防控风险、投资者保护及促进经济发展履行社会责任方面积极开拓进取，为居民财富管理及服务实体经济积极寻求多元发展机会，加快战略布局与业务创新。

一、行业经营稳健，业务健康发展

2016年证券投资咨询机构在监管部门、中国证券业协会的积极推动和在业内机构共同努力下，行业经营稳健，各项业务健康发展。根据中国证券业协会证券投资咨询专业委员会2017年初的最新行业问卷调查与统计分析，2016年度证券投资咨询行业总体经营状况发展良好，资产规模、业务收入及利润均有较大幅度提升，合规风险控制水平不断提高，各项业务均得到一定发展。其中传统业务中的证券投资咨询业务、证券资讯（平台）服务稳定增长；转型创新业务中的财务顾问业务、新三板市场相关业务、区域股权市场相关业务、中证报价系统业务、并购重组财务顾问业务及私募基金管理业务等都取得阶段性成果。

截至 2016 年 12 月 31 日，参与问卷调查的 82 家证券投资咨询机构全年实现营业收入 61.14 亿元，较 2015 年全年增幅为 30%；2016 年行业净利润总计 8.73 亿元，同比小幅增长 5%；2016 年末行业总资产总计 104.12 亿元，同比大幅增长 87%，注册（实缴）资本总计 42.30 亿元，同比也提升 8%（见表专 8－1）。

表专 8－1　　证券投资咨询公司基本情况

基本情况	2016 年	2015 年	同比增减（%）
总资产（亿元）	104.12	55.64	87
注册资本（亿元）	42.30	39.10	8
营业收入合计（亿元）	61.14	47.10	30
净利润（亿元）	8.73	8.31	5

二、行业发展稳中有进，新业务亟待突破

为了更好地服务客户、服务资本市场和实体经济、提升盈利能力，证券投资咨询机构集中主要精力投入证券投资咨询业务，并探索多元化发展，这使得部分证券投资咨询机构主业得到进一步发展；同时，在新业务探索方面也取得进一步成效，业务收入结构有所改善，并积累了一定的经验。但受相关法规限制，证券投资咨询机构法定业务类型相对单一，主业进一步集中，新业务探索仍十分艰难，新业务收入占比依然较低，收入主要来源于传统的投资咨询业务。

（一）行业规模扩大，分化逐渐显现

近年来证券投资咨询机构注册资本、资产规模有所增长，截至 2016 年底，参与调研的 82 家证券投资咨询机构注册（实缴）资本及资产分别为 42.30 亿元和 104.12 亿元，较 2015 年分别增长 8% 和 87%，资本实力得以增强。尽管如此，行业资本整体规模依然不大，且分化逐渐显现，证券投资咨询机构主要资本集中在少数公司中。根据调查统计，从注册资本来看，少数机构注册资本远超平均水平，17 家机构注册资本达到 1 亿元以上，大多数机构注册资本低于平均水平，51 家机构注册资本低于 500 万元；从总资产情况看，6 家机构总资产超过 3 亿元，36 家机构总资产低于 5 000 万元；从净资产情况看，7 家机构净资产超过 2 亿元，39 家机构净资产低于 3 000 万元，其中有 1 家机构净资产为 0，4 家机构净资产为负；从机构员工构成上看，员工总数超过 500 人的有 12 家机构，员工总数少于 10 人的也有 5 家机构。

根据以上数据可以看出，大型机构和小型机构表现差距逐年增大。数量上，小型机构数量庞大，大型机构凤毛麟角；竞争力方面，大型机构增长较快，小型机构的业务竞争能力依

然较弱。

（二）传统业务为主，新业务任重道远

2016年证券投资咨询机构行业收入较上年有较大幅度增长，但行业集中度提升，同时收入结构呈现两极分化，行业收入始终集中在少数规模较大的证券投资咨询机构中，营业收入行业排名前5位的机构总收入和利润分别占行业总收入及利润的35%和55%，占据了行业主要份额；而能够实现净利润的机构同样很少，21家机构2016年净利润为负，4家机构2016年净利润为0。

从收入结构来看，2016年证券投资咨询公司总收入60.38亿元，证券投资咨询业务收入50.98亿元，占总业务收入的84.44%。证券投资咨询业务收入中占比最高的为证券投资顾问业务，收入共计47.55亿元，占比约93.27%；而发布证券研究报告业务收入为3.32亿元，占比约6.50%；其他证券投资咨询业务收入为0.11亿元，占比约0.22%（见图专8－1）。证券资讯平台服务收入为2.24亿元，占总业务收入的比例为3.70%；财务顾问业务收入为1.40亿元，占总业务收入的比例为2.32%；其他证券服务业务收入为0.57亿元，占总业务收入的比例为0.94%；其他收入为5.19亿元，占总业务收入的比例为8.60%，其他业务包括房屋租赁、广告发布、基金管理等收入（见图专8－2）。参与调研的82家证券投资咨询机构中，超过2/3的机构开展投资顾问业务，有4家机构开展发布研究报告业务，业务集中度比2015年更高。

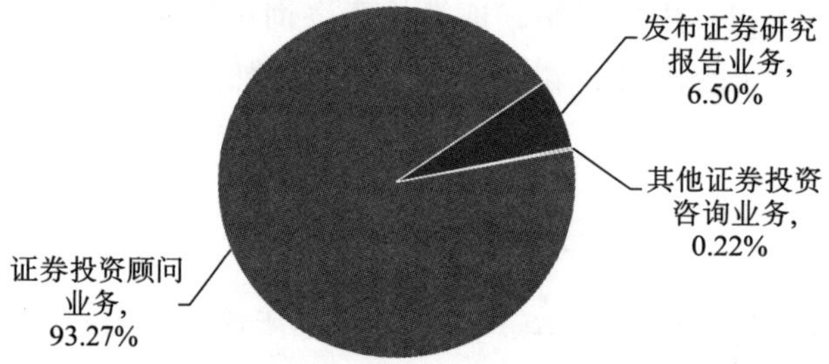

图专8－1　2016年证券投资咨询业务收入

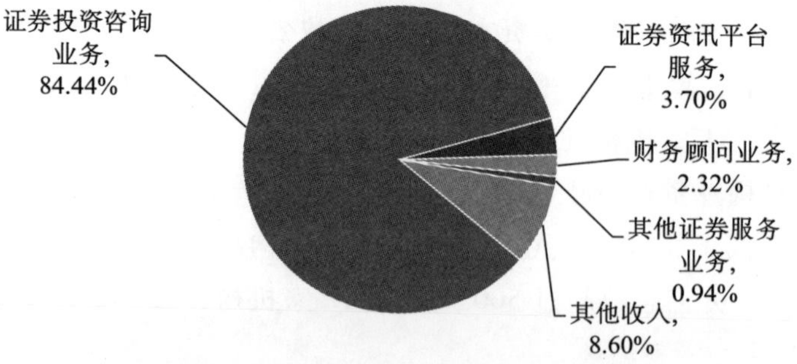

图专8－2　2016年投资咨询行业总业务收入

从以上数据可以看出证券投资咨询机构业务收入对证券投资咨询业务依赖较强，绝大多数证券投资咨询机构的业务收入主要来源于证券投资咨询业务。究其原因，主要是业务范围过窄，证券投资咨询机构将主要精力放在证券投资咨询业务上，而一些新放开的业务尚未成为证券投资咨询机构有效的收入来源。

从营收增长情况来看，证券投资咨询业务收入、证券资讯平台服务收入、财务顾问业务收入均呈现一定程度的增长，只有其他证券服务业务和其他业务收入小幅下滑（见表专8-2）。

表专8-2　　证券投资咨询机构行业总体业务收入基本情况

行业总业务收入基本情况	2016年	2015年	比2015年增减（%）
证券投资咨询业务（亿元）	50.98	38.77	31.49
证券资讯平台服务（亿元）	2.24	1.82	23.08
财务顾问业务（亿元）	1.40	0.66	112.12
其他证券服务业务（亿元）	0.57	0.60	-5.00
其他业务（亿元）	5.19	5.22	-0.57
合计（亿元）	60.38	47.07	28.28

以上各机构的营收来源也展现出证券投资咨询机构业务方向的大致图景，现阶段证券投资咨询机构的重点业务仍然集中于证券投资咨询业务，并有逐步强化主要业务的趋势；证券资讯平台服务则以少而精的表现颇为亮眼，从事此项业务的机构数量少，但业务体量大，收入和利润增长情况相当可观；而财务顾问业务相对于证券资讯平台服务，市场空间更大，参与的机构和范围更广泛，人员素质要求也更高，目前财务顾问业务单项收入并不高，但相较于2015年的表现呈现出很强的增长之势；其他证券业务则呈现出缩减之势，其中新三板市场相关业务发展缓慢，仅有1家证券投资咨询机构已经与证券公司合作完成推荐挂牌2家企业，其余参与此项业务的机构未来将要推荐挂牌的已签约企业项目数共7家，拟签约企业项目数共10家，储备项目的存量相较于2015年大幅减少，这表明证券投资咨询机构开展该项业务的热情正在逐步消退。

（三）专业服务能力增强，专业人员规模壮大

2016年证券投资咨询机构的人员结构配置上分化较大，但总体而言比2015年的专业人数有所提升，其中，员工人数超过500人的有12家；员工人数超过1 000人的有2家；小于100人规模的机构数量占机构总数的56%，小规模企业的占比数比2015年度的占比71%有了大幅下降，企业规模普遍有所扩张，这体现了2016年度的业务发展情况较好，证券投资咨询机构总体员工规模不断发展壮大。证券投资咨询机构对员工的需求增大，也从侧面体现出证券投资咨询机构的业务开拓能力强，业务量增长较大。在专业人员的配置上，每家证券投资咨询机构投资顾问平均配置人数在20人左右，较上一年度翻了一番，专业能力有了显著提升。从投资顾问专业员工人数占总员工人数的比例来看，有17家机构的投资顾问占比超过50%（见表专8-3）。

表专 8－3　　证券投资咨询机构员工配置情况

员工人数（人）	2016 年公司数（家）	投顾人数（人）	2016 年公司数（家）
1 000 +	2	30 +	14
200—999	21	20—29	15
100—199	13	10—19	22
50—99	14	0—9	31
0—49	32	—	—

三、主业突出，新业务进一步发展

在“新国九条”政策背景下，面对证券投资咨询行业发展缓慢的格局，为推动证券投资咨询机构主业发展，同时拓宽证券投资咨询机构业务范围，推动证券投资咨询机构多元化发展，2015 年 1 月，中国证券业协会发布了《关于拓宽证券投资咨询机构业务范围的通知》。证券投资咨询机构立足证券投资咨询业务，进一步多元化发展，开展私募基金管理、财务顾问、中证报价系统业务等。部分证券投资咨询机构积极响应政策号召，在新业务探索方面虽有一定发展并积累了一定的经验，但业务发展情况并不理想，证券投资咨询机构业务多元化的探索道路依然困难重重。

（一）证券投资咨询业务（资质许可类）

目前，在中国证监会备案监管的 84 家证券投资咨询公司中，2016 年及 2015 年绝大多数证券投资咨询机构的业务收入主要来源于证券投资咨询收入，此类业务主要包括证券投资顾问业务和发布证券研究报告业务等需要资质许可经营的业务。

证券投资顾问业务收入占营业收入的比例与 2015 年基本持平，业务结构较为稳定；投资顾问业务收入的逐年增长体现了证券投资咨询机构对于该项基础业务的重视，同时在经营发展上都加大了投入（见表专 8－4 和表专 8－5）。

表专 8－4　　证券投资咨询机构主营业务收入基本情况

主营业务收入基本情况	2016 年	2015 年	2016 年比 2015 年末增减（%）
证券投资咨询业务收入合计（亿元）	50.98	38.77	31.49
营业收入合计（亿元）	60.38	47.07	28.28
咨询业务占营业收入比例（%）	84	82	2.44

表专 8－5　　证券投资咨询机构证券投资咨询业务收入基本情况

证券投资咨询业务收入基本情况	2016 年	2015 年	2016 年比 2015 年增减（%）
证券投资顾问业务（亿元）	47.55	33.32	42.71
发布证券研究报告业务（亿元）	3.32	5.03	－34.00
其他证券投资咨询业务（亿元）	0.11	0.42	－73.81
合计（亿元）	50.98	38.77	31.49

2016年投资顾问业务收入达到1亿元以上的有16家证券投资咨询机构，数量比2015年增加了100%；有6家机构投资顾问业务收入达到2亿元以上，业务能力突出的机构数量大幅增加，投资顾问业务整体发展态势良好。

（二）私募基金管理业务（备案类业务）

截至2017年3月24日，82家证券投资咨询公司中已有27家在中国证券投资基金业协会注册为私募基金管理人，其中24家已经设立或发行过投资基金，参与私募基金管理业务。共计66个基金项目已设立并成功发行，发行的基金总额达到25.07亿元。此外，31家证券投资咨询机构共投资21.46亿元到107家企业中。在投资方向上，股权投资方向上的投资约是在二级市场投资的3.6倍，证券投资咨询机构积极参与私募基金业务，助力资本市场的融资能力提升，并很好地支持了以中小微企业为代表的实体经济。

（三）报价系统业务（备案类业务）

19家企业开展了报价系统相关业务，在报价系统发行的产品数量共1个，发行规模为0.05亿元，代理认购报价系统产品金额为0.25亿元，其中，有4家企业使用报价系统云柜台，2家进行了开户及交易工作，开户人数共计3人，总交易金额10万元，发行产品与投资产品体量大幅度萎缩，交易情况并不活跃。

（四）场外市场参与情况

9家证券投资咨询机构开展了区域股权市场相关业务，已推荐挂牌总数达到30家，股改企业数25家，展示企业数217家，为5家企业进行了股权融资，为2家企业提供了股权质押回购服务；另外，场外市场业务方面，以上海股权托管交易中心的推荐企业数量最多，总计30家。尽管证券投资咨询机构还在积极参与场外市场的相关业务，但2016年区域股权交易市场业务收入较2015年度大幅缩减，证券投资咨询机构参与场外市场业务的热情已经有所消退。

（五）其他证券服务业务

其他证券服务业务主要分为三类，其中包括证券资讯平台服务和财务顾问业务等无需资质许可就可以经营的各项业务。24家证券投资咨询机构通过其他证券服务业务收入提升了营收状况，其中，6家企业通过证券资讯平台获得收入，18家企业担任财务顾问获得业务收入。

第二章
证券投资咨询行业发展面临的问题

一、制度滞后问题

1997 年 12 月，国务院发布《证券、期货投资咨询管理暂行办法》，在我国证券市场早期对规范证券投资咨询业务健康发展起到了重要作用。但随着我国证券市场的不断发展，其很多规定已不适应证券投资咨询业务、证券投资咨询机构和行业的需求，已成为整个证券投资咨询行业发展的“短板”，主要问题是：一是业务范围狭窄，缺乏其他相配套的投资管理、理财服务等业务许可，造成该项业务很难做大和可持续发展，究其深层次原因是整个证券咨询行业创立初期的“股评”商业模式局限和顶层设计不足；二是限制多，证券投资咨询机构的自有资金不能投资其熟悉的股票市场等；三是该法规长达 19 年没有修改，而市场各方都已发生巨大变化，致使证券投资咨询机构因法规滞后一直难以适应新的市场环境创新，持续发展面临挑战。

二、证券投资咨询本源业务纵向发展的问题

随着我国居民财富增长和证券市场发展，投资者投资服务需求不断深化，越来越多的投资者希望证券期货经营机构和其专业人员在为其提供投资顾问服务时，不仅能为其提供投资分析建议，而且能为其提供账户管理服务，代理其执行账户投资或交易管理。证券期货经营机构也希望适应投资者财富管理的需求，能够为投资者提供账户管理服务，推动业务转型发展，提升盈利水平。从国际惯例看，账户管理业务属于证券投资咨询业务的一种基本业务形式，是投资咨询的本源业务。但是按照现行《证券法》规定，证券投资咨询公司在开展投资咨询业务过程中，还不能为投资者提供账户管理中的证券买卖操作服务。

三、证券投资咨询机构开展发布证券研究报告业务问题

证券投资咨询机构开展发布研究报告业务需具备相应的业务管理制度和内部控制机制，

并由注册地证监局按照审慎监管要求对其开展发布证券研究报告业务出具无异议函后才可开展该项业务。目前，82家证券投资咨询公司中，仅有7家可开展发布研究报告业务。证券投资咨询机构经过多年的发展，在内控建设、人才积累等方面都有较大提升，一些机构具有发布研究报告的能力，开展研究报告业务可以提升证券投资咨询机构服务证券市场的能力。证券研究报告业务的主要服务对象为专业的机构投资者，他们对证券服务的专业水平要求更高，该业务的开展将与投资顾问业务相呼应，这样可以提升证券投资咨询机构的投资顾问等业务的服务能力。

四、证券投资咨询机构人才结构问题

行业质量要提高，要有高水平的人才进入，不断创新，增强活力，同时还要有配套的政策支持。目前，监管政策不允许证券投资咨询机构产品进行代销，证券投资咨询机构要发展就要大量培养自己的销售团队，而销售人员流动性大，淘汰率高，很难要求所有的业务人员通过专业的考试并持证。而证券投资咨询机构存在人才结构的问题。投资咨询的执业资格是投资顾问或者分析师，属于研究型技术型人才，术业有专攻，并非所有岗位的人员都能通过专业性的考试。

五、投资者保护与打击非法证券投资咨询问题

（一）关于投诉的处理

目前，投资者保护力度很大，监管局在投资者保护及教育方面进行了大量的宣传与投入，行业支持这一举措。但在实际过程中，除了大多数理性的投资者在遇到问题时第一时间反馈给证券投资咨询机构，以寻求解决外，有少量客户以监管局的投诉作为施压方式，要求证券投资咨询机构做出赔偿等诉求。这造成证券投资咨询机构已经妥善处理有关客户问题，但投诉工单还是会在滞后的时间段内流转到证券投资咨询机构。建议在投诉机制上进行调整优化，先由证券投资咨询机构与投资者协商解决，若产生纠纷由监管局协调解决。这样一方面可以保护投资者；另一方面，可以引导投资者理性维权，给证券投资咨询机构发现问题、自身改进的机会，促进证券投资咨询机构行业和投资者共同发展成长。

（二）关于投资者教育基地

近年来我国证券市场得到较快发展，投资者人数增长迅速，但他们对证券投资知识相对缺乏。这导致证券投资者在进行证券投资时，面临证券投资知识不足、交易规则不熟悉、自身合法权益保护意识不强等问题，因此，证券投资者教育任重道远。现有少数证券投资咨询机构积极申报投资者教育基地项目，愿意为公益事业贡献自身的力量。任何一项公益要想持久，都需要全社会的一起努力，因此可以设立一些投资者教育保护基金，让投资者教育与投

资者保护等宣传活动更加深入人心，为投资咨询行业带来更好的口碑与风气，在行业中树立模范与榜样，让企业可以看到标杆的力量。投资者证券知识水平与自我保护意识的提高将为证券投资咨询行业创造一个良好的行业氛围，将有利行业持续健康发展。

（三）关于打击非法证券投资咨询机构

目前非法咨询机构数量繁多，通过互联网，交流软件（微信、QQ 等）等方式从事非法证券投资咨询活动，方式隐蔽，活动猖獗，这些非法证券咨询活动对行业发展造成了极大的负面影响。一方面，非法咨询机构通过冒充证券投资咨询机构等方式从事非法证券活动，使得证券投资咨询机构的声誉、业务等受到严重损害；另一方面，非法咨询机构也侵害了投资者利益，投资者的合法权益无法得到保护。因此，建议加大对于非法投资咨询的打击力度，对于重案、要案要加强打击、宣传力度，形成震慑力；对于合法的持牌机构，要依法给予支持及保护。这样才能为证券投资咨询机构的发展创造一个良好的行业发展环境。

第三章
证券投资咨询行业发展展望

一、证券投资咨询业务适当性管理将更加深入和精细化

我国证券期货市场参与者中个人投资者占比大，其中大部分为中小投资者，投资知识、投资经验不足，风险意识薄弱，在市场上选择产品和服务时缺乏独立判断能力，承受风险的能力较弱。目前证券投资咨询公司在开展业务时，结合中国证监会 2010 年颁布的《证券投资顾问业务暂行规定》第十一条、第十五条相关规定，已经对普通投资者进行了风险识别及分类，对投资者进行初步的风险提示及适当性管理。未来，随着系统化、制度化的投资者适当性管理制度的实施与落实，作为证券经营机构之一的证券投资咨询机构对投资者适当性管理将会更加深入和精细化。

二、证券投资咨询行业与金融扶贫协调发展

为深入贯彻落实《中共中央国务院关于打赢脱贫攻坚战的决定》（中发〔2015〕34 号）、中央扶贫开发工作会议，以及国务院《“十三五”脱贫攻坚规划》精神，在中国证监会《关于发挥资本市场作用服务国家脱贫攻坚战略的意见》指导下，中国证券业协会证券投资咨询专业委员会组织动员证券投资咨询机构，联合保险、基金、证券、银行、金融租赁、担保公司、上市公司等金融资本市场主体积极履行脱贫攻坚的社会责任，首批选定 10 个国家级贫困县进行定点帮扶，共建中国金融资本市场主体合力扶贫开发体系，实施金融合力扶贫行动，制订专项规划方案。

证券投资咨询机构根据自身特点，广泛联系金融资本市场各类协会、学会等组织以及上市公司、主流金融媒体及各类金融机构等，共同建设中国金融资本市场主体合力扶贫开发体系（以下简称“体系”）。体系包括：中金合力扶贫行动管理、运营、投资平台（中金合力控股集团有限公司）、金融扶贫工作站及其金融帮扶、产业帮扶。在体系中，金融资本市场将充分发挥市场的力量，实现对扶贫帮扶的社会效应，同时也能实现一定的经济效益。

在经济效益方面，通过成立帮扶基金，实现投资效应。引导基金参与企业的股权投资，

持有该企业相应的股权；引导基金通过 IPO 上市、新三板挂牌、企业并购重组、股权转让等方式退出；引导基金收益及风险依据企业的经营状况和退出方式而有所不同，如果通过 IPO 成功上市退出，将有倍增收益。

在社会效益方面，通过对接多层次资本市场，服务实体经济。通过国家和资本市场服务国家脱贫攻坚战略的政策引导，在开展金融帮扶和产业帮扶的金融合力扶贫行动过程中，引导、吸纳拟上市和新三板挂牌企业落户定点扶贫县。在定点扶贫县域内遴选、培育扶贫开发项目，根据项目情况和潜力进行专业分析评价，对具有进入多层次资本市场潜力的项目进行调研、分析和研究，为相关企业通过沪、深证券交易所和新三板挂牌等资本市场上市及再融资提供专业化的服务。

在国家脱贫攻坚战中，金融资本市场及其主体是不可或缺的力量，它们发挥了改革创新、精准扶贫、金融扶贫、智力扶贫、市场化扶贫作用。因此，未来证券投资咨询机构在服务实体经济过程中也将成为国家扶贫工作的重要参与者，证券投资咨询行业的经营将与金融资本市场扶贫协调发展。

附录：

2016年中国证券行业大事记

1月5日	深圳证券交易所发布《深圳市场首次公开发行股票网上发行实施细则（2016年1月修订）》
1月5日	深圳证券交易所发布《深圳市场首次公开发行股票网下发行实施细则（2016年1月修订）》
1月5日	上海证券交易所发布《上海市场首次公开发行股票网上发行实施细则》
1月5日	上海证券交易所发布《上海市场首次公开发行股票网下发行实施细则》
1月7日	中国证监会发布《上市公司大股东、董监高减持股份的若干规定》
1月7日	深圳证券交易所发布《关于修订我所上市公司信息披露公告格式的通知》
1月7日	深圳证券交易所发布《关于暂停实施指数熔断机制的通知》
1月7日	上海证券交易所发布《关于暂停实施指数熔断机制的通知》
1月13日	中国证监会发布《证券期货业信息系统托管基本要求》
1月13日	中国证券业协会发布《首次公开发行股票网下投资者管理细则》、《首次公开发行股票配售细则》、《首次公开发行股票承销业务规范》
1月14日	深圳证券交易所发布《关于做好创业板上市公司可转换公司债券适当性管理工作的通知》
1月22日	深圳证券交易所发布《关于发布〈深圳证券交易所会员客户高风险证券交易风险警示业务指引（2016年修订）〉的通知》
2月3日	中国证券业协会发布《融资担保公司证券市场担保业务规范》
2月19日	深圳证券交易所发布《上市公司要约收购业务指引（2016年修订）》
2月22日	中国证券登记结算有限公司发布《深交所、中国结算深圳分公司上市公司要约收购业务指引（2016年修订）》
3月1日	中国证监会发布《关于整合现有证券、基金、期货业务许可证的通知》
3月16日	上海证券交易所发布《关于开展绿色公司债券试点的通知》
3月18日	中国证券登记结算有限公司发布《关于做好内地与香港基金互认所涉股息红利税计税业务上线工作的通知》
3月25日	中国证监会发布《关于取消行政审批事项及行政审批中介服务事项的通知》
3月31日	中国证监会发布《关于废止部分证券期货规章的决定（第十四批）》
4月12日	上海证券交易所发布《关于上海证券交易所废止部分业务规则（第九批）的公告》
4月15日	中国证券登记结算有限公司发布《中国结算深圳分公司证券结算业务电子平台数字证书办理指南及相关协议》
4月19日	中国证监会发布《证券投资者保护基金管理办法》，自2016年6月1日起开始实施
4月21日	中国证券登记结算有限公司发布《关于私募基金管理人开立证券账户有关事项的通知》
4月22日	深圳证券交易所发布《深圳证券交易所关于开展绿色公司债券业务试点的通知》
4月27日	中国证监会发布《关于证券期货基金经营机构做好营业税改征增值税试点工作的意见》

续表

4月28日	深圳证券交易所发布《深圳证券交易所投资者网络服务身份认证业务指引（2016年修订）》
4月28日	中国证券业协会发布《机构间私募产品报价与服务系统发行与转让规则》
4月28日	中国证券业协会发布《机构间私募产品报价与服务系统私募股权融资业务指引（试行）》
5月27日	全国中小企业股份转让系统发布《全国中小企业股份转让系统挂牌公司分层管理办法（试行）》
5月30日	上海证券交易所发布《关于发布〈上市公司信息披露暂缓与豁免业务指引〉的通知》，自6月10日开始施行
6月20日	中国证监会发布《证券公司风险控制指标计算标准规定》、《证券公司风险控制指标管理办法》
6月27日	中国证券业协会发布《证券市场资信评级机构评级业务实施细则（试行）》
6月30日	深圳证券交易所发布《关于实施〈深圳证券交易所债券交易实施细则（2016年修订）〉第六条、第三十二条有关事项的通知》
7月1日	中国证券登记结算有限公司发布《中国结算深圳分公司债券登记结算业务指南（2016年6月修订）》、《中国结算深圳分公司债券质押式协议回购登记结算业务指南（2016年6月修订）》
7月8日	中国证券登记结算有限公司发布《标准券折算率（值）管理办法（2016年修订版）》
7月8日	中国证券登记结算有限公司发布《质押式回购资格准入标准及标准券折扣系数取值业务指引（2016年修订版）》
7月18日	上海证券交易所修订并发布《上海证券交易所沪港通试点办法》
7月25日	上海证券交易所发布《关于实施上市公司证券停复牌业务操作闭环及加强停复牌业务管理有关事项的通知》
7月29日	中国证券登记结算有限公司发布《关于实施跨期现一码通账户体系有关事项的通知》
8月3日	中国证券登记结算有限公司发布《证券质押登记业务实施细则》
8月5日	上海证券交易所发布《关于进一步调整上证50ETF期权持仓限额管理有关事项的通知》
8月10日	中国证监会发布《证券期货经营机构私募资产管理业务运作管理暂行规定》
8月10日	中国证监会发布《资本市场交易结算系统核心技术指标》
8月10日	中国证监会发布《证券期货业统计指标标准指引（2016年修订）》
8月10日	中国证监会发布《上市公司股权激励管理办法》，自2016年8月13日起施行
8月10日	中国证券登记结算有限公司发布《关于非现场办理账户信息变更业务有关事项的通知》
8月12日	中国证券登记结算有限公司发布《关于发布〈中国结算上海分公司股权激励计划登记结算业务指南〉的通知》
8月15日	中国证券业协会发布《证券经营机构参与打击非法证券活动工作指引》（修订）
8月17日	上海证券交易所发布《关于停止执行沪港通总额度限制规定的通知》
8月19日	中国证券登记结算有限公司发布《关于继续暂免收取证券出借及转融通登记结算业务相关费用的通知》
9月19日	中国证监会发布《关于修改〈上市公司重大资产重组管理办法〉的决定》
9月19日	中国证监会发布《关于修改〈关于加强与上市公司重大资产重组相关股票异常交易监管的暂行规定〉的决定》
9月19日	中国证监会发布《关于修改〈关于规范上市公司重大资产重组若干问题的规定〉的决定》
9月19日	中国证监会发布《〈上市公司重大资产重组管理办法〉第十四条、第四十四条的适用意见——证券期货法律适用意见》
9月19日	中国证监会发布《中国证监会关于发挥资本市场作用服务国家脱贫攻坚战略的意见》

续表

9月29日	中国证券登记结算有限公司发布《关于简化沪市发行人服务协议签署流程相关事宜的通知》
9月30日	上海证券交易所发布《上市公司变更证券简称业务指引》
9月30日	上海证券交易所发布《上海证券交易所沪港通业务实施办法（2016年第二次修订）》和《上海证券交易所港股通投资者适当性管理指引（2016年修订）》
9月30日	上海证券交易所发布《上海证券交易所港股通委托协议必备条款（2016年修订）》和《上海证券交易所港股通交易风险揭示书必备条款（2016年第二次修订）》
9月30日	深圳证券交易所发布《香港中央结算有限公司参与深股通上市公司网络投票实施指引》
9月30日	深圳证券交易所发布《关于深港通业务中上市公司信息披露及相关事项的通知》
9月30日	深圳证券交易所发布《香港中央结算有限公司参与深股通上市公司网络投票实施指引》
9月30日	深圳证券交易所发布《深圳证券交易所上市公司股东大会网络投票实施细则（2016年9月修订）》
9月30日	深圳证券交易所发布《关于修改〈深圳证券交易所交易规则〉涉及交易参与人若干条款的通知》
9月30日	深圳证券交易所发布《深圳证券交易所港股通交易风险揭示书必备条款》
9月30日	深圳证券交易所发布《深圳证券交易所港股通委托协议必备条款》
9月30日	深圳证券交易所发布《深圳证券交易所港股通投资者适当性管理指引》
9月30日	深圳证券交易所发布《深圳证券交易所深港通业务实施办法》
9月30日	中国证券登记结算有限公司发布《中国证券登记结算有限责任公司特殊机构及产品证券账户业务指南》
9月30日	中国证券登记结算有限公司发布《中国证券登记结算有限责任公司开户代理机构管理业务指南》
9月30日	中国证券登记结算有限公司发布《内地与香港股票市场交易互联互通机制登记、存管、结算业务实施细则》
10月11日	中国证券业协会发布《中国青年创新创业金融综合服务平台管理办法（试行）》和《中国青年创新创业金融综合服务平台信息展示业务指引（试行）》
10月14日	中国证券登记结算有限公司修订并发布《证券账户业务指南》
10月14日	中国证券登记结算有限公司发布《中国结算深圳分公司港股通存管结算业务指南》
10月28日	上海证券交易所发布《关于调整上证50ETF期权交易经手费的通知》
11月25日	深圳证券交易所发布《深圳证券交易所分级基金业务管理指引》
11月25日	上海证券交易所发布《上海证券交易所分级基金业务管理指引》
12月2日	上海证券交易所、深圳证券交易所发布《关于扩大融资融券标的股票范围相关事项的通知》
12月9日	中国证券登记结算有限责任公司、上海证券交易所、深圳证券交易所联合发布《中国证券登记结算有限责任公司、上海证券交易所、深圳证券交易所债券质押式回购交易结算风险控制指引》
12月15日	中国证券登记结算有限责任公司发布《中国证券登记结算有限责任公司结算银行证券资金结算业务管理办法（2016年修订版）》
12月21日	中国证券登记结算有限责任公司发布《机构投资者场外投资登记结算支持平台业务指引（试行）》

后　记

《中国证券业发展报告（2017）》由中国证券业协会组织编撰，由中国证券业协会和12家单位组成的写作组共同完成。报告分为总报告、分报告及专题报告，撰稿单位情况如下：海通证券股份有限公司负责撰写“总报告：2016年中国证券业发展回顾与展望”及“专题报告之四：2016年中国证券公司合规与风险管理发展综述”；国泰君安证券股份有限公司负责撰写“分报告之一：2016年中国证券经纪业务发展回顾与展望”；中信建投证券股份有限公司负责撰写“分报告之二：2016年中国投资银行业务发展回顾与展望”；申万宏源证券有限公司负责撰写“分报告之三：2016年中国证券公司资产管理业务发展回顾与展望”；中信证券股份有限公司负责撰写“分报告之四：2016年中国证券公司融资类业务发展回顾与展望”和“分报告之五：2016年中国证券公司投资业务发展回顾与展望”；广发证券股份有限公司负责撰写“分报告之六：2016年中国证券公司国际化业务发展回顾与展望”；联合信用评级有限公司负责撰写“分报告之七：2016年证券市场资信评级业务发展回顾与展望”；中国证券业协会会员管理部负责撰写“专题报告之一：2016年证券行业履行脱贫攻坚社会责任综述”；中国银河证券股份有限公司负责撰写“专题报告之二：2016年柜台市场和区域股权市场发展综述”；中证机构间报价系统股份有限公司负责撰写“专题报告之三：2016年机构间私募产品报价与服务系统发展综述”；太平洋证券股份有限公司负责撰写“专题报告之五：2016年证券公司互联网证券发展综述”；第一创业证券股份有限公司负责撰写“专题报告之六：2016年证券公司固定收益业务发展综述”；中国证券业协会纠纷调解中心负责撰写“专题报告之七：2016年证券公司投资者保护发展综述”；海南港澳资讯产业股份有限公司负责撰写“专题报告之八：2016年中国证券投资咨询公司发展综述”。按报告顺序，各写作组负责人为：李明亮、朱志雄、贾新、蒋健蓉、张玲、曹恒乾、常丽娟、何玲、李树华、刘洋、王建业、俞仕龙、罗再宏、谈志琦、乔光豪。

在本报告编写过程中，得到了中国证监会证券基金机构监管部、公司债券监管部、发行监管部的大力支持。初稿完成后，中国证监会证券基金机构监管部、中国证监会打击非法证券期货活动局、中国证券金融股份有限公司、中国证券业协会证券经纪业专业委员会、投资银行业专业委员会、资产管理业务专业委员会、直接投资业务专业委员会、融资融券业务专业委员会、证券公司合规专业委员会、国际合作专业委员会、场外市场专业委员会、固定收益专业委员会、财务会计与风险控制专业委员会、互联网证券专业委员会、证券资信评级专业委员会、证券投资咨询专业委员会的专家对报告内容进行了认真审阅并提出了宝贵的修改意见和建议。此外，本报告的完成也得到了沪、深证券交易所，中国证券金融股份有限公司，全国中小企业股份转让系统，中国证券投资基金业协会及广大会员单位的支持，在此一并表示感谢！

《中国证券业发展报告（2017）》编委会

2017 年 5 月